DAXUESHENG ZHIYE SHENGYA YU FAZHAN GUIHUA

大学生职业生涯与发展规划

姜尔岚　吴成国　主　编

人民交通出版社

内 容 提 要

本书以职业生涯与发展规划过程为主线，内容涵盖大学生自我评估、职业探索、职业定位与决策、职业生涯规划实施、职业素质拓展、职业适应与发展七个部分，希望本书能为大学生的成长成才、职业生涯与发展规划、择业就业助一臂之力。

图书在版编目(CIP)数据

大学生职业生涯与发展规划 / 姜尔岚，吴成国主编
-- 北京：人民交通出版社，2011.8
ISBN 978-7-114-09306-7

Ⅰ. ①大… Ⅱ. ①姜… ②吴… Ⅲ. ①大学生 - 职业选择 Ⅳ. ①G647.38

中国版本图书馆 CIP 数据核字(2011)第 152318 号

书　　名：**大学生职业生涯与发展规划**
著 作 者：姜尔岚　吴成国
责任编辑：刘永芬
出版发行：人民交通出版社
地　　址：(100011)北京市朝阳区安定门外外馆斜街 3 号
网　　址：http://www.ccpress.com.cn
销售电话：(010)59757973
总 经 销：人民交通出版社发行部
经　　销：各地新华书店
印　　刷：北京市密东印刷有限公司
开　　本：720 × 960　1/16
印　　张：15
字　　数：260 千
版　　次：2011 年 8 月　第 1 版
印　　次：2013 年 12 月　第 3 次印刷
书　　号：ISBN 978-7-114- 09306-7
定　　价：25.00 元

编 委 会

主　编　姜尔岚　吴成国

编　委　姜尔岚　吴成国　陆志荣　张　波
　　　　罗永梅　王　辉　谢　华　朱辉荣

目　　录

第一章　大学生职业生涯与发展规划导论

观点导读：

当今社会处在大变革、大发展的时代，到处充满着激烈的竞争。物竞天择，适者生存。职业活动的竞争非常突出，要想在职场的激烈竞争中脱颖而出，必须设计好自己的职业生涯与发展规划。职业生涯活动将伴随我们的大半生，拥有成功的职业生涯才能实现完美人生。

大学时期正处于职业准备和探索阶段。大学生要在自我认知、职业探索的基础上，对自己的兴趣、爱好、能力、个性特征等进行全面分析与综合权衡，结合自己的专业特长、知识结构及社会环境、职业环境，根据自己的职业倾向，科学决策并确定职业发展方向与目标，制订职业生涯与发展规划以及具体实施方案。

每个大学生都有很多梦想，常常憧憬着美好灿烂的未来，向往着如花似锦的前程。时代为每一个大学生都提供了实现人生理想与自身价值的空间和机遇，但对于每一个大学生来说，未来总是充满了不确定的因素。要实现自己的梦想，关键在于把握机遇，科学规划自己的学业生涯和职业生涯。这是每个大学生走向成才，获得事业成功的重要前提。大学生应当尽量克服各种压力带来的短期心态和短视行为，将现实环境和长远规划有机结合，对自己的职业生涯与发展做一个合理的、清晰的规划，这是走上社会前不可缺少的一步。

第一节　职业生涯规划与发展的基本内涵

大学生进行科学的职业生涯与发展规划，首先应该掌握职业生涯与发展规划的相关概念及其内在关联性。

一、职业

职业（Vocation & Profession）是社会的重要基础，是人类社会发展到一定阶段的产物，是伴随着社会分工的形成而逐渐产生的，至今已经细分为数千种甚至数万

种。职业既是人的一种社会活动和生活方式,又是一种经济行为,也是人们从社会中牟取多种利益的资源,它对于每个人来说都是极其重要的。

(一)职业的定义

职业是一个范围极为宽广的领域,准确认知职业的概念,是正确制定个人职业生涯与发展规划的前提条件。何谓职业?至今众说纷纭,国内外许多学者在不同的历史时期、从不同的角度对职业进行了诠释和定义。从词源上看,“职业”具有浓厚的宗教色彩。在英语中,“Vocation”一词是由拉丁文“Vocare”转化而来的,意为由神感召而得的圣职,这与人们认为劳动可以赎偿“原罪”、恢复神圣和谐的世界的宗教理念有关。“Vocation”曾专指以体力劳动为主的比较“低下”的职业,如农业、手工业、工业、商业等,并将从事这些劳动的人称为“职业人”,而用“Profession”则专指从事脑力劳动或者受过专门训练的职业,如政治家、僧侣等。当然,现在的“Profession”和“Vocation”都是中性词,不带有褒义或贬义色彩。从词义学的角度分析,职业一词由“职”与“业”二字构成。所谓“职”,包含着社会职责、天职、权利和义务的意思;所谓“业”,包含着从事业务、事业、事情、独特性工作的意思。可以说,“职业”反映着个人与社会两个方面的内容,是一个人与社会互动的范畴。从社会角度而言,职业是指为了谋生和发展从事的相对稳定、有收入的、专门类型的社会劳动。从个人角度而言,职业则是指个人扮演的一系列工作角色,是个人参与社会分工,利用专门的知识技能为社会创造物质财富,精神财富,获取合理报酬作为物质生活来源,并满足精神需求的工作。

由此可见,所谓职业,从其科学含义上看,是指人们从事的相对稳定的、有收入的、专门类别的工作。它是对人们的生活方式、经济收入、文化水平、行为模式、思想情操的综合性反映;也是一个人的权利、义务、权力、职责,从而反映一个人社会地位的一般性表征。也可以说,职业是人的社会角色的一个极为重要的方面。不仅如此,职业还往往成为一个人最基本的符号、最主要的特征。人们说,某人是个“什么”人,最重要的特征之一就是职业。因为,职业能反映一个人的社会身份、社会阶层与自身的文化、能力、素质水平等。要准确把握职业的内涵,可从以下四个方面理解:第一,职业是由社会分工产生并被社会所承认的有益的工作;第二,职业必须是相对稳定的,不是可有可无的,也不是临时的,有一定的连续性;第三,职业必须是“为群服务”的,是服务于社会也是社会所必需的,从而也是个人发展和实现人生价值的主要渠道;第四,职业是能够“为己谋生”的,是个人愿意以此获取生活资料的主要来源。

(二)职业的要素

中国社会科学院陈樱樱博士认为,职业主要由以下 5 个基本要素构成:

(1)作为职业符号特征的职业名称。

(2)工作的主要对象和基本内容。

(3)承担该职业工作所需要的素质和能力。

(4)通过该职业工作能取得的各种报酬。

(5)在职业工作中建立的各种人际关系。

(三)职业的特征

(1)目的性。职业活动的基本目的是为了获取一定的生活来源,也就是取得赖以生存的物质或现金报酬。

(2)社会性。职业是从业人员在特定的社会生活环境中所从事的一种与其他社会成员相互关联、相互服务的社会活动。对于个体来说,职业要人来承担,人从事了某种职业,也就参与了某种社会劳动,同时也承担了某种社会角色,因此要尽社会义务。对于社会而言,职业具有实现社会控制,维持社会运转,为社会创造财富的功能。

(3)技术性。每一种职业对于从业者都有知识和技能等方面的要求,同时个人可通过某种职业劳动岗位发挥自己的才能和专长。

(4)稳定性。职业往往是在一定的历史时期内形成的,并具有一个相对较长的生命期。

(5)规范性。职业必须符合国家法律和社会道德规范。

二、职业生涯

(一)生涯的含义

生涯一词在我国最早见于庄子所说:“吾生也有涯,而知也无涯。”这里,生为生命,涯为边际的意思。庄子所说的意思是“我的生命是有限的,但需要我学习、探索的却是无边无岸的”。生涯就是我们每个人有限的全部人生旅程。

生涯的英文是Career,在希腊,Career这个词蕴涵着疯狂竞赛的意义,最早常用作动词,如驾驭赛马,后来又引申为道路,即人生的发展道路。美国国家生涯发展协会对生涯一词有如下定义:生涯(Career)是个人通过从事工作所创造出的一个有目的的、延续一定时间的生活模式。

美国生涯发展理论大师及职业理论专家萨帕(Super)(Super DE)认为:生涯是生活里各种事件的方向与历程,它统合了人的一生中各种职业和生活的角色;是个人终其一生所扮演的角色的整个过程,由时间(个人生命的时程)、广度(扮演角色的多少)、深度(角色投入程度)三个方面构成。

霍德和班纳茨(Hood & Banathy)认为:生涯包括个人对工作世界职业的选择

和发展、对非职业性或休闲活动的选择与追求,以及在社会交往活动中参与的满足感。

台湾学者金树人先生认为生涯一词涵盖了三个重点:第一,生涯的发展是一生当中连续不断的过程;第二,生涯包括个人在家庭、学校和社会中与工作有关活动的经验;第三,这种经验塑造了独特的生活方式。

韦伯斯特(Webster)认为生涯指个人一生职业、社会关系与人际关系的总称,即个人终身发展的历程。

从以上的观点可以看出,生涯大致可以从以下几方面理解。

(1)生涯是不断选择和创造的。生涯是一个人的愿望和可能性之间、理想与现实之间妥协和权衡的产物,是一个不断的连续选择的结果。

(2)生涯是终身发展和连续的。生涯不是某一特定工作或者职责的时间段,本质上讲是持续一生的过程。生涯发展是一生中连续不断的过程,是一个需要终身学习、终身发展的过程。

(3)生涯是独特的和有目的的。生涯是因个人的动机、抱负和目标而形成并且发展的,反映了个人的价值观和信念。生涯是个人依据其人生规划与人生目标,为自我实现而开展的独特的生命历程,不同的个体具有不同的生涯历程。

(4)生涯是多角色交互的综合体。生涯不仅是一个人的"职业"或者"工作",还包含了个人的生活风格,即同时期所有的生活角色(家长、配偶、持家者、学生)交互作用,以及人们整合和安排这些角色的方式。

(二)职业生涯

职业生涯就是一个人的终生职业经历。职业生涯是一个发展的概念,是一个动态的过程。它不仅包括一个人过去、现在和未来的那些可以实际观察到的连续从事的职业发展过程,还包括个人对职业生涯发展的见解和期望。具体来说,职业生涯以心理开发、生理开发、智力开发、技能开发、伦理开发等人的潜能开发为基础,以工作内容的确定和变化、工作业绩的评估、工资待遇、职位职级的变动为标志,是以满足个体需求为目标的工作经历和内心体验的相关经历的总和。职业生涯是人生中最重要的历程,是追求自我实现的重要生活方式。

三、职业生涯规划

(一)职业生涯规划的缘起

随着20世纪初美国职业辅导运动的广泛开展,职业生涯辅导已经成为一门具有科学性和操作性的学科,并被看作是一项对社会有着重要影响的服务。

职业生涯辅导(咨询)(Career Counseling)就是通过运用精神健康、心理及个人

发展理论，运用认知的、情感的方法以及系统干预策略，来帮助个人提升满意程度，并获得个人成长和职业发展的过程。

(二)职业生涯规划的内涵和类型

1. 职业生涯规划的内涵

职业生涯规划，简称职业规划，也可叫职业生涯设计，是指个人和组织相结合，在对一个人职业生涯的主客观条件进行测定、分析、总结研究的基础上，对自己的兴趣、爱好、能力、特长、经历及不足等各方面进行综合分析与权衡，结合时代特点，根据自己的职业倾向，确定其最佳的职业奋斗目标，并为实现这一目标做出行之有效的安排。借此，可以把个人利益与组织利益有机结合起来。最新意义上的职业生涯规划，实际上已经包括了人生规划的概念，即包括工作、学习、休闲、爱和家庭四大块。

职业生涯规划的作用在于帮助树立明确的目标与管理，运用科学的方法，切实可行的措施，发挥个人的专长，开发自己的潜能，克服生涯发展困阻，避免人生陷阱，不断修正前进的方向，最后获得事业的成功。

职业生涯设计的目的，绝不只是帮助个人按照自己的资历条件找到一份工作，达到和实现个人目标，更重要的是帮助个人真正了解自己，为自己订下事业大计，筹划未来，进一步详尽估量主、客观条件和内外环境优势和限制，在“衡外情、量己力”的情形下，设计出符合自己特点的合理而又可行的职业生涯发展方向。

2. 职业生涯规划类型

职业生涯规划分个人职业规划(设计)和组织职业规划(设计)两个方面。在任何社会、任何体制下，个人职业设计更为重要，它是人的职业生涯发展的真正动力和加速器。其实质是追求最佳职业生涯发展道路的过程。

职业生涯规划按照时间的长短来分类，可分为人生规划、长期职业规划、中期职业规划与短期职业规划四种类型。

(1)人生规划。整个职业生涯的规划，包括从求学阶段的学业规划到退休之后的生活规划，设定整个人生的发展目标。如规划成为一个有数亿资产的公司董事。

(2)长期职业规划。10～20年的规划，主要设定较长远的目标。如规划30岁时成为一家中型公司的部门经理，规划40岁时成为一家大型公司副总经理等。

(3)中期职业规划。一般为5～10年内的目标与任务。如规划到不同业务部门做经理，规划从大型公司部门经理到小公司做总经理等。

(4)短期职业规划。一般为2～5年内的规划，主要是确定近期目标，规划近期完成的任务。如对专业知识的学习，掌握相关的业务知识和技能等。

四、大学生职业生涯规划

(一)大学生职业生涯规划内涵

大学生职业生涯规划,就是大学生在自我认知的基础上,根据自己的专业特长、知识结构,结合社会环境与市场环境,对将来要从事的职业以及要达到的职业目标所做的方向性方案。

(二)大学生职业生涯规划基本类型

根据大学生职业生涯规划的特点以及一般职业生涯规划的时间维度划分方法,我们可以把大学生的职业生涯规划大致分为以下两种类型。

1. 远期规划

远期规划是指规划年限在10年以上的大学生职业生涯规划,即一般职业生涯规划中的长期规划和人生规划。

对职业生涯进行远期的规划,能够使大学生明确各个阶段的职业目标,保持整个职业生涯发展的连贯性和持续性,使总体目标(比如说最终希望成为某上市公司的董事)更容易循序渐进地达成和实现,进而产生最大的职业动力。大学生如果有条件的话,应该进行这种远期的职业生涯规划,激励自己为达到各个阶段的目标而不懈努力。

不过,时间跨度较长的职业生涯规划要求对自我、对职业有比较充分的认识,同时对社会形势和客观环境有敏锐的观察力和超前的预测能力,需要花费较长的时间对职业目标和职业要求进行深入的研究、调查、论证,并制订比较切实可行的完整的实施方略。如果是凭空想象的总体规划,虽然内容是完整的,但由于脱离了自身条件和环境要求,只能是海市蜃楼,中看不中用。同时,由于远期规划的时间跨度较长,实施过程中会受到个人和环境不断变化的影响,规划目标的实现难度非常大。另外,大学生尚处于职业生涯的探索阶段,对社会、对职业的了解都极为有限,有可能导致远期规划缺乏可行的操作性而过于理想化。

2. 近期规划

近期规划是规划时间年限与大学生涯年限基本符合的大学生职业生涯规划,即一般职业生涯规划中的短期规划和中期规划,这种规划一般在5年左右。

大学时期正处于职业准备和探索阶段,职业生涯探索阶段的主要目的,就是通过选择、尝试与磨合,找到最适合自己的职业。大学生的职业生涯近期规划,就是大学生根据这个阶段的主要特点和任务要求,在确定总目标之后,以实现就业为阶段目标,对自己的大学学业生涯制订相应的行动计划和实施策略。

近期规划的特点主要是以大学学制为阶段进行目标分解和策略实施,其最根本的目的是为了实现总体目标而在学业上做好准备，顺利毕业并进入目标职业。近期规划的侧重点在于以就读期间的职业学习和职业准备为主要内容，规划期限基本以大学生涯的终止为结束。从性质上看，这种规划属于职业准备期和职业早期的生涯规划。

对大学生而言，近期规划更具针对性，也更具可操作性。通过近期规划，大学生可以在认识自我、了解职业的基础上，从自身的条件和社会的需求出发，确定职业发展的方向，确定职业目标，制订大学期间的学习、培训、实践计划，不断地挑战自我、超越自我，为将来迈出校门、走出社会做好准备，为总体目标的实现打下良好的基础。由于规划时间的跨度不长，因此近期规划也比较易于评估和修正，当学业生涯中各个分阶段（多数为各学年）的目标未能达成时，大学生可以适时调整实施的策略，不断修正并完善。由于近期规划能与大学阶段的学习和生活紧密相连，因此，我们提倡大学生在规划自己的职业生涯时采用这种目的和策略极为明确可行的规划类型。下面有关大学生职业生涯规划的内容，也主要围绕大学生职业生涯的近期规划来做介绍。

当然，近期规划也有一定的缺陷。这种规划由于以求职择业为阶段目标，具有较大的局限性，对中期目标和长期目标缺乏详细系统的规划，难以与总体目标完整衔接，缺失的规划部分只能等到真正进入职业生涯后再根据内部和外部的环境因素重新制订。

（三）大学生职业生涯规划的特点

处于不同职业生涯发展阶段的人，所面对的环境要求不同，自身素质积累不同。因此，个人的职业生涯规划，应根据其规划时的所处阶段、职业发展现状而进行。大学生正处于职业的学习、准备和起步阶段，因此，与已工作过一段时间的职业者的职业生涯规划相比较，大学生的职业生涯规划有其一定的特点，在总体原则和操作步骤大体一致的情况下，两者的规划内容和侧重点不尽相同。

大学生职业生涯规划与一般职业生涯规划的区别主要体现在以下几个方面。

1. 设定目标不同

一般的职业生涯规划的总体目标是为了获取一定的职业地位或取得一定的职业成绩。比如规划自己35岁前要进入某企业的高级管理层，或为自己定下两年内销售业务量成为公司之冠的业绩目标。一般职业生涯规划的阶段目标划分也并不明晰，视个人的总体目标和现实差距而定。

大学生的职业生涯规划，其最根本也最现实的目标是初次就业成功，能拥有一个与自己的兴趣、爱好、能力等相匹配的职业岗位。比如，规划自己毕业后进入某大公司的人力资源部门。大学生职业生涯规划的阶段目标可以十分明朗。比如，

一年级应该达到什么要求，二年级应该完成什么计划，毕业年要实现什么目标等。

2. 规划年限不同

通过前面的内容介绍，我们知道职业生涯规划按时间类型可以分为短期规划、中期规划、长期规划和人生规划四种。一般的职业者可以按照自身的条件和客观环境的特点，制订期限可长可短的职业生涯规划。

大学生活是一个完整和固定的阶段，其时间维度上有一个标准的划分方法——即大学的学制为大学生活的起止时限。大学生职业生涯规划中最现实、最典型的中期规划，其规划年限一般是与学生的毕业年限相同的。比如说，医学院的本科学制为五年，如果一个新生从入学之初开始进行职业生涯规划，则其规划的起止年限为五年；如果是从二年级下学期开始进行职业生涯规划，则其规划的起止年限为两年半。虽然大学生的职业生涯规划中也有长期规划或人生规划的做法，但并不具有代表性。

3. 实施策略不同

一般的职业生涯规划，其实施策略主要是根据职业发展目标，制订一定职业范围内的学习培训、专业技能提高、职场人际关系沟通、企业文化融合等行动计划。

大学生处于职业的准备阶段，其职业生涯规划的实施策略主要是了解和探索职业，完成与未来可能从事职业相关的学习、培训任务，提高职业生涯的基本能力和素质，行动计划必须与大学生本身的学习任务和校园活动密切联系。

第二节　大学生职业生涯规划的基本要素与基本原则

一、基本要素

大学生职业生涯规划的基本要素包括：自我评估、外部环境分析、目标确立、策略实施、反馈修正五个方面。

（一）自我评估

自我评估就是要通过科学认知的方法和手段，对与自己本人相关的所有因素包括职业兴趣、气质、性格、能力等进行全面认识，清楚自己的优势与特长、劣势与不足。自我评估要客观、冷静，不能以点代面，既要看到自己的优点，又要面对自己的缺点。只有这样，才能避免规划中的盲目性。自我评估的结果可以通过自我剖析、职业测试以及角色建议等方法获得。

（二）外部环境分析

人是社会的人，任何一个人都不可能离群索居，都必须生活在一定的环境之中。特别是要生活在一个特定的组织环境之中。环境为每个大学生提供了活动的空间、发展的条件、成功的机遇。特别是近年来,社会的快速变迁,科技的高速发展,市场的竞争加剧,对大学生的发展产生了很大的影响。大学生如果能很好地利用外部环境,就有助于事业的成功。因此,在制定个人的职业生涯规划时,大学生要分析环境条件的特点、环境的发展变化情况、自己与环境的关系、自己在这个环境的地位、环境对自己提出的要求以及环境对自己的有利条件和不利条件等。

(三)目标确立

目标确立是职业生涯规划的核心内容。在自我评估、外部环境分析的基础上,选择自己的职业方向,确立职业生涯发展目标。一是生涯志向的树立,志向是事业成功的基本前提,没有志向,事业的成功也就无从谈起。俗话说,"志不立、天下无可成之事"。综观古今中外,各行各业的佼佼者,都有一个共同的特点,就是有远大志向。立志是人生的起跑点,反映着大学生的理想、胸怀、情趣和价值观,影响着一个人的奋斗目标及成就。二是职业生涯目标的确定,明确自己想成为一个什么样的人,在行政上达到某一级别,担任某一职务;在专业技术上达到某一职称,成为某一领域专家。明确、正确的职业生涯目标是大学生职业生涯发展的关键。有了目标才有追求事业的方向与动力。

(四)策略的制订和实施

职业生涯策略的制订和实施是指为实施职业生涯目标,制订相应措施方案并以实际行动予以落实。在确定了职业生涯目标后,就要制订相应的行动计划来实现它们,把目标转化成具体的方案和措施,分阶段进行。行动计划由长期和短期两部分组成,长期计划的实现有众多不确定因素,因此,大学生要根据自身实际情况和社会发展趋势,不断地设定新的可操作的短期目标。比如大学一年级的时候应该怎么做,力求实现怎样的短期目标;二年级又该执行什么方案,本年级结束时需要达到什么样的预期效果;毕业当年有什么具体举措,如何向自己的初次择业的方向和目标靠拢等。

(五)评估、反馈与修正

为使职业生涯规划行之有效,需要结合实际情况不断对职业生涯规划的内容进行评估、反馈与修正。生涯评估是指在实现职业目标的过程中有意识地收集相关信息和评价,不断地总结经验和教训,自觉地修正对自我的认知,适时地调整职业目标。俗话说,"计划赶不上变化"。影响职业生涯规划的因素很多,有的变化因素是可以预测的,而有的变化因素难以预测。要使职业生涯规划行之有效,就须不断地对职业生涯规划进行评估,修正职业生涯目标,调整职业生涯策略,这样才能在激烈的职场竞争中,赢得成功,走向辉煌。对大学生来说,反馈修正的主要内

容包括:职业方向的重新选择;各阶段目标的修正;实施措施与计划的变更等。

二、基本原则

大学生职业生涯规划应坚持以下几个原则。

(一)生存原则

客观地说,在职业生涯中,我们无法在客观物质条件许可的范围外期求奇迹的发生。一切的发展只有基于现实的物质条件许可的范围内去实现,而生存原则就是实现这一思想的集中体现。追求发展是必然的,而生存是必需的,这两者并无矛盾的地方,其实说的都是一个意思:生存是第一位的,只有首先让自己生存下来,才能谈得上追求发展。

无数的事实都可以引证这个道理,许多人要不是太重视生存而忽视了发展,就是为一时发展丢掉了生存,这两种情况都是要不得的。比如说,为了一份稳定的工作,而放弃了职业发展。也就是说,在没有增加职业技能、社会历练的情形下,只是为了暂时的稳定而放弃对一生的追求,这样的选择会在将来为之付出更大的代价。反过来,也是不行的。为了追求发展,换工作、开公司、到外地发展,这样的话,在没有充分的生存保障的前提下,是十分危险的。职业人生中,冒险是必然的,也是必须的,但不能是没有丝毫准备和把握的。人人都需要先吃饱饭,才能更好地工作。换言之,如果饭都吃不饱,也就无法工作、发展。

是否具备生存的积累和是否对职业成长有帮助是判断的唯一尺度。我们需要随时对自己进行评估,以便为职业人生决策找到依据。生存和发展是人生的最基本、最常见的矛盾,正确处理好这一对矛盾无疑将有利于人生职业的良好发展。同时,这一矛盾也是需要用心体会并小心处理的,因为把握这一矛盾的尺度将比了解、发现这一规律更加重要。

(二)主客观结合、全面系统分析原则

自我评估是大学生职业生涯规划的前提和基础,自我评估时应坚持主观与客观相结合的原则。自我评估是对包括与个人相关的所有因素,比如兴趣、性格、能力等因素进行分析和评价,大学生应对自己进行全面的评价和分析,评价是认识自我最直接和最有效的方式。实际上个人对自身的评价是经常进行的,但是这些评价往往是随意的、偶然的,因而缺乏系统性和科学性。要真正全面、系统地进行自我评价必须借助于专业的职业生涯测评系统,对被测试者的职业兴趣、职业性格、职业能力和职业价值观等各个方面进行全面、深入的评价,从而使其能够了解自己的深层个性、性格、能力、特长、兴趣特点,分析具有的潜在优势和不足,并进而提出发挥自己潜能、控制自己不足的建议。但个人对自我的评估往往带有较强的主观

性，即使使用职业生涯测评系统，由于测评系统的局限，它的结果和建议也并非完全可信和符合实际。因此，还必须将个人对自己的评价与他人对自己的评价结合起来，除了个人的主观测评之外，还应有来自熟悉自己的人的评价和看法，比如老师、同学、家长的评价。通过周围熟悉自己的人对自己的评价，自己获得的分析和认识会更加全面和客观。因此，大学生在制定职业规划时需要与周围的朋友、家人和专家多沟通，充分、清晰地认知自我。

（三）理想与现实相结合原则

大学生在确定目标环节应坚持理想与现实相结合的原则。职业生涯目标是指可预期到的、有一定实现可能的规划目标，包括人生目标、长期目标、中期目标和短期目标。这是职业生涯规划的核心内容，决定着个人职业发展的方向，也是制订方案、采取措施以及最终实现的目标。要在自我评估、外部环境分析的基础上，选择适合自己的职业方向，确立职业生涯发展目标。理想是指引人生前进的方向和目标，能够为人的拼搏和奋斗提供强大动力和支持，所以确立一个值得为之努力的职业理想是职业生涯规划的关键。众多成功者的经验表明，人生是需要规划和设计的。正是由于时间有限、环境多变，大学生才需要确立职业理想，把有限的时间和精力用到最需要的地方去，从而获得事业的成功。在确定职业目标时又不能好高骛远，不切实际。大学生缺乏对行业、职位详细信息的了解，体验不到真实的职业环境，目标的确定有些理想化，而具体行动计划又有脱离实际的倾向。大学生希望到待遇好环境好的单位就业，这无可厚非，但应该根据实际情况对就业地域、单位属性、工资薪酬、职业目标等做出合理调整，以适应现实社会的发展变化。

（四）可操作性原则

可操作性原则就是在制定职业生涯规划时，一是要充分考虑到内环境和外环境的实际情况，这样制定的职业生涯规划才切实可行。二是生涯规划各阶段的路线划分、职业生涯目标和实现职业生涯目标的途径、方法必须具体清晰。不管是对自己职业生涯规划确定、职业生涯规划目标选择、实现这一目标的各种措施都要清晰，这样的规划才切实可用，成功的可能性才能大大提高。三是制定生涯规划要有一定的弹性，根据实际情况变化对具体实施项目及目标、完成的时间等能作相应的调整变动。四是制定的生涯规划目标、措施具有一定的挑战性，这样能激发自己的潜能和才能。目标过高则好高骛远，过低不能发挥自己的潜能和才干。五是制定的生涯规划的大目标和长远目标以及小目标和短期目标要一致，采用的措施和目标要一致，自己的目标和自己的实际情况要一致。这就要求在制定职业生涯规划时必须认真、仔细考虑到自己的特质、社会环境、组织环境以及其他相关的因素。

(五)时间阶梯性原则

每个人的职业发展都是递进式的,都要经过几个阶段,每一个职业阶段都将会影响个人的知识水平和对各种职业的偏好程度。

以美国心理学家萨帕(Super)为代表,提出了职业生涯发展的阶段性理论。萨帕(Super)的生涯发展阶段主要依据发展心理学和社会学对各种职业行为的分析,以年龄阶段分析发展过程。具体地说,他将职业生涯分成成长阶段、试探阶段、立业阶段、维持阶段、衰退阶段共五个主要阶段,每个阶段有其独特的发展任务和发展重点,每个阶段又可分成若干子阶段(见表1-1)。

生涯发展阶段及发展重点 表1-1

阶段	年龄	时期	发展重点
成长	0~10	幻想	受家庭教育、父母保护
	11~12	兴趣	适应学校生活和社会生活
	13~14	能力	了解工作的意义,逐渐认识自己
试探	15~17	试探	初步的职业选择,职业喜好具体化
	18~21	转变	多种职业的抉择,恐惧工作的压力
	22~24	尝试	努力地寻找合适工作,面对工作和挫折
立业	25~30	稳定	安定、婚姻的选择,养儿育女
	31~44	立业	整合考虑、稳固并力求上进和升迁
维持	45~65	维持	维持既有职位与成就,准备退休计划
衰退	65以上	衰退	适应退休生活,发展新的角色

(1)成长阶段。成长阶段属认知阶段,从出生到14岁左右,属于儿童期。成长阶段可再细分为下列三个时期:幻想期:0~10岁,以需求为主,情景性较强,主要是通过幻想中的角色扮演与经验尝试来选择职业。兴趣期:11~12岁,喜好是参与各种活动的主要考虑因素,相对忽视自己的能力等因素。能力期:13~14岁,能力逐渐提升到重要位置,并能考虑到各种工作的条件,了解工作的意义,发展对工作世界的正确态度。

(2)试探阶段。此阶段包括青少年时期和成年期,年龄范围在15~24岁。该阶段主要涉及学校和工作前期。个人通过学校、娱乐活动及各种工作经验,经过自我认识、反省,检验所形成自我观念、职业角色的合理性,并在此基础上对选定的职业进行修正。在这个时期,个人还可以尝试性地从事一些短期的工作,如周末或寒暑假期的打工,此阶段又划分为:试探期:15~17岁,考虑到个人的兴趣、需求、能力及社会就业机会因素,作暂时性的试探,并在学业科目、工作经验中进行试探,使职业喜好逐渐具体。转变期:在18~21岁之间,正式进入就业市场或进一步接受

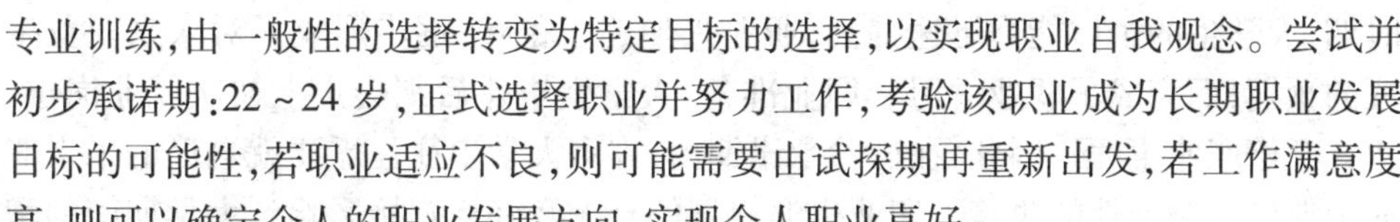

专业训练,由一般性的选择转变为特定目标的选择,以实现职业自我观念。尝试并初步承诺期:22～24岁,正式选择职业并努力工作,考验该职业成为长期职业发展目标的可能性,若职业适应不良,则可能需要由试探期再重新出发,若工作满意度高,则可以确定个人的职业发展方向,实现个人职业喜好。

(3)立业阶段。这一阶段属于选择、安置、立业阶段,年龄介于25～44岁之间。经过早期的试探后,个人会逐渐显现一种安定于某类职业的趋向,从开始认同所选定的职业,经过经验的累积,逐渐建立起稳固、专业、能独当一面的地位,以提高晋升的能力。工作职位或工作项目可能有所变动,但职业不会轻易改变。又可细分为:承诺稳定期:在25～30岁之间,重点在寻找职业及生活上的稳定。立业期:在31～44岁之间,致力于职业的安定及工作的满意,并且力求上进,突破成长。

(4)维持阶段。此阶段属于专精、升迁阶段,保持并持续建立阶段性工作成果,逐渐迈入中老年阶段,年龄在45～65岁之间。人的心态渐趋保守,重点为维持家庭及工作间的和谐关系,大部分人是享受努力后成功的喜悦及成果,少部分人则要面对失败或是不如意的困境。成功者还逐渐传承经验,寻觅接替人选。

(5)衰退阶段。此阶段属于退休阶段,年龄在65岁以上。这一阶段人的身心状况逐渐衰弱退化,达到退休的年龄,原来的工作停止,而发展新的角色,寻求不同的工作方式以满足身心的需要,适应退休生活,如参加老年大学进修,从事义务活动等,以减缓身心上的衰退,持续生命力。

人的职业生涯发展呈现出一定的阶段性,但也应该注意到生涯发展阶段是持续性的过程。因此,各阶段之间并没有明显截然的区分。从总体上看,萨帕(Super)的理论是伸张性很大的一个发展理论。它既考虑到了发展的年龄阶段,而且也考虑到了发展的子阶段,将一般规律与特殊规律很好地整合起来,对于不同的人的职业生涯发展有很强的解释力。

因此,大学生进行职业生涯规划和实施过程必须遵循时间接替性原则。在对大学生阶段中的规划也应遵循不同年级、不同时间段的规划和实施,做到循序渐进,不断完善和提高。

第三节　大学生职业生涯与发展规划的目的和意义

职业生涯规划,只要开始,永远不晚;职业生涯发展,只要进步,总有空间。根据萨帕(Super)的职业生涯发展理论,大学生处于职业生涯的探索阶段,且正好跨越了该阶段的过渡期(18～22岁)和试验承诺期(22～24岁)两个时期。在这两个

时期,大学生的个体能力迅速提高,职业兴趣趋于稳定,逐步形成了对未来职业生涯的预期;而完成了职业学习和职业准备,大学生毕业后则会走上初次就业岗位,正式开始职业生涯。因此,在试验承诺期内,许多大学生往往需要就自己的未来职业生涯做出关键性的决策。职业生涯规划的有无及好坏直接影响到大学期间的学习生活质量,更直接影响到求职就业甚至未来职业生涯的成败。当前形势下大学生按照职业规划理论的指引去认真规划自我,不仅有利于正确地看待就业,从容地应对就业竞争,而且可以找到切入社会的点及提供辅助支持、后续支援,为一个人的成功与幸福奠定坚实的基础。所以,大学期间是职业生涯规划的黄金阶段,大学生职业生涯规划对其未来职业走向和职业发展具有十分重要的意义和深远的影响。

一、适应当前就业形势的需要

在当前宏观就业形势十分严峻的情况下,大学生就业难已成为不争的事实。然而,同样是大学生,为什么有的人很快就找到了工作,并且是自己满意的工作,而有的人却为找工作而焦头烂额,或找不到适合自己的工作。分析起来,除了自身先天素质的差异之外,大学生是否对自己的职业生涯与发展做出科学合理的规划往往成为一个显性因素。“凡事预则立,不预则废”。大学生通过对自己职业生涯的规划,可以解决好职业生涯中的“四定”——定向、定点、定位、定心,尽早确定自己的职业目标,选择自己职业发展的地域范围,把握自己的职业定位,保持平稳和正常的心态,按照自己的目标和理想有条不紊、循序渐进地实现就业。

因此,在校大学生迫切需要一个有效的职业生涯发展规划。在进入劳动力市场之前,很多大学生都不能客观、全面地看待自己,对自己今后的职业生涯很少做出系统而全面的分析,很少认真地思考以下这些最基本而又最重要的问题,即我想做什么、我会做什么、环境支持或允许我做什么、我的优势是什么、我的不足是什么、我有没有职业生涯与发展的规划?如果有,是什么?实际上,很多大学应届毕业生对这些问题的回答都模糊不清。他们不能正确、客观地评价自己,不能系统地分析自己的职业兴趣、职业能力、性格气质等个性特征,因此,在求职的过程中,他们经常碰壁。即使找到了工作,也可能不久就会发现这份工作其实根本就不适合自己,不得不再次踏上求职的旅程。因此,职业生涯与发展规划的目的不仅仅是帮助一个人找到一份工作,更重要的是帮助其真正了解自己,正确估量内外环境的优势和限制,做到“衡外情、量己力”,为自己策划和设计出合理可行的职业生涯发展模式,从而实现个体职业的可持续发展,最终达到和实现自己的人生目标。

二、大学生自我实现、成长成才的需要

大学生要认识到职业生涯活动将伴随我们的大半生，拥有成功的职业生涯才能实现完美人生。大学生正处于身心发展的特殊时期，在18～23岁的年龄阶段，其生理发育已经成熟，心理发育处在成熟而又未能真正完全成熟的阶段，世界观、人生观、价值观处于逐渐形成的关键时期。这个时期是个体心理成长最迅速的阶段，尤其是认知机制的高度成熟，人生理想渐渐确定、价值观念逐步形成、个人综合能力快速提高、专业兴趣会慢慢形成，自我实现的价值感越来越强，对成长、成才的需求非常强烈。职业生涯规划还能对大学生起到内在的激励作用，使大学生产生学习、实践的动力，激发自己不断为实现各阶段目标和终极目标而进取。大学生的需要与自身的人生追求息息相关，职业生涯规划能够帮助大学生树立正确的人生追求，能够激发大学生成长的内在动力，能够帮助他们在社会中找到属于自己的位置，最终实现自身需求，完成自我实现。同时，在当今信息时代，很多职业要求高度专业化，对毕业生的整体素质也有不同的要求，引导大学生及早进行职业生涯与发展规划，可以让学生明确学习目的，有意识地参加实践活动，避免学习的盲目性和被动性，有助于全面提高大学生的综合素质，为今后就业奠定坚实的理论基础、专业知识和技能。

三、提升应对竞争能力的需要

当今社会处在变革的时代，到处充满着激烈的竞争。物竞天择，适者生存。职业活动的竞争非常突出，要想在这场激烈的竞争中脱颖而出并保持立于不败之地，必须设计好自己的职业生涯规划。这样才能做到心中有数，不打无准备之仗。而不少应届大学毕业生不是首先坐下来做好自己的职业生涯规划，而是拿着简历与求职书到处乱跑，总想会撞到好运气找到好工作，结果是浪费了大量的时间、精力与资金，到头来抱怨招聘单位有眼无珠，不能“慧眼识英雄”，叹息自己英雄无用武之地。这部分大学毕业生没有充分认识到职业生涯规划的意义与重要性，认为找到理想的工作依靠的是学识、业绩、耐心、关系、口才等条件，认为职业生涯规划纯属纸上谈兵，简直是耽误时间，有那时间还不如多跑两家招聘单位，其实这是一种错误的想法。而实际上未雨绸缪，先做好职业生涯规划，磨刀不误砍柴工，有了清晰的认识与明确的目标之后再把求职活动付诸实践，这样的效果要好得多，也更经济、更科学。

从人力资源的角度出发，用人单位非常看重新进员工的职业生涯规划是否透明，是否与公司的发展一致。有一位毕业生在自己的求职资料中简要地描述了自

己的生涯规划——“乐意从最基层的工作做起,用3~5年的时间熟悉业务,掌握相应经验,然后向高级主管职位挑战”,尽管其成绩在众多竞争者中很一般,但却应聘成功,此举常常让人觉得求职者的求职意向是经过深思熟虑的。即使其生涯规划只有5年甚至更短的时间用于为本企业工作,用人单位也乐意聘请这种目标明确、规划透明的人。在求职过程中,往往只有少数求职者会写出自己的未来发展规划。宝洁北京市技术有限公司高级人力资源经理透露,该公司在中国每年招聘应届毕业生100名左右,凡是职业生涯规划得早的人,现在大多数都已成为总监、副总监或高级经理。

因此,职业生涯规划应该从大学生入学就开始培养、引导和训练,以便为学生未来一生的职业发展打下坚实的基础。

【案例】

张小浩是一家重点院校的本科学生,今年大二快结束了,进学校时因分数偏低,虽然被录取了,但是被调剂到了农业经济学专业。在上完大一的基础课以及大二的专业基础课后,发现自己对这个专业一点也不感兴趣,了解到该专业的就业领域和方向后更是失望。如果毕业以后去从事专业工作,那么自己将要一辈子忍受下去。如果不去从事该专业相关的工作,那么自己到底要去做什么工作呢?在剩余的两年时间里,自己不知道该顺其自然还是应该做哪些准备?

【案例分析】

很多在校大学生认为只有走出校园,开始工作了,才需要职业规划。其实最早的职业生涯规划应该是高考选择专业甚至文理分班时就要确定了。否则的话,选择了不适合自己的专业,在学校里或者进入职场后,需要付出比别人多几倍的时间精力以及财力成本。而已经进入大学校园,虽然晚了一步,但是比起已经踏入职场的职业人来说又是早很多步,把握时间,确保自己少走弯路。本案例中的张小浩对自己的专业不感兴趣,那么以后毕业就业也很自然不想再从事这个方面的工作。现在大学生就业困难,求职偏离专业方向竞争力更是比不上专业对口的学生。所以在剩下的两年时间里,张小浩应根据主客观条件,对自己的兴趣、爱好、能力、特点等进行综合分析与权衡,结合职场现实环境因素,根据自己的职业倾向以及价值观确定其最佳的职业发展方向,明确其毕业后适合且能切入的有发展的工作平台,并为实现这一就业目标规划好在校行之有效的专业学习,做好就业准备工作,有针对性地增强自己的竞争力。现在,不少大学生毕业后因为没有根据自身实际情况并结合职场状况确定自己准确的职业规划,拿着求职简历与求职函到处求职,希望

找到好工作。但是结果是求职困难,就算进去了,也觉得和自己想像的不一样,往往做不长久,浪费了大量的时间、精力与资金,一直在探索自己适合的职业发展之路,和同龄人的差距愈来愈大。这部分大学毕业生没有充分认识到职业生涯规划的意义与重要性,认为职业生涯规划纯属纸上谈兵,只有到屡屡碰壁时才会想起。实际上,磨刀不误砍柴工,做好职业生涯规划,对自我以及职场有更清晰的认识与明确的目标之后再做好前期准备工作,更科学、更经济也更实际。

思　考　题

1. 什么是职业生涯规划?
2. 大学生在进行职业生涯规划时应坚持哪些基本原则?
3. 大学生进行职业生涯与发展规划有何重要意义?

第二章　大学生自我评估

观点导读：

在古希腊德尔斐智慧神庙大门上镌刻着一句箴言，“人啊，认识你自己”，它一直都被古希腊人奉为“阿波罗神谕”，成为最高智慧的象征。中国也有类似的经典名言：“人贵有自知之明。”所谓自知之明，就是自己能了解自己，认识自己。有同学可能会说：“我就是自己，有谁能比我自己更了解、认识自己呢？”然而，“旁观者清，当局者迷”，尽管认识自我很重要，但客观、准确地进行自我评估却很困难。我们经常会停下来反思：我是谁？从哪里来？要去哪里？这三个问题都是我们将穷其一生去思考、去追索、去解决的三大根本性问题。而后两个问题的探索，都有赖于第一个问题的解答：我是谁，这正是本章讨论的重点。

“知己知彼，百战不殆。”对于我们大学生这一特殊群体而言，更需要学会客观、准确地评估自我，因为只有客观、准确地评估自己的性格特点、爱好特长、专业特点，才能科学合理地进行职业规划。本章将通过分析自我概念、个性倾向性、个性心理特征、职业期望等内容来帮助同学们客观、准确地评估自我，科学合理地规划大学生涯与职业生涯，在未来的求职过程中扬长避短，有的放矢，进行正确的职业选择。

第一节　自我评估概述

一、自我评估的基本概念

（一）自我概念的内涵

“我究竟是什么样的人呢”，我们在成长过程中都会不约而同地这样问自己，但这个问题却并不容易回答。因为在每个人的观念中都有一个现实自我和一个理想的自我。了解现实自我并接受和悦纳它，就会认可自己、心理健康，但如果不了解现实自我，不能正确评估自我，就会出现现实自我与理想自我的偏差，表现出对自己的不满和排斥，产生心理障碍。那么，你是否有一个客观、正确的自我概念？自 1890 年美国心理学家威廉·詹姆斯(William James)提出自我概念以来，自我概念一直是西方心理学家研究的热点问题之一。对于自我概念，心理学界众说纷纭，中外许多学者提出了自己的定义。尽管中外不同学派的心理学家对自我概念的界定有差异，但它们概括起来，不外乎两点：(1)自我概念是个体在社会生活过程中通过人际互动而形成。(2)对自身全面而相对稳定的认识。

那么什么是自我概念呢？所谓自我概念就是个体对自己的所有方面包括生理、心理、道德、情绪、行为以及与别人和环境关系等的认知与评价。它是个体在社会生活过程中，内化他人的评价，并且通过社会比较以及自我知觉而建立起来的具有调节整合作用的关于自我的观念系统。简而言之就是对自己的人格、信念、思想以及自我认同的总体概念，是了解自己很好的途径，是我们脑子中对自己的整体画像。心理学家罗杰斯认为人的行为是基于自我概念而定的。

“自我概念”与“自我”不同。“自我”用通俗的话讲就是一个人真实的自我，而“自我概念”则是一个人对自己的知觉和认识。自我概念并不总是与一个人自己的体验或机体的真实的自我相同，理想的实现倾向即自我实现，就是指自我与自我概念完全一致，而对自我的认识与评价不正确则会直接导致自我概念的偏差。因此，自我概念对我们的行为和观念具有重大的影响。

(二)自我概念内涵的延伸——职业自我概念

根据萨帕(Super)的看法，个体职业自我概念的产生并非与生俱来，而是经由自我概念逐步转化而来。因此职业自我概念的形成与自我概念的发展任务过程有着非常亲密的关系。萨帕(Super)还提出了“个人职业生涯的发展过程，实际上是逐步实现其自我概念的历程”，也就是说个人会通过寻求进入某种最可能让自我有表现机会的职业，以努力实现其自我概念。

职业自我概念是萨帕(Super)职业发展理论中的一个重要的概念。萨帕(Super)认为，一个人的自我概念包括个人的自尊，他对自己认识的明确性、和谐性、发展性、切实性以及个人的兴趣范围、能力与潜能的发展状况等。对于职业自我概念理论，他在 1984 年指出：“基本上它是一个适配的理论，即人们同时考虑自己的特质以及一项职业所需要的特质。”他认为职业自我概念理论可以分为两部分：一是个人或心理上的，专注于个人如何选择，以及如何调适其选择；二是社会性的，重点是个人对其社会经济情况及职业特点的评价。萨帕(Super)认为，“职业指导即协助个人发展并接受统整的自我概念，同时，发展适当的职业角色形象，使个人在现实中经受考验，并整合为实际的职业，以满足个人需要，同时造福社会。”萨帕(Super)认为，职业自我概念是一个人整体自我概念的一个重要组成部分，是一个人整体自我概念在职业选择和职

业发展上的反映。同时,一个人对职业的选择及其职业行为又对他的职业自我概念乃至人的整体自我概念的发展产生重要的影响。

萨帕(Super)的职业自我概念,可以从以下两个方面来理解。

(1)职业自我概念是一个人整体自我概念的一部分,是个人整体自我概念在职业选择与职业发展方面的反映,个人对自己如何认识,怎样根据自我的特点进行选择;同时,他也能根据个人的需要与可能,对其各种职业的特性进行评价,最终做出有利于个人与职业较好契合的选择。如果一个人对自我缺乏准确的评估,就不可能对职业做出客观的评价,其选择就会出现盲目性。

(2)职业自我概念的形成与发展是贯穿人一生的过程。职业选择是在个人原有的自我概念基础上进行的,同时,职业选择过程也是进一步完善个人职业自我概念的过程。萨帕(Super)认为,人的职业自我概念是经由生理及心理成长,经由父母及社会的影响,从个人对工作实际的观察与体验发展而来的。人的自我概念在青春期以前就开始形成,至青春期比较明朗,于成年期专业化为职业概念。一个人能否在自我的认识上拥有自尊和自信,自我的各个方面是否和谐统一,个人能否对自己的个性特点、价值观、兴趣及能力倾向等有一个全面而正确的认识,这些自我概念的状况直接影响到个人对职业的选择。职业指导是协助学生统整自我概念,达到对自我和职业的较成熟认识,对职业做出理性选择的过程。这种经由成熟自我认识所做出的选择,可以使个人在以后的职业发展中,更好地获得对自我的认同,有利于实现理想自我与现实自我的统一,达到个人的更好发展。

萨帕(Super)的职业自我概念理论充分说明,协助学生建立一个健康的职业自我概念不仅是他们正确择业的基础,同时对于他们终生的职业发展与人生发展都具有非常重要的作用。因此,应当把职业自我概念教育作为职业生涯与发展规划指导的一个重点。

美国心理学家、职业指导专家泰德曼(Tiedeman)在金斯伯格(Eli Ginzberg)、萨帕(Super)等人的发展性职业指导理论基础上提出了“职业自我概念理论”。他认为,个体职业心理发展的过程实际上是个体所作的一连串职业决策的综合,也是个体职业自我概念不断分化与综合的过程。泰德曼(Tiedeman)认为,所谓“职业自我概念”是指个体对职业与自身关系的认识及定型。职业自我概念是个体在与社会的接触中对自我发展进行反省的结果。它源于个人对自我认识、对职业世界认识的基础上形成个人的职业态度、劳动态度、职业责任感、职业理想、职业道德观和职业价值观,从而确立个人的择业期望值,作出正确的职业选择和职业决策。当职业自我概念定型的时候,职业定向也就形成了。职业定向一旦形成,就要影响个体的职业态度,进而影响个人的职业选择。

(三)自我评估的内涵

在对自我概念的内涵与延伸有了一个较清晰的认识后,我们再来进一步探讨自我评估的内涵。所谓自我评估是建立在自我观察与自我分析基础上的自我身心素质的全面评估,它兼有自我评价和自我建设(修养)的意义,更强调在评价的基础上改进提高,是一种积极的评价、发展的评价,目的就是要通过对以往成长经验的反省,检视自己的价值。因此,在求职之前,同学们一定要从自己的专业、性格、兴趣、特长等诸方面通盘思考,进行深层次的自我剖析;了解自己的能力大小,明确自己的优势和劣势;根据过去的经验选择并推断未来可能的职业方向,为自己作一个科学、正确地定位,从而设计出合理可行的生涯发展方向,解决"我能做什么"的问题。

(四)大学生的自我评估

大学生的年龄大致是在18岁到23岁之间,这个年龄段正好是在青年中期或成年初期。该阶段生理上已经成熟,而心理却仍处在向安定状态过渡的不稳定状态。这种不平衡现象,也是我们青年朋友们心理特点之一。在这一时期,自我意识发展和自我同一性确立,人生观、价值观开始形成,难免会有心理不适应以及其他精神困扰。另外,性意识从觉醒到当前已基本趋于稳定,感情、恋爱问题也成为青年朋友们生活中极其重要的事情。

青年时期是由不成熟向成熟人生迈进的过渡时期,被称为"第二次诞生"和"心理断乳期"等,在心理发展进程中占有特殊的位置。这时,个体心理的一个重大的转折就是把目光从外部世界转向自身,开始思考自己是一个怎么样的人,自己想成为什么样的人,自己会成为什么样的人,自己怎样成为自己期望的人。心理学将这种现象称为"自我发现"。

这样的"自我评估"难免会有点像照"哈哈镜"的样子,夸张了自己喜欢的想看到的部分,缩小了自己讨厌的不承认的部分。不信的话,我们来做个游戏:找一张白纸,分成三部分。第一栏,写你认为的自己,包括相貌、外型、性格特点,优、缺点等。第二栏,写别人认为的自己,内容同上。若不知怎么写,想想父母平时怎么说你,朋友、同学怎么讲你,或直接去问问同学你给他们的印象是什么样的(最好包括缺点)。第三栏,写自己想未来自己的样子,内容同上。这样一来,你对自己心目中的样子,别人心目中的自己和理想中的自己的差别就一目了然了。

二、自我评估的基本原则

正确地开展自我评估,应把握以下四个基本原则。

(一)适度性

自我评估应该适当。不适当的自我评估不是过高的评估就是过低的评估。过

高的评估往往使自己脱离现实,意识不到自己的条件限制,甚至自傲狂妄,由自信走向自负;过低的自我评估,往往忽视自我的长处,缺乏自信,过于自卑。过高或过低的自我评估,对自己都是不公正的。

(二)全面性

自我评估应当全面。既要看到自己的优点和特长,又要看到自己的缺点和不足;既要对自我某一方面的特殊素质进行具体评估,又要对其他各个方面的整体素质进行综合评估;既要考虑到全面的整体因素,又要考虑到其中占主导地位的重点因素。反之,任何一种片面的、孤立的、不分主次的自我评估,显然都不可能全面而正确地反映自己的整体素质状况。

(三)客观性

自我评估还应当掌握客观性的原则。尽管是自己对自己进行观察、分析和评价,但毕竟需要以客观事实作为基础和依据。人贵有自知之明。"自知"的可贵之处,是与自知的不容易分不开的。"自知"之所以不容易,就在于自知的过程往往会受到个人主观因素的限制和干扰,只有努力克服和排除这种限制及干扰,才有可能使自我评估趋于客观和真实。

(四)发展性

自我评估时,应以发展变化的眼光看待自己。世间万物都不可能是静止不变的,包括自我评估者自己。今日的自我,已不同于昨日的自我;明日的自我,显然也不会依然故我。自我评估不但应当对自己的现实素质作出适当、全面、客观的评估,而且应当着眼于未来的发展变化,预见性地估价自己将来的发展潜力和前景。

三、自我评估的重要意义

(一)发展自我,扬长避短

自我评估,不是使自己处于消极被动、无所作为的静止状态,不能只看到眼前的自我,而是要学会用发展的眼光看待自我,要了解昨天的"我",认识今天的"我",追求明天的"我"。既要善于正确认识自己的优势,依靠这些优势使自己不断进步;又要勇于正视自己的不足,知道自己应该努力的方向,做到发扬长处改正缺点,不断地提高自己的素质和能力。

(二)树立自信,准确定位

自我评估,是我们每个人自信的基础与依据。一个人凭什么自信呢?

有人说,自信来源于成功的暗示,也就是说,某项重任或创新一旦成功了,这个人就会自信。然而,此话虽不无道理,却仍未道出自信的根本依据。一个人在做某件事,尤其是在担当重任或大胆创新的时候,就需要自信,也应当自信,而不是只有在成功之后才能自信。

即使你处境不利,遇事不顺,但只要你赖以自信的巨大潜能和独特个性及优势依然存在,你就可以坚信:我能行,我能成功。一个人在自己的生活经历中,在自己所处的社会境遇中,能否真正认识自我、肯定自我,如何塑造自我形象,如何把握自我发展,如何抉择积极或消极的自我意识,将在很大程度上影响或决定着一个人的前程与命运。换句话说,你可能渺小而平庸,也可能美好而杰出,这在很大程度上取决于你的自我意识究竟如何,取决于你是否能够拥有真正的自信。请记住,认识自我,你就是一座金矿,拥有自信、自主、自爱,你就一定能够在自己的人生中展现出应有的风采。

在拥有自信的基础上,你才能更加客观、正确地认识、评价自己,明确自己到底是个什么样的人,需要的是什么,目标是什么,这样才能找准自己的位子,给自己准确定位。具体就是要既能在大的社会现实环境和历史条件下认识自身的条件、能力、地位、作用、责任等,也能在小环境中认识自己的条件、能力、地位、作用和责任,给自己在社会大环境和小环境中恰当定位,这样才对理想自我的构建、自我的发展以及人际关系的处理大有裨益。

(三)规划未来,成功就业

职业规划的首要前提就是自我评估,只有正确认识、了解自我,才能找出自己真正感兴趣的领域,明确切入社会的起点及方向;才能有针对性地明确职业目标、职业发展方向和路径,避免盲目性;才能科学合理地进行职业生涯规划,将目标实现具体化和可操作化,最终实现职业目标。此外,用人单位在招聘时也越来越注重考察应聘者对自己是否有深入切实的自我认识,要求应聘者说明自己优缺点、兴趣爱好和职业规划等。

第二节　自我评估的维度和方法

“我干什么都行,什么都感兴趣。”一位即将毕业的女大学生说。“我不知道自己适合做什么工作,只知道自己希望从事这份工作,因为这个单位条件好、有发展前途。”一位正在求职的大学生说。“我选择这份工作,是因为原来我做过这个工作。”一位中年人说。很多同学在求职时只是一相情愿地希望从事某种工作,却没有仔细考虑自己是否适合这个工作,是否真正喜欢这份工作。缺乏冷静的考虑和选择,常常导致自己的自荐材料无法引起用人单位的兴趣,即便是顺利

就业了,一些同学在工作了多年之后,又发现自己选择错了,职业发展走了弯路。

因此,选择适合自己的职业,“正确评估自我”是重要的第一步。正确评估自我,就是要客观地评估自己,既不高估自己,也不贬低自己;就是要认识自己的优势、劣势、自己的与众不同和发展潜力;就是要认识自己的生理特点,认识自己的理想、价值观、兴趣爱好、能力、性格等心理特点。

一、自我评估的维度

(一)生理自我

生理自我是个体对自己身体、生理状态(如身高、体重、容貌)的认识和体验,它是一个人在与他人交往的过程中通过学习而逐渐形成的,它使一个人把自我和非我区别开来,意识到自己的生存是依托于自己的躯体的。生理自我是与生俱来的,我们应当积极地接受它。随着自我概念的成长,我们逐渐对生理自我有一个明晰的看法与正确的认识,但由于青年时期的不确定性,有的学生对生理自我产生较高的心理关注,女生关注自己是不是漂亮、迷人、有吸引力,胖瘦高矮甚至脸上的雀斑;男生关注自己的体形与身体高度甚至生理器官、声音的吸引力等,这些都是因为大学生正处于青春期乃至青年初期,生理自我处于高度关注时期。

(二)心理自我

心理自我是个体对自己的心理活动、个性特点、心理品质的认识、体验和愿望,包括对自己的感知、记忆、思维、智力、能力、性格、气质、爱好、兴趣等的认识和体验。心理自我也伴随着生理自我成长着,我们的情感、智力、能力、兴趣、情绪等都与日俱增,我们学会评价自己的心理自我、体验心理自我,如:初恋与失恋的体验、成功与失败的体验等。随着自我意识的发展,个体的社会角色渐渐浮出水面并占据重要位置,与此相应的责任感、义务感、角色感都在增长着。

(三)社会自我

社会自我是个体对自身与外界客观事物关系的认识、体验和愿望,包括个人对自己在客观环境及各种社会关系中的角色、地位、权利、义务、责任、力量等的意识。青年男女常用“我已经长大了”来表达自己的社会自我,期望社会给予积极的肯定与认可。生理自我、心理自我与社会自我是密切联系的、相互影响的,它们都包含着不同的自我认知、自我体验与自我控制,但由于比例和搭配的不同,构成了个体对个体自我意识之间的差异,也使得每个人都有自己的对人、对己、对社会的独特看法和体验。

有一些辅助方法可以帮助我们相对直观地认识自己：

——为自己画个“像”

各位朋友，让我们一起来为自己画个“像”吧。请围绕着“我是谁”这样一个问题，用20种不同的回答来描述一下自己吧！

1. 我是________________	2. 我是________________
3. 我是________________	4. 我是________________
5. 我是________________	6. 我是________________
7. 我是________________	8. 我是________________
9. 我是________________	10. 我是________________
11. 我是________________	12. 我是________________
13. 我是________________	14. 我是________________
15. 我是________________	16. 我是________________
17. 我是________________	18. 我是________________
19. 我是________________	20. 我是________________

看看你的“自画像”，想想怎样将这20句话的内容进行归类。

生理自我	我是一个健壮的人。 我是一个样子清秀的人。 我是一个留短发的女孩。 ……

心理自我	我是一个喜欢运动的人。 我是一个有唱歌专长的人。 我是一个性格外向的人。 ……

社会自我	我是一个在朋友中说话权威的人。 我是一个在集体中最受欢迎的人。 我是一个在家里受忽视的人。 ……

在你的"自画像"20项回答中,属于"生理自我"、"心理自我"和"社会自我"方面的各占多少项?算出各部分的比例,比较一下,看看你对自己的心理世界关注多少?

二、自我评估的方法

自我的生理特点能够比较容易地测量出来,那么,怎样能够客观地评估自我的心理特点?自我评估的内容界定了评估的基本范围,自我评估的基本原则提供了进行操作的准则,要完成评估,就必须考虑具体的方法和步骤了。日常生活中,我们在观察自己的外形时,常会觉得通过平面镜看到的形象比较单一,希望有个立体镜能反映出整体形象,对心理自我这种深层自我的探索又何尝不是如此,同样需要多种手段、多种技术的综合应用。

(一)自省法

曾子的"吾日三省吾身",古人还说过:"日参省乎已,则知明而行无过。"自省的目的就是为了今后的言行不出错,至少是少出错。自省法是个体通过对自己的行为及自身的体验对照评估指标进行反省,以达到对自己的行为状态、特征和对体验的理解和评估的方法。自省法是人们经常使用的一种自我评估方法,是自我认识的重要途径。

回顾过去的经历,对自己的想法、期望、品德、行为进行理性地思考,然后认真地描述和判断自己的特点。在这个过程中,需要个人搜集信息、运用信息,耐心地分析。比如,问问自己:过去我做过什么自己确实喜爱的工作,过去我喜欢这些工作的哪些方面?现在我仍喜欢它们什么?我喜欢处理人际关系的技巧,还是喜欢处理具体问题的技术或处理信息情报的技术?什么能激发我的活力,什么令我筋疲力尽?另外,要对过去的成功经验和教训进行回顾,分析自己过去有哪些成功,为什么?不成功的原因是什么?除了客观因素外,自己在哪些方面需要改进?

需要注意的是,要尽量以客观评价为依据评价自己,避免因为个人认识或个人动机出现较大误差。比如,有的人成绩一般却自我欣赏,有的人成绩显著却自感不如他人,自信心不足。自省法比较适合于经常性和及时性的评估。因为时隔时间太长,一是使素材收集的难度加大,二是使错误缺点不能得到及时的纠正,影响进步,也可能铸成大错。

(二)比较法

"以古为镜,可以知兴衰;以人为镜,可以知不足。"是自我评估可以借鉴的两种方法。

(1)自我前后比较:对"过去的我"、"现在的我"、"未来的我"作评估和展望。人是不断变化、发展、成长的,"今天的我"是以"昨天的我"为基础的,同时又是"明天的我”的基础。其相互联系而又不尽相同，但继承和发展是主要趋势，这种关系体现在知识、经验、兴趣、爱好、能力和愿望等各个方面。因此，人们可以对自己进行前后比较，深刻地了解自我、认识自我。自我前后比较属于一种纵向比较方式，它把以前某一时段的自我作为参照系，对照现今的自我，从中发现其共同点和不同点，从而对自己做出评估。这种方法比较适合学生以学年为单位进行比较。例如，可以通过对大学二年级和一年级时期进行比较，就能发现自己在思想品德、学习能力、探索精神、特长等方面有无进步，在社交能力、适应能力、实践能力方面有无提高，以及在兴趣和希望等方面有无变化等。

(2)与他人比较：以人为镜。这种方法的要点是“我”把他人在社会、学校及在自己心中的感觉和形象与“我”在自己心中的感觉和形象加以比较，来进行自我评估的方法。可以同学为镜，从人格上比较，可知自己的修养程度；从关键能力方面比较，了解自己处理事件的水平；从学习成果上比较，了解自己的学识程度；从社会活动、待人接物等方面比较，了解自己的处事能力；从人缘好坏方面比较，了解自己的气质、性格；从文艺、体育、写作等方面比较，了解自己的爱好、特长和不足等。与他人进行比较时，要注意挖掘自身的相对优势，即挖掘与他人相比较时自身呈现出来的更高的觉悟、更强的能力、更高的本领、独具的特长和发展潜力。但这种比较要客观，不能自欺欺人。比较法适合较长周期的自我评估。

(三)他人评价法与专家咨询法

首先，依据他人对自己的态度评价自己。个人对自己的评价往往是以其他人的评价为参照，人们在相互交往中，不断深化对自己的认识。如可以问问自己的家长、老师、同学、朋友对自己的评价和态度是怎样的？需要注意的是，要能够把握父母、老师、朋友、同学评价他人的特点，准确理解对自己的态度和说法。

其次，到就业指导中心、专业咨询机构进行咨询，是一种有效而快捷的方式。咨询人员会用他的学识、经验以及科学的咨询技术给个人提供帮助，在咨询过程中，个人会获得大量的知识和信息资料，获得对问题的重新认识。而且更重要的是，通过专家咨询，会提高自己的决策能力。

(四)橱窗分析法

所谓橱窗分析法是一种借助直角坐标不同象限来表示人的不同部分的分析方法(图 2-1)，它以别人知道或不知道为横坐标，以自己知道或不知道为纵坐标，橱窗分析法也是进行自我认知的一种常用方法。

橱窗分析法是心理学家把对个人的了解比作一个橱窗，由 4 个“我”组成：“公开我”、“隐私我”、“潜在我”及“脊背我”。在进行自我剖析时，重点要了解“潜在我”和“脊背我”两个部分。

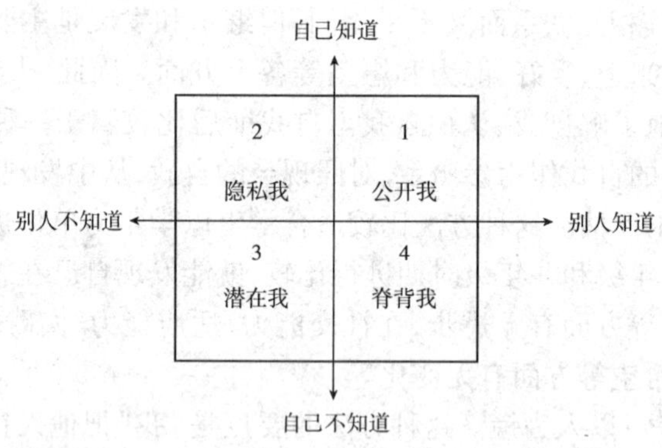

图 2-1　橱窗分析法的坐标图

橱窗 1:"公开我":自己知道、别人也知道的部分,其特点是个人展现在外,无所隐藏。比如身高、年龄、学历、婚姻状况等。

橱窗 2:"隐私我":自己知道、别人不知道的部分,其特点是属于个人私有秘密,不外显。比如自私、嫉妒等平常自己不愿袒露的缺点,以及心中的愿望、雄心、优点等不敢告诉别人的部分。可以采取撰写自传或日记的方式来了解自我,可以了解我们自身成长的大致经历和自我计划情况等。

橱窗 3:"潜在我":自己不知道、别人也不知道的部分,其特点是开发潜力巨大,但通常别人和自己都不容易发觉。我们可以通过人才测评来发现自己平时注意不到的潜力,也可以在学习和生活过程中,多做尝试来发现自己的潜力。

橱窗 4:"脊背我":自己不知道、别人知道的部分,其特点是自己看不到,别人却看得清清楚楚。我们可以采取同自己的家人、朋友等交流的方式,可以借助录音、录像设备,要做到尽量开诚布公,对别人提出的意见有则改之,无则加勉。

通过 4 个橱窗可知,须加强了解的是橱窗 3 和橱窗 4。橱窗 3 是"潜在我"。据科学家研究发现,每个人都有巨大的潜能,人类平常只发挥了极小部分的大脑功能。如果一个人能发挥一半的大脑功能,将轻易地学会 40 种语言,背整套百科全书,拿 12 个博士学位。著名心理学家赫伯·奥托(Herbert A. Otto)指出,一个人一生所发挥出来的能力,只占他全部能力的 4%,也就是说一个人 96% 的能力还未开发。赫赫有名的控制论奠基人诺伯特·维纳说:"可以完全有把握地说,每个人即使他是做出了辉煌成就的人,在他的一生中利用他自己的大脑潜能还不到百亿分之一。"由此可见,认识、了解"潜在我",是自我认识的重点之一,把个人潜能开发出来,也是职场新人的头等大事。

对于橱窗 4 的"脊背我",如果自己诚恳地真心实意地征询他人的意见和看法,就不难了解"背脊我"。可以采取同家人、朋友、同事等交流的方式，借助录音、录像设备，开诚布公地征求对自己的评价。要做到这一点，需要开阔的胸怀，确实能够正确对待，有则改之，无则加勉，否则，别人是不会说实话的。

对于橱窗2的"隐私我"，我们可以采取撰写自传或24小时日记的方式来了解自我。撰写自传，可以了解自身成长的大致经历和自我计划情况等，而24小时日记对我们一个工作日和一个非工作日经历的对比，也可以了解一些侧面的信息。职场新人需要对此予以重视，尽管我们还年轻，不需要什么自传，但这是了解自我的一种比较不错的途径。

(五)心理测量法

心理测量是一种标准化、力求客观的测量手段，它的特点是能够在较短的时间内测出一个人的某方面特点，并且是在与某一群体的比较中得出的。通过测量，我们能够在短期内、在比较中获得对自己较为客观和准确的描述和评价。但值得注意的是，我们既要选择适合自己的、科学的心理测验，同时又要准确理解测验报告。

日常生活中，我们通常会通过对他人行为的观察来揣度他人的心理特质，但由于个人的思维、经验所限，往往只能就一两项行为表现进行观察，由此容易得出片面的结论。而心理测量特别是标准化测量，尽管也是间接测量，也是通过行为表现推测心理特质，但经过众多心理学家长期的研究积累，对心理特质所对应的行为表现特别是标志性行为表现列举较为全面，由此得出的结论相对比较可信。例如，要判断某个人是否具有典型的外倾性，我们就要观察其行为。但一般人通常能够列举的行为表现只有二二项，诸如好讲话、喜热闹等，而在心理测量中我们可以通过九项典型行为表现来进行判断：

(1)与他人相处精力充沛；

(2)喜欢成为注意的中心；

(3)行动，之后思考；

(4)喜欢边想边说出声；

(5)随意地分享个人情况；

(6)说的多于听的；

(7)高度热情地社交；

(8)反应快，喜欢快节奏；

(9)人际交往重于广度而不是深度。

显而易见，来自9个方面的信息要比2~3个方面的信息更为全面，这也正是心理测量科学性的体现。目前，已有不少高校及人才交流中心等机构提供了职业心理测评服务。

目前国内外比较常见的职业测试方法有以下四种。

1. 人格测试

最常用的人格测试方法有明尼苏达多项人格测验(MMPI)、卡特尔人格测验、艾森克人格问卷以及瑟斯顿人格测验等。

2. 智力测验

智力具有隐蔽性和抽象性的特点,很难直观地把握,因此有必要了解一些智力测验的方法,以便于我们开发与选择合适的智力测验工具,提高自我剖析的水平。目前较常用的智力测试有斯坦福——比纳智力量表、韦克斯勒智力量表和瑞文推理量表等,此外还有威斯曼人员分类测验(PCT)、基本成就测验(FAS)、高级人员测验(APT)等。

3. 能力测验

能力测验的内容较多,可分为文职人员能力与机械能力两种测验。文职人员是指工作地点在办公室而主要从事创造力要求较低工作的脑力劳动者,如出纳、秘书、干事等。这类人员的测试方法主要有:明尼苏达办事员测验、一般办事员测验、简短雇用测验(SET)等。机械能力测验包括感觉和动作能力、空间关系的知觉、学习机械事务的能力以及理解机械关系的能力等。测验的方法主要由贝内特理解测验、明尼苏达拼版测验等。

4. 职业倾向测验

职业能力的大小及其发展,与任职者对职业的倾向与兴趣有很大的关系。主要的测验手段有:爱丁堡职业倾向问卷、男性职业兴趣问卷表、库德职业偏好记录、明尼苏达职业兴趣问卷表等。

(六)职业实践法

职业实践是指历时较长、较为系统的职场实地操作。零星的打工特别是与未来职业方向没有直接关联的活动,不属于职业实践范畴。职业实践,使大学生不仅对职场有深入细致的了解,而且可以对自我心理特质的评估结果进行验证,如一直以为自己的职业兴趣在于与人打交道,也许真正到了职场却发现并非如此。还可以发现自己平时未曾意识到的心理特质,如惊喜地发现自己的机械操作能力很强,而平时未曾有机会使用这样的能力等。因此,职业实践可以说是大学生探索自我心理的最为直接的方法。

总之,对于择业期间的大学生来说,应当注意使用正确的自我评估方法。既要重视躬行自省,又要广泛听取他人意见;既要重视心理测评结果的重要参考作用,又要避免对心理测评结果产生绝对依赖。不论采用何种方法,都要注意相互之间参照与综合,这样才有利于做出准确、全面的自我评价。

第三节　自我评估与职业选择

自我评估就是对自己作全面分析，通过各种方式进行自我分析，正确认识自己，了解自己，也就是职业生涯规划要素中的“知己”。只有认识了自己，才能对自己的职业做出正确的选择，才能选定适合自己发展的职业生涯路线，才能对自己的职业生涯目标做出最佳选择。在职业生涯规划这个过程中，自我评估是不可缺少的一个步骤，是职业生涯规划的基础，关系到职业生涯的成功与否。

一个有效的职业生涯规划，必须是在充分且正确地认识自身条件与相关环境的基础上进行的。对自我及环境的了解越透彻，所作的职业生涯规划就越科学合理。职业生涯规划的目的不只是协助你达到和实现个人目标，更重要的是帮助你真正了解自己。因此，在面临职业选择的过程中，同学们一定要通过科学认知的方法和手段，对自身的职业兴趣、气质、性格、价值观等进行全面认识，清楚自身的优势与特长、劣势与不足；客观、冷静地自我分析，不以点概面，既明确自己的优点，又直面自己的缺点。只有这样，才能避免职业选择的盲目性。

要想制订一份科学的职业生涯规划，首先要了解自己有什么样的需求。因此，个人职业生涯的选择与个性倾向有密切的关系。个性倾向性主要包括需要、兴趣和价值观，它是推动人们展开各种社会活动的动力系统，是个人进行职业选择的重要依据。

一、需要与职业

（一）需要的内涵

需要是有机体内部的某种缺乏或不平衡状态，它表现为有机体的生存和发展对客观条件的依赖性，是有机体活动的积极性源泉。人要生存，要发展，必然对外界客观事物有所需求。具体而言，个体为了维持、延续和发展生命，必然在饮食、睡眠、运动、排泄、性等方面产生天然的生理需要。如果这些方面不能满足或加以剥夺，个体会面临生存危机，更勿论发展。而人类与动物不同，在生理性需求的满足上，不完全以周围环境的自然物作为对象，主要是通过劳动生产出自己所需要的物品，这些物品往往比自然物更能切合个体的需要。这些物品的生产，满足了人的生理需求，并且由于满足对象的不断精细化，又不断提升了人的生理需求，使之更多带上人类的烙印。朱熹所言“饮食者，天理也，要求美味人欲也”，或许是对人类满足生理需要方式的最好注解。另一方面，人除了自然人的一面，还有社会人的一

面。他(她)生存、发展于社会之中,既要依赖社会、适应社会,寻求社会认可,也要在一定程度上控制、甚至改造社会。在此过程中,也会发展许多需要,如交往、友谊、权力、成就等,我们称之为社会性需要。社会性需要是在生理性需要的基础上,在社会实践及教育影响下发展起来的。因此,从需要产生的渊源来讲,最根本的是生理性需要,在为了满足生理性需要而自然产生的生产劳动中,又发展出许多社会性需要。其中社会性需要是人类所独有的,也成为心理学家探究的重点。

(二)马斯洛的需要层次理论

在制订职业规划前,首先要了解自己的需要,心理学家马斯洛(Abraham Maslow)的需要层次理论具有典型的代表意义。马斯洛(Abraham Maslow)将人的需求分为5个层次:生理的需要、安全的需要、社交的需要、尊重的需要、自我实现的需要。

1.生理的需要

生理上的需要是人们最原始、最基本的需要,如吃饭、穿衣、住宅、医疗等。若不满足,则有生命危险。这就是说,它是最强烈的、不可避免的、最底层需要,也是推动人们行动的强大动力。显然,这种生理需要具有自我和种族保护的意义,以饥渴为主,是人类个体为了生存而必不可少的需要。当一个人存在多种需要时,例如同时缺乏食物、安全和爱情,总是缺乏食物的饥饿需要占有最大的优势,这说明当一个人为生理需要所控制时,其他一切需要都被推到幕后。

2.安全的需要

安全的需要要求劳动安全、职业安全、生活稳定、希望免于灾难、希望未来有保障等,具体表现在:①物质上如操作安全、劳动保护和保健待遇等;②经济上如失业、意外事故、养老等;③心理上,希望解除严酷监督的威胁、希望免受不公正待遇,工作有应付能力和信心。

安全需要比生理需要较高一级,当生理需要得到满足以后就要保障这种需要。每一个在现实中生活的人,都会产生获得安全、自由的欲望与防御实力的欲望。

3.社交的需要

社交的需要也叫归属与爱的需要,是指个人渴望得到家庭、团体、朋友的关怀、爱护和理解,是对友情、信任、温暖、爱情的需要。社交的需要比生理和安全需要更细微、更难捉摸。它包括:①社交欲。希望和同事保持友谊与忠诚的伙伴关系,希望得到互爱等。②归属感。希望有所归属,成为团体的一员,在个人有困难时能互相帮助。而爱不单是指两性间的爱,而是体现在互相信任、深深理解和相互给予的爱,包括给予和接受爱。社交的需要与个人性格、经历、生活区域、民族、生活习惯、宗教信仰等都有关系,这种需要是难以察悟,无法度量的。

4. 尊重的需要

尊重的需要可分为自尊、他尊和权力欲三类，包括自我尊重、自我评价以及尊重别人。如自尊心、自信心，对独立、知识、成就、能力的需要等。尊重的需要可以划分为：①渴望实力、成就、适应性和面向世界的自信心以及渴望独立与自由。②渴望名誉与声望。声望为来自别人的尊重、受人赏识、注意或欣赏。满足自我尊重的需要导致自信、价值与能力体验、力量及适应性增强等多方面的感觉，而阻挠这些需要将产生自卑感、虚弱感和无能感。基于这种需要，愿意把工作做得更好，希望受到别人重视，借以自我炫耀，指望有成长的机会、有出头的可能。显然，尊重的需要很少能够得到完全的满足，但基本上的满足就可产生推动力。这种需要一旦成为推动力，就将令人具有持久的干劲。

5. 自我实现的需要

自我实现的需要是最高等级的需要。满足这种需要就要求完成与自己能力相称的工作，最充分地发挥自己的潜在能力，成为所期望的人物。这是一种创造的需要。有自我实现需要的人，似乎在竭尽所能，使自己趋于完美。自我实现意味着充分地、活跃地、忘我地、集中全力、全神贯注地体验生活。成就感与成长欲不同，成就感追求一定的理想，往往废寝忘食地工作，把工作当是一种创作活动，希望为人们解决重大课题，从而完全实现自己的抱负。

马斯洛的人类需要层次论如图 2-2 所示。

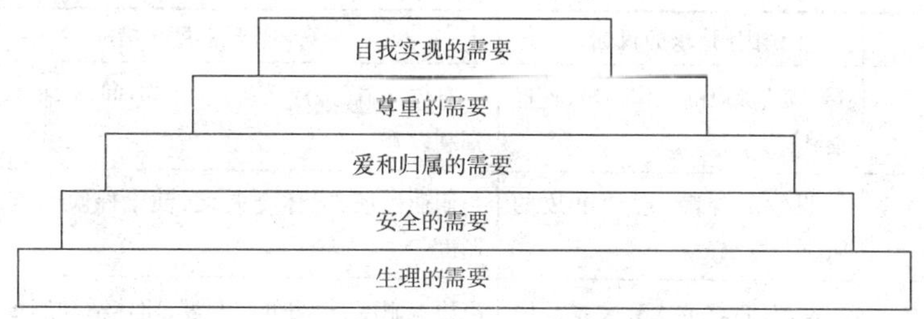

图 2-2　马斯洛的人类需要层次论

其中底部的三种需要可称为缺乏型需要，只有在满足了这些需要个体才能感到基本上舒适。顶部的两种需要可称之为成长型需要，因为它们主要是为了个体的成长与发展。

马斯洛(Abraham Maslow)认为各层次需要之间有以下一些关系：

(1)一般来说，这五种需要像阶梯一样，从低到高。低一层次的需要获得满足后，就会向高一层次的需要发展。

(2)这五种需要不是每个人都能满足的，越是靠近顶部的成长型需要，满足的

百分比越少。

(3)同一时期,个体可能同时存在多种需要,因为人的行为往往是受多种需要支配的。每一个时期总有一种需要占支配地位。

近来一些心理学家通过研究又有些新的发现,进一步完善了需要层次理论:

(1)缺乏型需要几乎人人都有,而成长型需要并不是所有人都有的。尤其是自我实现的需要,相当部分的人没有。

(2)满足需要时不一定先从最低层次开始,有时可以从中层,或高层开始;有时个体为了满足高层次的需要而牺牲低层次的需要。

(3)任何一种需要并不因为满足而消失,高层次需要发展时,低层次需要仍然存在,在许多情景中,各层次的需要相互依赖与重叠。

(三)需要与职业的关系

马斯洛(Abraham Maslow)还强调了职业对于满足需要的重要性。他指出"寻找职业和寻找伴侣有些相似,如果对工作不满意,那就失去了一条通向自我满足的重要途径。"(1971),他认为人的许多高级需要在职业活动中才得以满足。

马斯洛(Abraham Maslow)所提出的需要层次,反映在我们的职业中,可以与部分职业要素对应起来(见表2-1),个体可以根据自我的需要,进一步考察职业的适合性。

马斯洛的需要层次与管理措施 表2-1

需要层次	诱因(追求的目标)	管理制度与措施
生理需要	工资、健康的工作环境、各种福利	身体保障(医疗设备)、工作时间(休息)、住宅设施、福利设施
安全需要	职位的保障、意外事故的防止	职业保证、退休金制度、健康保险制度、意外保险制度
社交需要	友谊(良好的人际关系)、团体的接纳与组织的一致	协谈制度、利润分配制度、团体活动制度、互助金制度、娱乐制度、教育训练制度
尊重需要	地位、名誉、权力、责任、与他人工资的相对高低	人事考核制度、晋升制度、表彰制度、奖金制度、选拔进修制度、委员会参与制度
自我实现需要	能发挥个人特长的组织环境,具有挑战性的工作	决策参与制度、提案制度、研究发展计划、劳资会议

(四)需要与职业选择

人在社会化过程中总是受到各种客观因素不同程度的影响,这决定了个人的需要不可避免地存在一定的差异。因此,在职业选择过程中要协调好个人需要与社会需要、物质需要与精神需要之间的关系；既要充分考虑物质需要，也要努力满足精神需要；既要充分满足个人需要，也要基本符合社会需要。

(1)根据个人需要，准确定位。择业过程中首先要从客观实际出发，自觉地把握个人需要的尺度，不要超越实际追求个人需要的满足，应当理性思考，加强对社会需求和求职单位的了解，重视对自身素质与能力的客观分析，避免盲目从众、攀比心理，准确定位，合理规划。

(2)将物质需要转化为精神需要，实现自我价值。物质生活和物质利益的需要是人们的第一需要，即最基本的需要。但是，物质需要的满足并不能使一个人真正感到幸福，只有获得精神需要的满足，才能引起强烈的幸福感。因此，在职业选择时除了考虑物质方面得到保障之外，更应看重精神价值的实现。

(3)正确处理个人需要与社会需要的关系。个人的需要最终要服从社会需要，或统一于社会需要，这是职业选择的一个重要前提。在求职择业时，既要了解个人需要，也要了解社会需要；要充分面向市场与行业，主动分析市场动向，走访公司、企业，全面掌握用人单位的资料信息与需求信息，了解社会的人才需求走势；主动积极地调控个人需要，理性面对现实社会的种种诱惑，根据不同时间、地点的主客观实际，有意识地调控个人需要与社会需要的关系，努力寻找个人需要与社会需要的平衡点，最终在职业上实现个人需要与社会需要的接轨，促进个人和社会的协调发展。

二、价值观与职业

(一)职业价值观的内涵

俗话说："人各有志。"当这个"志"表现在职业选择上的时候就是职业价值观。职业价值观是人生目标和人生态度在职业选择方面的具体表现，也就是指一个人对职业的认识和态度以及他对职业目标的追求和向往。它是一种具有明确的目的性、自觉性和坚定性的职业选择的态度，它对职业目标和择业动机起着决定性作用。如果一个人追求的是自我价值的实现，那么他就会选择那种最能发挥自己特长的职业；如果一个人只是一味地追求名和利，那么他在选择职业时，就会优先考虑目前所选取职业的地位和经济收入，而不会从长远考虑，这也正是许多人不成功的一个原因。

(二)职业价值观的特性

(1)主体差异性。职业价值观与价值观一样具有主动性，是作为主体的人在选择时对职业意义的认识，对职业好坏的评价是依据自身需要的。虽然在同一时代、同一社会生活环境中，人们的价值观有一定的共同特性，但由于先天条件和出

生经历不同,价值观的形成受到的影响不同,彼此有相同独立的选择性,从而形成自己特有的职业价值观。

(2)相对稳定性。在家庭、社会环境、教育的影响下,在个体的成长发展和寻找职业的进程中,职业价值观会逐步形成。一旦形成自己的职业价值观,便具有相对的稳定性,能保持相当长的时间。在现实中,可能会遇到总是在不停的变换与寻找职业的人。如果寻找的是相同的职业或相近职业,说明前者——寻找同类职业,体现了他的职业价值观的一致性、稳定性;后者——寻找相近职业,体现了他的职业价值观的综合多样性,相对稳定性。

(3)变化性。由于时代变迁、社会影响、个人社会阅历与工作经验的增加、知识的积累、立场的改变,甚至遭遇特别的生活、工作事件,都可能导致职业价值观的改变。比如,由于一次工作事故,造成一定的财产损失和人员伤亡,对从事该具体工作的人产生很大的影响,使其认为自己不再适合此类工作,进而影响和改变了他的职业价值观。还有,改革开放使人们有了更多的选择职业的机会,原先从事科研教学工作的人,受经济大潮的影响,改行从事经济贸易职业,而且取得成功,可能就此认定自己是干这一行的料,决定长期从事此类工作,从此形成了新的职业价值观。

每一个求职者由于其所受教育的不同和所处环境的差异,在职业取向上的目标和要求也是不相同的。在许多场合,我们往往要在一些得失中作出选择,而左右我们选择的,往往就是我们的职业价值观。例如,是要工作舒适轻松,还是要高标准的工资待遇;要成就一番事业,还是要安享太平。当两者有矛盾冲突时,最终影响我们决策的是存在于内心的职业价值观。

(三)职业价值观的分类与职业的关系

价值观对个人的一生都有着重要的影响。选择职业是人生的一大课题,更是青年人的一个重大抉择。在我们的日常生活中,诸如“哪个职业好? 哪种岗位适合自己? 从事劳动的目的是什么?”这些问题就是人们具体的职业价值观。正是出于这样的现实考虑,学术界也存在着对职业价值观进行分类的研究和讨论。

职业价值观也称择业观,是人们对待职业的一种信念和态度,或是人们在职业生活中表现出来的一种价值取向。早期研究者美国学者萨帕(Super)于 1957 年提出了 15 项职业价值观的内容。奥康纳等于 1961 年将其缩减为独立性和多样化、工作条件和同事、社会和艺术、安全和福利、名望及创造性等 6 个维度。不同的人,由于所处的研究立场不同,对价值观的分类目前还存在差异。

日本学者田崎仁,把人的职业价值观分为以下九种类型:独立经营型、经济型、支配型、自尊型、自我实现型、志愿型、家庭中心型、才能型、自由型。这与美国学者

戴夫·法兰西斯的“人生源动力”观点是一致的。具体分为：

(1)独立经营型。这种类型的人不愿受别人的指挥，而凭自己的能力拥有自己的工作和生活领地。如个体工商户、私人开业医生、私人律师等。

(2)经济型。这种类型的人认为“钱”能通神，金钱是一切，人与人之间的关系是金钱关系，连父母子女的爱也带有金钱的烙印。

(3)支配型。支配性也称独断专行型。这种类型的人想当组织领导者，他们无视别人的想法，因支配他人而获得心理满足。

(4)自尊型。这种类型的人受尊敬的欲望很强，渴望能有社会地位和名誉，希望常常受到众人的尊敬，当欲望得不到满足时，由于过于强烈的自我意识，有时反而自卑。

(5)自我实现型。这种类型的人对世俗的观点、利益等并不关心，一心一意想发挥个性，追求真理，不考虑收入、地位及他人对自己的看法。他们尽力挖掘自己的潜力，施展自己的本领，并视此为人生的意义。

(6)志愿型。这种类型的人富于同情心，他们不愿干表面上哗众取宠的事，而是把别人的痛苦视为自己的痛苦，帮助别人就是自己的心理满足与快乐。

(7)家庭中心型。这种类型的人过着十分平凡但又安定的生活，重视家庭，为人踏实，生活态度保守，不敢冒险，对待职业问题很慎重。

(8)才能型。这种类型的人单纯活泼，重视个人才能的表现与被承认，把受到周围欢迎视为乐趣，能以不凡的谈吐、新颖的服装博得众人好感，常能使周围气氛活跃。

(9)自由型。这种类型的人开始工作时无目的、无计划，但能调整行为与适应环境。他们不麻烦他人，无拘无束，生活随便，常被周围的人认为缺乏责任心，实际上他们能够承担有限的责任。

中国学者张再生教授把这些因素总结为三类，并认为职业价值观的分析可以从以下三个方面展开：

第一，发展因素，包括符合兴趣爱好、机会均等、公平竞争、工作有挑战性、能发挥自身才能、工作自主性大、能提供培训机会、晋升机会多、专业对口、发展空间大、出国机会多等，这些职业要素都与个人发展有关，因此称之为发展因素。

第二，保健因素，包括工资高、福利好、保险全、职业稳定、工作环境舒适、交通便捷、生活方便等，这些职业要素与福利待遇和生活有关，因此称之为保健因素。

第三，声望因素，包括单位知名度、单位规模和权力大、行政级别和社会地位高等等，这些职业要素都与职业声望地位有关，因此称之为声望因素。职业价值观是一个复杂的多维度的心理因素，对职业的选择和衡量有多种要素的参与，但各要素起的作用是不同的。从当前的实际来看，许多调查显示，大学生的职业价值观越来

越重视发展因素，而对保健因素和声望因素的重视程度则因人而异，差别较大。

（四）职业价值观与职业选择

人的不同价值观和类型，影响和决定着职业选择方向，在一定程度上也决定人们就业后的工作态度与劳动绩效水平。人们只有在职业活动中找到自己的价值所在，工作和生活才会因为获得满足而变得充实而有意义。如果你讨厌刻板，把新鲜多变、自由独立作为你最看重的价值观，那么你可能就不会太在意薪水的高低、工作地点、时间等。所以在考虑职业前景时，最终让你做出职业决策、确定自己的目标职业的就是你的价值观。

将职业价值观作为人和职业之间进行匹配的基础是幸福生活的开始。一个了解自己职业价值观的人，在择业时会选择与自己职业价值观相匹配的职业，在职业性质和内容方面，在劳动难度和强度方面都能使自己得到满足，自然会提高自己的职业满意度；相反，如果不了解自己的职业价值观，从事与自己职业价值观相悖的职业的个体，就不容易在职业生活中感到满足。职业价值观支配个体的职业行为和职业态度，这些个体会感到职业生活是枯燥乏味的，甚至影响到日常生活都会被消极阴霾的情绪所笼罩，长此以往，幸福感水平也会受到严重影响。

职业价值观是影响大学生职业选择的重要因素，因此，树立正确的职业价值观十分重要。在职业选择过程中，由于各种主客观条件的限制，人们的职业价值观常常会出现许多误区，影响人们的择业行为。比如有些同学总是太看重专业对口，有些同学不愿意到基层工作，有些同学则太看重收入而不考虑单位的发展前途。可见，职业价值观通过人们的行为、态度、信念、兴趣等对职业选择产生影响，这就提醒人们要树立良好的职业价值观，引导自身走上成功和发展之路。为此，在确定职业价值观并进行职业选择时还需处理好以下五种关系：

1. 处理好职业价值观与金钱的关系

金钱是一种成就的报酬，它是在确定职业价值观时首先要面对的问题。有些经济条件不太好的同学在求职时，将金钱作为首选价值观，从根本上讲这并非有错。但是对于一些同学来说，现在拥有的知识、能力、经验和阅历还不足以使其一走上社会就获得大量的金钱回报。怀有一夜暴富的心理是不正常的，更是危险的，容易被社会上的不法分子利用，甚至误入歧途。特别是面对严峻的就业形势，更应理性地降低对金钱的期望值，把眼光放远一些，应尽可能地将自我成长和自我实现作为在毕业求职时的首选价值观。

2. 处理好职业价值观与个人兴趣和特长的关系

职业价值观、个人兴趣和特长是人们在择业时需要考虑的最重要的三个因素。在确定价值观时，一定要考虑它是否与自己的兴趣和特长相适应。据调查，如果一个人从事自己不喜欢的工作，有80%的人难以在其选择的职业上获得成功；而如果选择了自己喜欢的工作则可以充分调动人的潜能，获得职业发展的源动力。此外，选择一项自己擅长的工作，也会事半功倍。

3. 处理好职业价值观的排序与取舍的问题

职业价值观的特性决定人们不会只有唯一的职业价值观，人性的本能也会驱使人们希望什么都能得到，但在现实生活中"鱼和熊掌是不可兼得的"。然而在职业选择中，人们却不能理性对待。既然是选择，就要付出代价，只有舍，才能得。所以，要对自己的职业价值观进行排序，找出你认为最重要、次重要的方面，并提醒自己不可能什么都得到。否则就会患得患失，终其一生也不清楚自己到底想要什么，更谈不上职业生涯的成功和对社会的贡献了。

4. 处理好职业价值观中个人与社会的关系

人不能离开社会而独立存在，个人只有在工作中为社会做贡献才能实现自己的职业价值。当然我们并不是说要忽略择业中的个人因素，只去尽社会责任，这样不但不利于个人，也是社会的损失。例如，让一个富于科学创造力、不善言辞的学者去从事普通的教师工作，可能使国家损失一项重大的发明，而社会不过多了一个也许并不出色的老师。因此，我们反对只为个人考虑、毫不考虑国家和社会需要的职业价值观。

5. 处理好淡泊名利与追逐名利的关系

一个人有了名利才有资格去谈淡泊，没有名利说淡泊那叫"吃不到葡萄说葡萄酸"。名利是人的欲望使然，欲望可以使人成就大的事业，也可使人自我毁灭。以合理、合法、公正、公平的方式追名逐利在一定程度上对个人对社会都会有益，但它需要一定的度，该知足时则知足，该进取时则进取。

大学生在选择职业时不能只看重职业本身的价值，还应看到职业对社会的创造和贡献。人不能离开社会而独立存在，个人只有在工作中为社会做贡献才能实现自己的职业价值。事业首先是具有社会性的，大学生在选择职业时，必须看到自己对于社会的责任，并主动承担这种责任，这样的职业价值观才是高尚的。在这种高尚的价值观的驱动下，就能克服困难，就容易取得巨大的成功，才能为社会做出杰出的贡献，才能为世人所尊敬。

三、兴趣与职业

获得诺贝尔物理奖的华裔科学家丁肇中说过："兴趣比天才重要。"实践也证明，在影响个人职业生涯规划与发展的众多主观因素中，兴趣就像一双无形的手，所起的作用最大。那么，什么是兴趣？兴趣是怎样发展和影响个人职业生涯的？

(一)兴趣的内涵

兴趣是人们力求认识、掌握某种事物,并经常参与该种活动的心理倾向。或者说,兴趣是人们积极探究某种事物的认识倾向。例如,你对某种职业感兴趣,就会对该种职业活动表现出肯定的态度,并积极思考、探索和追求。

兴趣可分为物质兴趣、精神兴趣和社会兴趣。物质兴趣表现为对物质的迷恋和追求,例如收藏的兴趣;精神兴趣主要是指对文化、科学和艺术的迷恋和追求,例如旅游、写作、绘画、书法、摄影、发明创造等兴趣;社会兴趣主要是指对社会工作等活动的兴趣。

兴趣又可分为直接兴趣和间接兴趣:你喜欢跳舞、打球,可能是因为这些活动本身对你有吸引力,通过这些活动你会获得愉快和满足——这就是直接兴趣;你可能感到学外语是一件很枯燥的事情,但对它仍然兴致很浓,这并不是学外语本身会给你带来轻松愉快,而是学外语可以继续攻读学位,可以直接了解国外最新信息,可以找到满意的工作,可以出国学习或交流等,是这些结果在吸引你学习——这就是间接兴趣。直接兴趣和间接兴趣可以互相转化,也可以相互结合,从而更有效地调动你的积极性。

(二)兴趣的产生和发展过程

兴趣的产生和发展一般要经历这样一个过程:有趣—乐趣—志趣。

有趣是兴趣发展过程的第一个阶段,也是兴趣发展的低级阶段。它往往短暂易逝,非常不稳定。处于这一阶段的兴趣常常与对某一事物的新奇感相联系,随着这种新奇感的消失,兴趣也会自然地逝去。

乐趣是兴趣过程的第二个阶段,它是在有趣定向发展的基础上形成的,是兴趣发展的中级阶段。在这一阶段中,兴趣变得专一、深入,如喜爱网络文学的人很可能会整天沉溺于网络文学作品中。

志趣是兴趣过程的第三个阶段,当乐趣同社会责任感、理想、奋斗目标结合起来时,乐趣便变成了志趣。志趣具有社会性、自觉性和方向性,是取得成就的根本动力,是成功的重要保证。

兴趣是在一定需要基础上,在社会实践中形成的。所以,兴趣实际上是需要的延伸。

(三)兴趣与职业的关系

兴趣对职业的影响主要表现在以下三个方面:

(1)兴趣是职业选择的重要依据。兴趣是最好的老师,是一种强大的精神力量。兴趣可以使人集中精力去获得你所喜欢的职业知识,启迪智慧并创造性地开展工作。当一个人对某种职业发生兴趣时,他就能发挥整个身心的积极性;就能积极地感知和关注该职业知识、动态，并且积极思考，大胆探索；就能情绪高涨、想像丰富；就能增强记忆效果，增强克服困难的意志。反之，“强按牛头不喝水”，是不会取得良好效果的，当然也就很难在该职业上发挥个人的优势和做出巨大贡献了。

(2)兴趣可以提高工作效率，充分发挥才能。一个人对某一方面的工作有兴趣时，枯燥的工作会变得丰富多彩、趣味无穷。兴趣使工作不再是一种负担，而是一种享受。因为兴趣可以调动人的全部精力，以敏锐的观察力、高度的注意力、深刻的思维力和丰富的想像力投入工作，促进你能力的发挥，兴趣和能力的合理结合会大大提高工作效率。曾有人进行过研究：如果你从事自己感兴趣的职业，则能发挥你全部才能的80% ~90%，并且长时间保持高效率而不感到疲劳；而如果对所从事工作没有兴趣，则只能发挥你全部才能的20% ~30%。

(3)兴趣是保证职业稳定、职场成功的重要因素。对某一职业有浓厚的兴趣，是智力开发的“孵化器”，是工作动力的主要源泉之一。一般来说，兴趣是你职业生涯适应的一个基本方面，可以为职业生涯选择提供有效的信息。兴趣主要用于预测你的工作满意感和工作稳定性。工作满意是职业生涯适应的一大标志。在其他条件相似的情况下，从事自己感兴趣的职业不但让你感到满意，而且能够让你的工作单位感到满意，并由此导致工作的长期性和稳定性。此外，多方面的兴趣可以使人善于应付多变的环境。如需变换工作，只要自己感兴趣，就能够很快地学会这门工作，求职成功，并能够很快地熟悉和适应新的岗位。因此，兴趣是职场成功的一个重要因素。它能将你的潜能最大限度地调动起来，使你长期专注于某一方向，做出艰苦的努力，取得令人瞩目的成绩。

一个人如果能根据自己的爱好去选择职业生涯，他的主动性将会得到充分发挥。即使十分疲倦和辛劳，也总是兴致勃勃，心情愉快；即使困难重重也绝不灰心丧气，而能想尽办法，百折不挠地去克服它，甚至废寝忘食，如醉如痴。爱迪生就是个很好的例子。他几乎每天都在实验室里辛苦工作十几个小时，在那里吃饭、睡觉，但丝毫不以为苦，“我一生中从未间断过一天工作”。他宣称：“我每天其乐无穷”。难怪他会成功。

因此，在选择长期、稳定的职业生涯时，不仅需要知道自己有能力从事什么样的工作，更重要的是需要知道自己对哪类工作感兴趣。只有将能力和兴趣结合起来考虑，才更有可能规划好职业生涯并取得职业生涯的成功。

(四)职业兴趣与职业选择

职业兴趣根据不同的标准可分为不同的类型，下面介绍加拿大《职业分类词典》中职业兴趣类型及相应的职业，可供择业时参考。

兴趣类型1——愿与事物打交道。喜欢同事物打交道，而不喜欢与人打交道，

相应的职业诸如制图、勘测、工程技术、建筑、机器制造、出纳、会计等。

兴趣类型 2——愿与人接触。这类人喜欢与人交往，对销售、采访、传递信息一类的活动感兴趣。相应的职业如记者、推销员、服务员、教师、行政管理人员、外交联络等。

兴趣类型 3——愿干有规律的工作。这类人喜欢常规的、有规则的活动，习惯于在预先安排好的程序下工作。相应的职业如邮件分类、图书管理、档案管理、办公室工作、打字、统计等。

兴趣类型 4——喜欢从事社会福利和助人工作。乐意帮助人，他们试图改善他人的状况，帮助他人排忧解难。相应的职业如律师、咨询人员、科技推广人员、医生、护士等。

兴趣类型 5——愿做领导和组织工作。喜欢掌管一些事情，希望受到众人尊敬和获得声望，他们在企事业单位中起着重要作用。相应的职业是各级各类组织领导管理者，如行政人员、企业管理干部、学校领导和辅导员等。

兴趣类型 6——喜欢研究人的行为。对人的行为举止和心理状态感兴趣，喜欢谈论人的问题。相应的职业大都是研究人、管理人的工作，如心理学、政治学、人类学、人事管理、思想政治教育等研究工作以及教育、行为管理工作。

兴趣类型 7——喜欢从事科学技术事业。对分析的、推理的、测试的活动感兴趣，长于理论分析，喜欢独立地解决问题，也喜欢通过实验做出新发现。相应的职业如生物、化学、工程学、物理学、地质学等工作。

兴趣类型 8——喜欢抽象的和创造性的工作。对需要想像力和创造力的工作感兴趣，大都喜欢独立的工作，对自己的学识和才能颇为自信。乐于解决抽象的问题，而且急于了解周围的世界。相应的职业大都是科学研究工作和实验室工作，如社会调查、经济分析、各类科学研究工作、化验、新产品开发等。

兴趣类型 9——喜欢操作机器的技术工作。对运用一定技术、操作各种机械、制造新产品或完成其他任务感兴趣。他们喜欢使用工具，特别是喜欢大型的、马力强的先进机器，喜欢具体的东西。相应的职业如飞行员、驾驶员、机械制造、建筑、石油、煤炭开采等。

兴趣类型 10——喜欢具体的工作。希望能很快看到自己的劳动成果，愿从事制作能看得见、摸得着产品的工作，并从完成的产品中得到满足。相应的职业如室内装饰、园林、美容、理发、手工制作、机械维修、厨师等。

此外，一个人的职业兴趣可以通过兴趣测验来确定，目前国际上应用最广泛的兴趣量表是霍兰德职业性向量表，源于美国约翰·霍普金斯大学心理学教授约翰·霍兰德(John Holland)于1971年提出的职业性向理论。该理论把职业环境分

为六大类型，学生可以通过霍兰德兴趣测试量表测试找到符合自己的职业类别。包括：现实型、研究型、艺术型、社会型、企业型、传统型。

1. 现实型

共同特点：愿意使用工具从事操作性工作，动手能力强，做事手脚灵活，动作协调。偏好于具体任务，不善言辞，做事保守，较为谦虚。缺乏社交能力，通常喜欢独立做事。

典型职业：喜欢使用工具、机器，需要基本操作技能的工作。对要求具备机械方面才能、体力或从事与物件、机器、工具、运动器材、植物、动物相关的职业有兴趣，并具备相应能力。如：技术性职业（计算机硬件人员、摄影师、制图员、机械装配工），技能性职业（木匠、厨师、技工、修理工、农民、一般劳动）。

2. 研究型

共同特点：思想家而非实干家，抽象思维能力强，求知欲强，肯动脑，善思考，不愿动手。喜欢独立的和富有创造性的工作。知识渊博，有学识才能，不善于领导他人。考虑问题理性，做事喜欢精确，喜欢逻辑分析和推理，不断探讨未知的领域。

典型职业：喜欢智力的、抽象的、分析的、独立的定向任务，要求具备智力或分析才能，并将其用于观察、估测、衡量、形成理论、最终解决问题的工作，并具备相应的能力。如科学研究人员、教师、工程师、电脑编程人员、医生、系统分析员。

3. 艺术型

共同特点：有创造力，乐于创造新颖、与众不同的成果，渴望表现自己的个性，实现自身的价值。做事理想化，追求完美，不重实际。具有一定的艺术才能和个性。善于表达、怀旧、心态较为复杂。

典型职业：喜欢的工作要求具备艺术修养、创造力、表达能力和直觉，并将其用于语言、行为、声音、颜色和形式的审美、思索和感受，具备相应的能力，不善于事务性工作。如艺术方面（演员、导演、艺术设计师、雕刻家、建筑师、摄影家、广告制作人），音乐方面（歌唱家、作曲家、乐队指挥），文学方面（小说家、诗人、剧作家）。

4. 社会型

共同特征：喜欢与人交往、不断结交新的朋友、善言谈、愿意教导别人。关心社会问题、渴望发挥自己的社会作用。寻求广泛的人际关系，比较看重社会义务和社会道德。

典型职业：喜欢要求与人打交道的工作，能够不断结交新的朋友，从事提供信息、启迪、帮助、培训、开发或治疗等事务，并具备相应能力。如：教育工作者（教师、教育行政人员），社会工作者（咨询人员、公关人员）。

5. 企业型

共同特征：追求权力、权威和物质财富，具有领导才能。喜欢竞争、敢冒风险、有野心、抱负。为人务实，习惯以利益得失，权利、地位、金钱等来衡量做事的价值，做事有较强的目的性。

典型职业：喜欢要求具备经营、管理、劝服、监督和领导才能，以实现机构、政治、社会及经济目标的工作，并具备相应的能力。如项目经理、销售人员，营销管理人员、政府官员、企业领导、法官、律师。

6. 传统型

共同特点：尊重权威和规章制度，喜欢按计划办事，细心、有条理，习惯接受他人的指挥和领导，自己不谋求领导职务。喜欢关注实际和细节情况，通常较为谨慎和保守，缺乏创造性，不喜欢冒险和竞争，富有自我牺牲精神。

典型职业：喜欢要求注意细节、精确度、有系统、有条理，具有记录、归档、据特定要求或程序组织数据和文字信息的职业，并具备相应能力。如：秘书、办公室人员、记事员、会计、行政助理、图书馆管理员、出纳员、打字员、投资分析员。

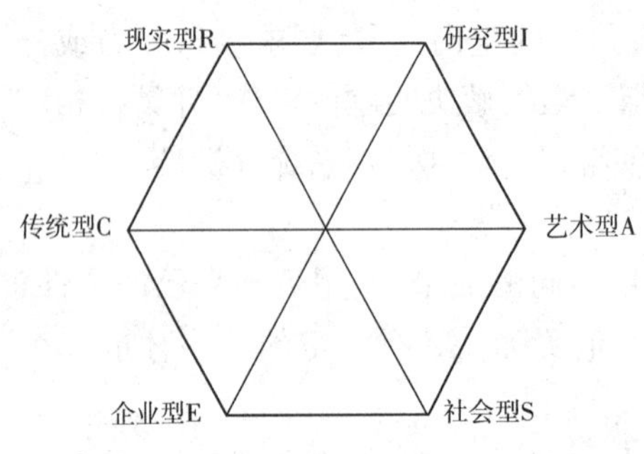

图 2-3　霍兰德职业兴趣分类图

霍兰德（John Holland）所划分的六大类型，并非是并列的、有着明晰的边界的。他以六边形标示出六大类型的关系，如图 2-3 所示：

图中可以看出：每一种类型与其他类型之间存在不同程度的关系，大体可描述为三类：

（1）相邻关系，如 RI、IR、IA、AI、AS、SA、SE、ES、EC、CE、RC 及 CR。属于这种关系的两种类型的个体之间共同点较多，现实型 R、研究型 I 的人就都不太偏好人际交往，这两种职业环境中也都较少机会与人接触。

（2）相隔关系，如 RA、RE、IC、IS、AR、AE、SI、SC、EA、ER、CI 及 CS，属于这种关系的两种类型个体之间共同点较相邻关系少。

（3）相对关系，在六边形上处于对角位置的类型之间即为相对关系，如 RS、IE、AC、SR、EI、及 CA 即是，相对关系的人格类型共同点少，因此，一个人同时对处于相对关系的两种职业环境都兴趣很浓的情况较为少见。

人们通常倾向选择与自我兴趣类型匹配的职业环境，如具有现实型兴趣的人希望在现实型的职业环境中工作，可以最好的发挥个人的潜能。但职业选择中，个体并非一定要选择与自己兴趣完全对应的职业环境。一则因为个体本身常是多种兴趣类型的综合体，单一类型显著突出的情况不多，因此评价个体的兴趣类型时也时常以其在六大类型中得分居前三位的类型组合而成，组合时根据分数的高低依次排列字母，构成其兴趣组型，如 RCA、AIS 等；二则因为影响职业选择的因素是多方面的，不完全依据兴趣类型，还要参照社会的职业需求及获得职业的现实可能性。因此，职业选择时会不断妥协，寻求相邻职业环境、甚至相隔职业环境，在这种环境中，个体需要逐渐适应工作环境。但如果个体寻找的是相对的职业环境，意味着所进入的是与自我兴趣完全相左的职业环境，则可能难以适应，或者难以做到乐业。

值得注意的是，一个人对某一特定职业感兴趣，并不意味着他一定能干好这一工作；而如果某人对某种职业不感兴趣，那么干好这种工作的希望可能很小。

四、气质与职业

（一）气质的内涵

气质是指人们心理活动的速度、强度、稳定性和灵活性等动力方面的心理特征。也就是我们通常所说的“脾气”、“性情”，是在生理基础上形成的稳定的心理特征。

（二）气质与职业的关系

（1）气质无所谓好坏，也无善恶之分。每一种气质都有其积极的一面，也有消极的一面。气质本身不能决定一个人社会成就的高低，每一种职业领域都可以找出各种不同气质类型的代表，同一气质的人在不同的职业部门都能做出突出的贡献。有人研究，俄国的著名文学家普希金、赫尔岑、克雷洛夫、果戈理分别属于胆汁质、多血质、黏液质、抑郁质的气质类型，他们在文学领域都取得了杰出成就。而达尔文和果戈理都属于抑郁质类型，他们却在各自不同领域内取得了伟大成就。

多血质的人适合外交工作、管理工作、驾驶员、服务员、医生、律师、运动员、冒险家、新闻记者、演员、侦察员、干警等等。不适宜做过细的工作，单调机械的工作也很难胜任。黏液质的人容易养成自制、镇静、安静、不急躁的品质。外科医生、法官、管理人员、出纳员、保育员、话务员、会计、播音员、调节员等是他们适宜的工作。胆汁质的人喜欢不断有新活动、新高潮出现，喜欢热闹。适合的工作如导游员、推销员、节目主持人，演讲员、外事接待人员、监督员等。但对长期安坐、细心检查的工作很难胜任。抑郁质的人可以很好地胜任胆汁质者难以胜任的工作。比如校对、打字、排版、检查员、登录员、化验员、雕刻、刺绣工作者、保管员、机关秘书等都是他们理想的工作。

（2）组织中不同岗位的活动性质是不同的，在一般的工作岗位上，气质的各种特性可以起到互相弥补的作用。如有人对优秀纺织女工研究发现，属于黏液质的女工，她稳定的注意力能及时发现断头的故障，克服注意力不易于转移的缺陷；属

于多血质的女工，注意力易于转移，这种灵活性弥补了注意力分散的缺陷。她们以不同的工作方式完成了同样质量的工作要求。

实际上，组织中的每个工作岗位，对其工作人员的气质特点都有特定的要求，因此在选择职业时必须考虑个人气质类型，要遵守两个原则：一是气质的适应原则，当一个人所从事的工作符合其气质特点时，就比较容易适应工作，工作起来也会感到轻松愉快。反之，如果一个人所从事的工作与其气质特点不符，适应工作就比较困难，工作起来也比较吃力。二是气质的互补原则。在一个群体中，不同气质类型的人在一起工作，可以起到不同气质类型间的行为互补作用，有利于工作任务的完成，提高工作效率。

(3)气质并不是绝对不变的，而是有一定的可塑性，人的气质可以在社会生活和教育条件下发展和改造。因此，在社会生产实践中掌握和控制自己的气质，限制其消极方面，发挥积极方面，是青年自我修养的主要内容。但也必须看到，气质的可塑性是有限度的，不能忽视气质类型带来的巨大差异。气质不仅影响活动的性质，而且影响活动的效率。某些气质特征往往为一个人从事某种职业活动提供有利条件。如要求做出迅速、灵活反应的动作，对于多血质、胆汁质的人较合适，而对黏液质、抑郁质的人则较难适应。反之要求持久耐心细致的工作，黏液质和抑郁质的人较为合适。道理很简单，让林黛玉卖肉是强人所难，让张飞绣花则是故意刁难。如果你恰恰从事了与自己气质不相符的职业，对你个人来说是痛苦的，对工作来说也是一种损失。因此，选择职业时提倡“量质选择”。

(4)气质类型是依据气质在人身上的表现所划分的，它是在某一类人身上共有的或相似的特征。典型的气质类型是有的，但在实际生活中我们见到的绝大多数都是混合型。了解职业对气质的要求，了解自己的气质类型，有利于发挥自己的长处，提高适应职业的能力。

总而言之，将气质作为职业决策的重要因素，可以使人更好地适应工作，提高效率，但气质并不是决定职业适应和成功的主要因素，它只具有一定辅助作用。但在一些特殊职业中，其工作性质对从业者的某些气质特征要求非常高，而且无法用其他心理特点来弥补。如果从业人员不具备这些气质特征或没有达到应有的水平，有关工作就很难进行，甚至会造成重大事故，如飞行员、宇航员、大型动力系统调度员以及运动员等，他们要求反应高度敏感且具有顽强的耐力等，这些气质要求不是一般人所能达到的，就这些职业来说，气质成了职业适应性的最主要的决定因素。

(三)气质类型与职业选择

古今中外对气质的解释是多种多样的。按照不同的分类标准，产生了不同的气质学说。我国古代有阴阳五行说，古希腊时代有体液说，现代有血型说、体型说、激素说、高级神经活动类型说。

(1)古希腊的著名医生希波克利特(Hippocrates)的分类方法。他认为,人体内有四种体液:血液、黄胆汁、黑胆汁和黏液。他根据四种体液在人体内所占比例不同,把人的气质分为四类:多血质、胆汁质、黏液质、抑郁质(见表2-2)。心理学上叫气质类型,一直沿用至今。

人的气质类型分类　　表2-2

气质类型	特　征	外在表性	典型职业
多血质	情绪兴奋性高,外部表现明显,反应速度快而灵活。表现为情感变化迅速,对人对事易发生情绪反应,情绪不稳定,心境变换较快,随意反应性强,具有较大的可塑性	具有这种气质类型的人,感受性高而耐受性低。他们举止敏捷,姿态活泼,有生动的面部表情。言语表达能力和感染能力强,思维敏捷,善于交际,情感外露,但体验不深刻。待人热情亲切,但又显得粗心浮躁。办事多凭兴趣、富于幻想、缺乏忍耐力和毅力,不愿做耐心细致的工作	外交、管理、记者、律师、驾驶员、运动员
胆汁质	情绪兴奋性高,抑制能力差,反应速度快而不灵活,情绪体验强烈而持久,表现为情绪产生迅速且带有爆发式特点	属于胆汁质类型的人,感受性低而耐受性高,外倾明显。日常生活中表现为积极热情,易于激动,情感深刻而稳定,性情直率,精力旺盛,坚忍不拔,持久不渝,言语明确,富于表情,处理问题迅速而坚决。但自制力差,性情急躁,办事粗心,有时会刚愎自用,傲慢不恭	公共关系人员、导游、推销员、节目主持人
黏液质	情绪兴奋性和随意反应性较低,内倾明显,外部表现少,反应速度慢但稳定性强	这种气质类型的人,情感不易变化和暴露,心平气和,不易激动,即使在最可能引起激动的情况下,也很难引起激动。但当情绪一旦被引起,就变得强烈、稳固而深刻。他们行动稳定迟缓,说话慢且言语不多。遇事谨慎,三思而行。善于克制忍让,生活有规律,不为无关的事情分心,埋头苦干,有耐久力,但往往不够灵活,注意力不易转移。容易固执拘谨	会计、出纳员、话务员、播音员
抑郁质	情绪兴奋性低但体验深刻,不随意,反应性强,反应速度慢而不灵活。具有刻板性、内倾性特点。感受性高,耐受性低	属于抑郁质类型的人,多是多愁善感的人,情绪体验少而微弱,并多以心境的方式出现。他们沉静、深含、易相处、人缘好、办事稳妥可靠。但遇事缺乏果断和信心,生活常有孤独胆怯的表现。工作易疲劳,疲劳后也不易恢复	化验员、登记员、保管员、检查员

(2)根据气质类型与职业的对应关系,国外有专家根据职业分类规范,把职业气质分为以下12类(见表2-3)。

职业气质分类　　表2-3

气质类型	个性特征	典型职业
变化型	这些人在新的和意外的活动或工作情境中感到愉快。他们喜欢工作内容经常有些变化。在有压力的情况下他们工作得很出色。他们追求多样化的工作,善于将注意力从一件事转到另一件事情上	典型的职业诸如记者、推销员、演员等
重复型	这些人适合连续不停地从事同样的工作,他们喜欢按照一个机械的或别人安排好的计划或进度办事,爱好重复的、有规划的、有标准的工作	典型的职业诸如纺织工、印刷工、装配工、电影放映员、机床工等
服从型	这些人喜欢按别人的指示办事,他们不愿自己独立做出决策,而喜欢让他人对自己的工作负起责任	典型的职业如秘书、办公室职员、翻译人员等
独立型	这些人喜欢计划自己的活动和指导别人的活动。他们在独立的和负有职责的工作情况中感到愉快,喜欢对将来发生的事情做出决定	典型的职业如管理人员、律师、警察、侦察人员等
协作型	这些人在与人协同工作时感到愉快,他们善于让别人按他们的意愿来办事,他们想得到同事们的喜欢	典型的职业如社会工作者、咨询人员等
孤独型	喜欢单独工作,不愿与人交往	较适合的职业如校对、排版、雕刻等
劝服型	这些人喜欢设法使别人同意自己的观点,这一般通过谈话或写作来表达,他们对于别人的反应有较强的判断力,且善于影响他人的态度、观点和判断	典型的职业如政治辅导员、行政人员、宣传工作者、作家等
机智型	这些人在紧张的和危险的情境下能很好地执行任务。他们在危险的状况下能自我控制和镇定自如,他们在意外的情境中工作得很出色,当事情出了差错时,他们不易慌乱	典型的职业如驾驶员、飞行员、公安员、消防员、救生员、潜水员等
经验决策型	这些人喜欢根据自己的经验做出判断,当别人犹豫不决时,他们能当机立断做出决定,他们善于处理那些能直接经历或直觉到的事情,当必要时,他们用直接经验和直觉来解决问题	典型的职业如采购、供应、批发、推销、个体摊贩等人员和农民等
事实决策型	这些人喜欢根据事实来做出决策,他们要求根据充分的证据来下结论。他们喜欢使用调查、测验、统计数据来说明问题,引出结论	典型的职业如化验员、检验员、自然科学研究者等

续上表

气质类型	个 性 特 征	典 型 职 业
自我表现型	这些人喜欢能表现自己的爱好和个性的工作情境。他们根据自己的感情来作出选择,他们喜欢通过自己的工作来表达自己的理想	典型的职业如演员、诗人、音乐家、画家等
严谨型	这些人喜欢注重细节的精确,他们按一套规则和步骤将工作尽可能做得完美	典型的职业如会计、出纳、统计、档案管理等

五、性格与职业

性格决定命运,这是人们经常说的一句话。性格为什么会有如此巨大的力量呢？个体之间的差异,除了相貌、体型不同外,主要体现在性格特征上,性格是人对现实稳固的态度和与之相适应的习惯化了的行为方式的吻合。

在职业指导理论上,性格类型是人职匹配研究的重要内容之一。了解自己具有什么样的性格及从事什么样的职业更合适,对我们大学生来说是很有必要的。

(一)性格差异

性格差异造成了性格类型,而性格类型又是研究性格与职业关系的主要内容。所以我们有必要先考察一下性格差异的问题。性格差异在内向角度上表现为以下四个方面:

(1)性格的态度特征。主要包括对社会、对他人、对自己以及对工作的态度,如热爱祖国、关心集体、诚实、正直、见义勇为、亲切、同情、有礼貌、勤奋、认真、俭朴、创新、谦虚等。与此相反的有虚伪、自私、孤僻、冷酷、懒惰、自满、自卑、墨守成规等。

(2)性格的意志特征。这是人自觉地调节自己行为方式和水平的标志。表现在一个人对自己行为的目的有明确而深刻的认识,能否主动地约束自己,在困难和紧急情况下能否迅速、准确地作出抉择,以及能否以顽强的毅力把作出的决定贯彻到底。属于这方面的性格特征有:独立性、纪律性、组织性、主动性、自制力、果断性、勇敢性、顽强性、严谨性、坚持性等,以及与此相反的冲动性、盲目性、鲁莽、怯懦、优柔寡断、胆小怕事、自由散漫、虎头蛇尾、轻率马虎等。

(3)性格的情绪特征。通常表现在情绪活动的强度、稳定性、持久性和主导心境四个方面。有的人情绪体验深刻,表情鲜明生动,易被情绪支配,控制能力较弱,对工作有较大影响;有的人情绪体验微弱,意志控制能力强,不易被情绪所左右,情绪对工作影响也较小。有的人情绪稳定持久,情绪起伏波动较小,就是在成功和失败的重大事件面前情绪也较平稳;有的人则患"冷热病",易激动,情绪不稳,在成功面前忘乎所以,在失败面前又可能垂头丧气。有的人经常处于精神饱满、欢快之

中，朝气蓬勃、乐观向上；有的人则经常抑郁低沉、无精打采、悲观失望。

(4)性格的理智特征。也就是表现在感觉、知觉、记忆、思维、想像等认识方面的性格特征。如在感知注意方面，有主动观察型与被动观察型、分析型与概括型、快速型与精确型的区别；在想像方面有主动想像型与被动想像型、狭窄型与广阔型、创造型与模仿型，也有冷静的现实主义者和脱离实际的幻想家的区别；在记忆类型上，有直观形象与逻辑思维型之分；在识记过程上有快慢之分；在保持的长久性上，有长久保持和迅速遗忘之别；在思维类型方面，有深度上的深浅之分，有分析型与综合型之分。性格的各种特征是一个彼此关联的有机体，了解自己的性格特征的各个方面，对于选择职业，尤其是适应职业有着重要的意义。

(二)性格与职业的关系

职场中，有人喜欢创新，却总被重复的琐事拖累；而有些人性格内敛，每天却不得不面对大庭广众……，工作也变成了一种负担。因性格与职业选择发生错位而导致职业失败，成为不少职场人士面临的严峻问题。性格并无好坏之分，但性格类型与职业类型的匹配度却决定了事业的成功与否。

首先，一个人的性格会影响到职业的适应性。"职业心理学"认为，性格影响着一个人对职业的适应性，一定的性格适于从事一定的职业。当你从事的职业与自己的个性相吻合时，就可能发挥出能力，容易做出成就；反之则可能导致其原有才能的浪费，或者必须付出更大的努力才能成功。例如，乐群的人适合教师、社会工作者等职业；冷静的人比较适合会计、科研人员等职业；理性的人适合工程师、技师等行业；世故性高的人适合心理学家、商人等职业。如果自己的性格和职业需要的性格相反的时候，那么工作中就会遇到很大的心理冲突，工作上成功的概率也会较小。例如，一个比较缄默的人担任销售的工作，往往会延迟其职业适应性。缄默的人，往往乐群性比较低，喜欢对事不对人；而销售工作需要应付人与人之间复杂的情绪交流。所以，缄默的人如果担任销售工作，在工作的过程中，就不可避免地会有很多心理冲突。所以，在选择职业时，要认识自己的性格。

其次，在职业发展上，性格比能力重要。用人单位在选人上也逐渐认识到性格比能力重要。这种认识在国外已经相当普遍。其原因是，如果一个人能力不足，可通过培训提高，一年不行两年；两年不行三年，总可以开发出来。但一个人的性格与职业或岗位不吻合，要改变起来，可就困难了。所以，一些公司在招聘新人时，常将性格的测验放在首位，当性格与职业或岗位吻合了，才对其能力进行测验考察。如果性格与职业或岗位不吻合，再高的学历，再高的能力，也不予录用。

第三，认识自己的性格有利于反省自己，提高自己的性格修养，使得自己更加适应职位，推动自己改善人际关系。因为每个人的性格都有积极和消极两个方面，根据木桶原理,一个木桶中水面的高低取决于木桶壁上最低一个窟窿的位置。所以,对人而言就是说每个人的短处也会限制他的发展,所以还要补短扬长。例如,有的人在工作中积极热情、乐于助人、好出头露面,但做事持久性不长,常表现得虎头蛇尾,这种人就应该注意,锻炼自己的坚持性和持久性的品格意志;又如,有的人办事热情高、拼劲足、速度快,但有时马马虎虎,甚至遇事就着急,性情暴烈,这种人就应该在发扬其性格长处的同时注意培养认真仔细的精神,防止急躁情绪;有的人做事深沉、认真、严谨,但有时优柔寡断、办事拖拉,这种人必须经常提醒自己"今天的事今天完成",并逐步养成当机立断的性格。

一个人最好从事与自己性格相符的职业,但人的性格并不能决定他的社会价值与成就水平。当你发现自己的性格与职业匹配度不高时,可以通过个人努力来弥补自身不足。

你、我、他,我们是否都在执迷于自己最不擅长的事情。我们是否都曾历尽艰辛,却收获甚微。如果是这样,那么,好吧!让我们都来记住这样一句话——任何人只要从事自己性格最擅长的职业,他就不会默默无闻;再聪明的人,如果整日从事着与自己性格不相适应的工作,那他就注定难逃平庸的命运。

(三)性格类型与职业选择

一般人们将性格划分为内向型性格和外向型性格。一般而言,内向型的性格适合做有计划的、稳定的、不需要与人过多交往的职业,如科学家、技术人员、艺术家、会计师、打字员、统计员、资料管理人员、一般办公室职员等;外向型的性格则适合从事与外界广泛接触的职业,如:管理人员、警察、律师、政治家、推销员、记者、教师等。

但是,生活中纯属内向型性格和外向型性格的人并不多,大部分人属于混合型。所以,简单的划分不能适用于每一个人,应根据个人的性格与职业的要求具体问题具体处理,不能一概而论。

瑞士著名心理学家卡尔·荣格(Carl G. Jung)在心理类型理论的基础上提出著名的MBTI理论,后经凯瑟琳·布利格斯(Katharine Cook Briggs)与莎贝尔·布利格斯·迈尔斯(Isabel Briggs Myers)的研究和发展,现已广泛地应用于职业发展、职业咨询、团队建议、婚姻教育等方面,是目前国际上应用最广泛的职业规划和个性测评理论。MBTI的全称为Myers - Briggs Type Indicator,是一种迫选型、自我报告式的性格评估工具,用以衡量和描述人们在获取信息、作出决策、对待生活等方面的心理活动规律和性格类型。按照MBTI的理论,人的性格一旦成型,就很难发生变化,之所以有不同的表现方式,正是由于环境、经历等因素的变化,性格在动态地发展,之前不太使用的功能也得到了相应的发挥。如果用左手和右手来做一个比喻的话,一个人的MBTI倾向就是他最熟练使用的那只手,随着阅历的增加,他

也开始练习使用另外一只手。MBTI 有四个维度分别是：

内倾(I)——外倾(E)　　感觉(S)——直觉(N)

思维(T)——情感(F)　　判断(J)——知觉(P)

第一个维度：根据人的注意力集中所在和精力的来源，分为内倾与外倾两种类型(I－E)。

内倾型的人：独自一个人感到振奋；避免成为注意的焦点；先思考、再行动；注重隐私、只与少数人共享个人信息；听的比说的多；不把热情表现出来；思考之后再反应，喜欢慢节奏；较之广博喜欢精深。

外倾型的人：与他人在一起时感到振奋；希望成为注意的焦点；先行动，再思考；喜欢边想边说出声；易于被了解；愿与人共享个人信息；说的比听的多；热情地交流；反应迅速、喜欢快节奏；较之精深更喜欢广博。

第二个维度：根据个人收集信息的方式不同分为感觉与直觉两种类型(S－N)。

感觉型人：相信确定而有形的事物；喜欢具有实际意义的新主意；崇尚现实主义与常识；喜欢运用和琢磨已有的技能；留心特殊的和具体的，喜欢给出细节；循序渐进地给出信息；着眼于现在。

直觉型的人：相信灵感和推理；喜欢新主意和新概念只出于自己的意愿；崇尚想像力和新事物；喜欢学习新技能，但掌握之后容易厌倦；留心普遍和有象征性的，使用隐喻和类比；跳跃式的以一种绕圈的方式给出信息；着眼于将来。

第三个维度：根据个人做决策的方式的不同，可分为思维与情感两种类型(T－F)。

思维型的人：后退一步，客观地分析问题；崇尚逻辑、公正和公平；有统一标准；自然地发现缺点、有吹毛求疵的倾向；可能被视为无情、麻木、漠不关心；认为诚实比机敏更重要；认为只有合乎逻辑的情感才是正确的；受获得成就欲望地驱使。

情感型的人：向前看，关心行动给他人带来的影响；注重感情与和睦；看到规则的例外性；自然地想让别人快乐；易于理解别人；可能被视为过于感情化、无逻辑、脆弱；认为诚实与机敏同样重要；认为所有的感情都是正确的，无论有意义与否；受驱使与被理解的驱使。

第四个维度：根据个人感到最舒适的对待外界和处世的方式，可分为判断与知觉两种类型(J－P)。

判断型的人：做完决定后感到快乐；具有“工作原则”；先工作再玩；确立目标并按时完成任务；想知道自己的处境；着重结果；通过完成任务获得满足；把时间看成有限的资源，认真对待时间限制。

知觉型的人：因保留选择的余地而快乐；具有“玩的原则”，先玩再工作；当有新的情况时便改变目标；喜欢适应新环境；着重过程；通过着手新事物而获得满足；

把时间看成无限的资源，认为时间期限是活的。

四个维度对人的心理的划分中，最重要的是中间两个，也就是感觉或直觉、思考或感情。用这两个维度可以形成一个四象限的坐标（图 2-4）：

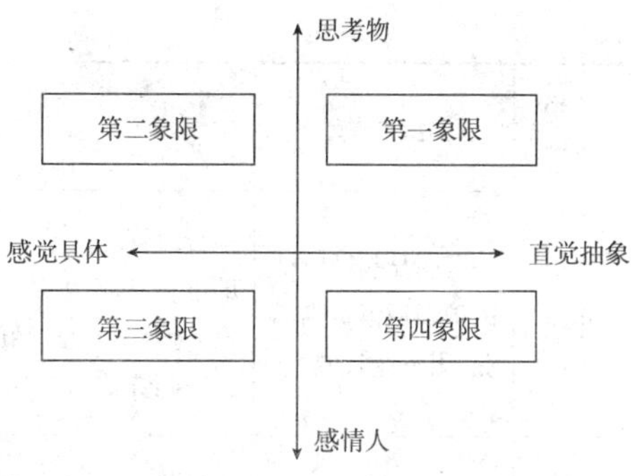

图 2-4　四象限坐标图

相同的，我们要从事的职业也可以落在这个四象限坐标里，两个轴分别为物或人、抽象或具体。我们可以根据自己的人格类型以及自己的专业特长选择一个最好的组合。如学计算机专业的同学，专业的特质在第一象限（抽象的物），但他的人格特质在第三象限（擅长做有关具体的人的事），那么可以找一个结合点，他可以从事计算机产品的营销。

MBTI 四个维度中的两两组合，可以组合成 16 种人格类型，见表 2-4。

MBTI 组合的 16 种人格类型　　表 2-4

SJ	SP	NT	NF
ESTJ	ESTP	ENTJ	ENFJ
ESFJ	ESFP	ENTP	ENFP
ISTJ	ISTP	INTJ	INFJ
ISFJ	ISFP	INTP	INFP

MBTI 组合成的 16 种性格类型、特征及其相应的职业如表 2-5 所述。

MBTI 组合成的 16 种性格类型及适合的职业　　表 2-5

性格类型	适合领域	适　合　职　业
ISTJ	工商业领域、政府机构、金融银行业、技术领域、医务领域	审计师、会计、财务经理；办公室行政管理、公务（法律、税务）执行人员；银行信贷员、成本估价师、保险精算师、税务经纪人、税务检查员；机械、电气工程师、计算机程序员、数据库管理员；外科医生、药剂师、实验室技术人员、牙科医生、医学研究员；管理者、行政管理、执法者、会计、审计师等
ISTP	技术领域证券、金融业、贸易、商业领域户外、运动、艺术等领域	机械、电气、电子工程师、各类技术专家和技师、计算机硬件、系统集成专业人员；证券分析师、金融、财务顾问、经济学研究者；贸易商、商品经销商、产品代理商（有形产品为主）；警察、侦探、体育工作者、赛车手、飞行员、雕塑家、手工制作、画家等

续上表

性格类型	适合领域	适合职业
ISFJ	无明显领域特征医护领域消费类商业、服务业领域	行政管理人员、总经理助理、秘书、人事管理者、项目经理、物流经理、律师助手;外科医生及其他各类医生、家庭医生、牙科医生、护士、药剂师、医学专家、营养学专家、顾问;零售店、精品店业主、大型商场、酒店管理人员、室内设计师等
ISFP	手工艺、艺术领域 医护领域 商业、服务业领域	时装、首饰设计师、装潢、园艺设计师、陶器、乐器、卡通、漫画制作者、素描画家、舞蹈演员、画家等出诊医生、出诊护士、理疗师、牙科医生、个人健康和运动教练等餐饮业、娱乐业业主、旅行社销售人员、体育用品、个人理疗用品销售员等
INFJ	咨询、教育、科研等领域 文化、艺术、设计等领域	心理咨询工作者、心理诊疗师、职业指导顾问、大学教师(人文学科、艺术类)、心理学、教育学、社会学、哲学及其他领域的研究人员;作家、诗人、剧作家、电影编剧、电影导演、画家、雕塑家、音乐家、艺术顾问、建筑师、设计师等
INFP	创作性、艺术类教育、研究、咨询类	各类艺术家、插图画家、诗人、小说家、建筑师、设计师、文学编辑、艺术指导、记者等 大学老师(人文类)、心理学工作者、心理辅导和咨询人员、社科类研究人员、社会工作者、教育顾问、图书管理者、翻译家等
INTJ	科研、科技应用技术咨询、管理咨询 金融、投资领域创造性行业	各类科学家、研究所研究人员、设计工程师、系统分析员、计算机程序师、研究开发部经理;各类技术顾问、技术专家、企业管理顾问、投资专家、法律顾问、医学专家、精神分析学家;经济学家、投资银行研究员、证券投资和金融分析员、投资银行家、财务计划人、企业并购专家;各类发明家、建筑师、社论作家、设计师、艺术家等
INTP	计算机技术理论研究、学术领域 专业领域 创造性领域	软件设计员、系统分析师、计算机程序员、数据库管理、故障排除专家等大学教授、科研机构研究人员、数学家、物理学家、经济学家、考古学家、历史学家等 证券分析师、金融投资顾问、律师、法律顾问、财务专家、侦探等 各类发明家、作家、设计师、音乐家、艺术家、艺术鉴赏家等
ESTP	贸易、商业、某些特殊领域 服务业金融证券业 娱乐、体育、艺术领域	各类贸易商、批发商、中间商、零售商、房地产经纪人、保险经济人、汽车销售人员、私家侦探、警察等。餐饮、娱乐及其他各类服务业的业主、主管、特许经营者、自由职业者等。股票经纪人、证券分析师、理财顾问、个人投资者等。娱乐节目主持人、体育节目评论、脱口秀、音乐、舞蹈表演者、健身教练、体育工作者等

续上表

性格类型	适合领域	适合职业
ESTJ	无明显领域特征	大、中型外资企业员工、业务经理、中层经理(多分布在财务、营运、物流采购、销售管理、项目管理、工厂管理、人事行政部门)、职业经理人、各类中小型企业主管和业主
ESFP	消费类商业、服务业领域广告业、娱乐业领域 旅游业、社区服务等其他领域	销售人员、娱乐、餐饮业客户经理、房地产销售人员、汽车销售人员、市场营销人员(消费类产品);广告企业中的设计师、创意人员、客户经理、时装设计和表演人员、摄影师、节目主持人、脱口秀演员;旅游企业中的销售、服务人员、导游、社区工作人员、自愿工作者、公共关系专家、健身和运动教练、医护人员等
ESFJ	无明显领域特征	办公室行政或管理人员、秘书、总经理助理、项目经理、客户服务部人员、物流管理人员;医生、护士、健康护理指导师、营养学专家、学校管理者;银行、酒店、大型企业客户服务代表、客户经理、公共关系部主任、商场经理、餐饮业业主和管理人员等
ENFP	广告创意、广告撰稿人,市场营销和宣传策划、市场调研人员、艺术指导、公关专家、公司对外发言人等	儿童教育老师、大学老师(人文类)、心理学工作者、心理辅导和咨询人员、职业规划顾问、社会工作者、人力资源专家、培训师、演讲家、记者(访谈类)、节目策划和主持人、专栏作家、剧作家、艺术指导、设计师、卡通制作者、电影、电视制片人等
ENFJ	培训、咨询、教育新闻传播、公共关系、文化艺术	人力资源培训主任、销售、沟通、团队培训员、职业指导顾问、心理咨询工作者、大学教师(人文学科类)、教育学、心理学研究人员;记者、撰稿人、节目主持人(新闻、采访类)、公共关系专家、社会活动家、文艺工作者、平面设计师、画家、音乐家等
ENTP	投资顾问、项目策划、投资银行、自我创业 市场营销、创造性领域 公共关系 政治	投资顾问(房地产、金融、贸易、商业等)、各类项目的策划人和发起者、投资银行家、风险投资人、企业业主(新兴产业)、市场营销人员、各类产品销售经理、广告创意、艺术总监、访谈类节目主持人、制片人等 公共关系专家、公司对外发言人、社团负责人、政治家等
ENTJ	工商业、政界 金融和投资领域 管理咨询、培训专业性领域	各类企业的高级主管、总经理、企业主、社会团体负责人、政治家;投资银行家、风险投资家、股票经纪人、公司财务经理、财务顾问、经济学家 企业管理顾问、企业战略顾问、项目顾问、专项培训师;律师、法官、知识产权专家、大学教师、科技专家等

六、自我评估与职业选择

(一)自我评估常见的错误与偏差

1.两种错误的自我评估

过低的自我评估。处于这种意识状态的大学生,在把理想我与现实我进行比较时,对理想我期望较高,又无法达到,对现实我不满意,又无法改进。他们心理上的一个特征就是自我排斥。由于在成长过程中,理想我与现实我的距离过大所导致的自我矛盾冲突,他们往往会产生否定自己、拒绝接纳自我的心理倾向。这类大学生往往会降低人的社会需求水平,对自我过分怀疑,压抑自我的积极性,并可能引发严重的情感损伤和内心冲突。他们的心理体验常伴随较多的自卑感、盲目性、自信心丧失和情绪消沉、意志薄弱、孤僻、抑郁等现象,尤其是面对新的环境、挫折和重大生活事件时,常常会产生过激行为,酿成悲剧。近几年来发生的大学生自杀事件中相当一部分就是由此心理问题所导致。

过高的自我评估。这是一种与过低自我评估相对立的自我意识状态。在这种自我概念的支配下,个体往往扩大现实的自我,形成错误、不切实际的理想自我,并认为理想我可以轻易实现。这种类型的大学生往往盲目乐观、以我为中心、自以为是,不易被周围环境和他人所接受与认可,容易引起别人的反感和不满。因此极易遭受失败和内心冲突,产生严重的情感挫伤,导致苦闷、自卑、自我放弃,有时会引发过激行为和反社会行为。

过高或过低的自我评价都是错误的自我评估,都会造成心理上的矛盾和冲突。

2.大学生常见的自我评估偏差

(1)评估自我的内在矛盾加剧。主要表现在:

①理想自我和现实自我的矛盾更加突出。

大学生在入学之初,对大学生活和自己未来的发展往往有很多设想。但经过一段大学生活之后,理想自我与现实自我相距甚远,甚至产生矛盾。于是不少大学生在困难和挫折面前,感到束手无策、不知所措。

②主观我与社会我的矛盾相对激烈。

在现实生活中,大学生中主观我和社会我往往难以一致。一般来说,每一个人都倾向于高估自己的水平和位置,对于未经世事的年轻大学生而言尤其如此。当遇到自己对自己的认识和评价同周围同学和师长们对自己的认识与评价不一致时,就产生了主观我与社会我的冲突,产生心理压力。

③主观上的独立性和心理上的依赖性日趋增加。

当代大学生自我认识、自我观察、自我评价、自我教育的能力较之以往有相当大的提高，成人意识也明显增强。许多大学生开始对自己的学习和前途进行自我设计、自我选择，具有社会责任感。但是他们独立生活的能力还相对较弱，仍摆脱不了对家庭经济上的依附和心理上的依赖，一旦遇到困难，不少人首先想到的是回家。

(2)崇尚自我的现象愈加明显。在改革开放和市场经济条件下，社会正处于变革期，大学生对自我抱负的实现和在竞争中的获胜尤为关心，这是积极向上的表现。但是，他们往往对自我普遍抱有不切实际的设想。

(3)自我评估坐标体系混乱。由于还没有形成稳定的人生态度和成熟的世界观、价值观，因此大学生整体上看并未真正成熟，集中表现在自我评估和别人评估往往不能达到统一，自我评估缺乏客观性和稳定性，忽高忽低，因而产生心理矛盾。

(二)自我评估与职业选择

职业选择受个人自身条件和职业要求的限制，一方面个人不可能具有从事一切职业的能力和兴趣；另一方面，各项职业由于具有不同的劳动对象、手段和劳动条件等，对劳动者的能力也有相应的特殊要求。职业选择是个人和职业岗位的相互选择和相互适应。

如何综合考虑各方面的因素，做出合理的职业选择，是大学生职业生涯与发展规划的一个重要内容。在人的整个职业生涯之中乃至整个人生之中，职业选择都至关重要。

1. 职业选择过程

职业生涯的选择过程，就是将个人的属性(能力、性格、学历和价值观等)与职业环境进行整合或匹配，最终确定自己理想的职业的过程，可简单地用图2-5进行描述。

2. 职业选择的主要方法

(1)经验法：这是一种运用比较多的方法，通常是找一些比较有经验的人进行咨询或指导，用他们的经验来提供支持和辅助决策。这种方法的弊端常常是主观性强、精确性差。

(2)比较法：它运用推理、比较法和数据资料，综合考虑多方面的利弊得失，找出正面预期多、负面影响小的方案。这种方法比较科学，但十分复杂，需要的技术和资源较多，选择过程比较漫长。

(3)直觉法：它主要是借助个人内在的感情和感觉，运用想像力，辅之以过去的知识和背景来做选择。这种方法的优点是简单、迅速，但缺点是主观、武断，缺乏科学依据，比较感性。

(4)测试法：主要是利用一些量表来测试自己的职业性向或职业兴趣等，然后参考测量结果来进行职业选择。参见本书的附录。

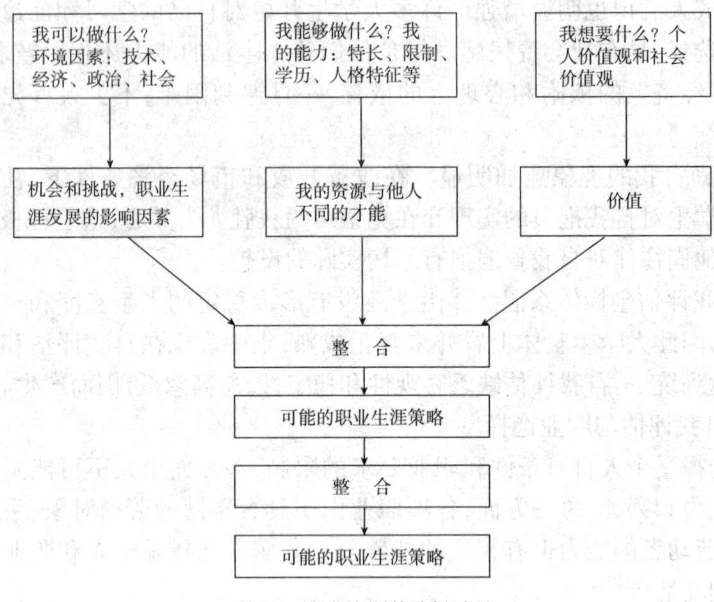

图 2-5　职业生涯的选择过程

3. 确定职业选择

在职业选择之前，全面地考虑影响确定职业选择的因素，是实行科学选择的前提。

(1)处理好个人职业心理特征的冲突。如能力与兴趣和价值观之间发生冲突，即对于感兴趣的职业，可能因能力较低或不具备这种能力而发生矛盾，这时理智的选择应以能力为基础，再来考虑符合兴趣和价值观的职业。

(2)确定外部的影响因素及力量。认识了职业及职业自我后，便可以确立一个相对适合的初步选择范围。做出最终决策，要考虑多方面的因素，并经过分析，找出可能的促进因素或冲突因素。找到了解决冲突的方法，就可以作最后的决定了。

(3)不同选择的利弊得失分析。最后选择是否合理、科学，可以通过选择后的分析来判断。可以主要从个人、家庭、亲友以及社会几个方面的得失来进行分析。

总之，个人可以排除各种不利于职业选择的因素，运用合适的方法对自己的职业进行选择，以便顺利地实现自己的职业目标。

【案例】

陈学斌(男，21 岁，会计学专业，本科，2010 届毕业生)：我是财经学院会计学专

业的本科生。高考填报的是法律专业，结果被调配为会计学。其实我对会计并不感兴趣，三年来虽强迫自己努力，但是学习起来很吃力，每次考试都是费尽心力才勉强过关。就要毕业了，对选择会计类职业确实没兴趣，另外改换专业，又要从零开始，心中无底，不敢冒险。我想知道，如果我不选择会计类职业，我该选择其他的什么职业好呢？我想透彻地了解自己的性格与兴趣，看看我究竟适合做什么？

【案例分析】

1. 困惑类型

这是典型的"专业与个人兴趣不符"的个案。造成这样的原因是，高考选专业不慎，进校后改换专业不成，大学期间未及时测试自己的职业适应性并及时调整，缺乏对行业与职业的认知和了解。要解决陈学斌的问题，首先就要引导他对自己进行全面的认识。

2. 心理测试

我们所作的第一项自我认识方式是对陈学斌进行职业适应性测试。

测试表明，陈学斌属典型的社会经营性特质。其主要性格特征为：仁慈、助人的、易于合作的、社交的、有洞察力的、责任感强的、重友谊的、有说服力的、比较关心社会问题、善变的、支配的、乐观的、自我显示的、自信的、好发表意见和见解的、不易被人支配的、想像力丰富的、独创的、感情丰富的。

具有这种性格特质的人有这样一些职业特征：利用更多时间与人打交道，例如服务、说服、教育；喜欢需要胆略的、冒风险且承担责任的活动；精细的操作能力较差；喜欢参与解决人们共同关心的社会问题，渴望发挥自己的社会作用；寻求亲近的人际关系，比较看重社会义务和社会道德；追求权力、权威和物质财富，具有领导才能；喜欢竞争，敢冒风险；精力充沛、自信、善交际，口才好，做事巧妙；喜欢以各种艺术形式的创造来表现自己的才能，实现自身价值。

将上述两个层面结合起来，陈学斌的职业适应性则可以定性描述为：适合从事直接为他人服务的、组织与影响他人共同完成组织目标的、讲究艺术性的工作。

而会计或财务管理类职业的职业特点是：在室内，少与人打交道，与文本书籍、数字图表常年接触，要求对数字有很强的敏感性，从业者应具有内向、沉稳、能重复做机械的较枯燥的事务性工作。

由于自身性格不符合与所选专业相对应的职业的要求，所以陈学斌对会计一直不感兴趣，难怪他学习起来总是非常吃力。

同时，我们还选用了两项心理测试。卡特尔16项人格测试和情绪商数测试，结果表明：陈学斌的成就欲、自主性和强迫性都比较显著，这就是他自觉学习、自我

完善、寻求专业机构帮助的动力源泉所在。

3. 辅助调查

那么,陈学斌究竟适合做什么呢? 为了更加准确地作出陈学斌的职业定位,我们还得对他进行详细的成长过程访谈及辅助调查。通过访谈和辅助调查,陈学斌的以下几点表现引起了我们的注意:

(1)从小学习自觉,成长顺利,但他家族里却有多起经过艰苦奋斗才出人头地的案例。在陈学斌的学校生活中,他有两次因与女同学同桌,怕影响学习而主动调换座位,但内心又老觉愧疚,至今都怕与女生接触。对考上重点大学的同学的羡慕溢于言表,很多细节都记忆犹新。这些都说明了他的成就欲望强烈、竞争意识强,对目标的执著追求让他能抓住重点环节去做事,从成功者或强者身上寻找动力源泉。

(2)大学生活丰富多彩。参加过保险经纪人培训,搞过市场调查,到建筑公司进行过实习,做过电子产品推销;组织过乒乓球赛、自助旅游、模拟招聘会;坚持听各类讲座,参加各种培训活动,坚持阅读各种人力资源管理、企业管理和法律方面的书籍等。这些社会活动反映出陈学斌较强的社会交往意识,自觉培养组织管理能力的意识,通过各种方式完善自我的意识。成就动机促使他为心中的目标作准备。他是个上进心强、有目标又有行动的人。

(3)整个面谈过程中,陈学斌表现得亲和、稳重、健谈;吐字清晰,有条理,表达收放自如,不急于表白,能倾听,领悟力强。特别是表现出强烈的了解自己的欲望,因而相当配合,使交流相当深入。可见,陈学斌在社会交往方面有一定的特质和积累。

(4)在他的所学课程中,高等数学、建筑材料、成本会计等几门课程特别吃力,而人文、社会、管理类课程却学得很好。可见,智力结构不一样,兴趣爱好就不一样,专业学习的成绩肯定也不一样。

4. 职业定位

在完成以上基本资料搜集后,我们开始汇总、分析、进行专家会诊。我们的结论是,陈学斌适合从事这样一些职业:咨询师、公共专家、社会学者、福利服务、社会科学教师、营售、室内装饰专家、作者、评论员、职业分析师、酒店管理、企业综合性管理、房地产商、公务员、学校管理。再结合陈学斌的兴趣和所学专业,我们建议陈学斌可以往企业的行政管理或人力资源管理方面发展。理由如下:

人力资源管理是新兴职业,除要求具备丰富的专业知识与多种行业的从业经验外,还必须具备这样一些特质:亲和力、敏感性、率直、耐心、享受工作乐趣、能体验别人的感受、好奇心、有效地表达、幽默感、热情、悟性等等。而陈学斌在亲和、率直、有效地表达、热情、耐心等方面都表现得比较显著。

而行政管理呢？名称虽不新潮，但被赋予了“服务、细致”的内容。行政管理的职业特性有这样几点：一是时效性，讲求办事快速；二是重细节，要周到细致；三是服务意识要特别强；四是廉洁。而这些，陈学斌都基本具备。

这样的职位很多行业与企业都有，如何与之具体结合呢？我们建议陈学斌在以下范围内选择：房地产、物业管理、建筑、装饰、酒店、建材生产及销售企业。

思　考　题

1. 请选择一种适当的方法对自我进行一次全面评估。
2. 请用附录中的霍兰德职业兴趣测验进行自测，并制作职业兴趣评估报告。

第三章　大学生职业探索

观点导读：

大学生在学校里感到人生目标迷茫，学习不努力，其主要原因还是不了解未来的职业环境，缺乏对职业的深刻认知。由此导致了学生不清楚职业发展机会，不了解企业的用人标准，因而不能正确利用学校的学习平台，有计划有步骤地积累自身知识和能力，提高自身职业素养，培养自我职业化行为习惯。大学生通过对职业进行探索，熟悉职业环境，了解工作内容和职责，清楚企业用人状况，员工素质等相关情况，有利于大学生克服盲目、急躁的情绪和功利化思想，静下心来做好符合自我未来发展的职业生涯规划。

知己知彼是职业生涯规划的前提，所谓知己就是自我认知，即自我评估，而知彼就是了解纷繁复杂的职业环境，即职业认知。通过科学、全面地了解职业属性和职业世界，发现隐藏在不同行业和组织环境中的各种职业机会，有利于个人做好职业定位和职业生涯决策。

第一节　职业内涵探索

一、职业沿革

职业的产生与发展是社会劳动分工的必然产物，并随社会劳动分工的深化而发展变化。在人类社会初期，存在着以性别、年龄为基础的自然劳动分工。那时，每个人不是固定从事某项专门的工作，不能形成独立的专门职能，也就没有职业可言。随着社会生产力的发展，出现了农业与畜牧业的分离，实现了第一次社会大分工，出现了专门从事农业种植或畜牧业养殖的不同劳动者，职业由此而生。以后，手工业和商业也先后从农业中独立出来，完成了第二次，第三次社会大分工。劳动分工也进一步深化，不仅有农业生产、畜牧业和手工业生产的体力劳动，还出现了专门的劳动管理、商业经营，乃至文化艺术、教育等脑力劳动分工。劳动者专事某项劳动活动成为社会普遍现象。随着生产力水平的提高,科技进步和社会化大生产的发展,社会劳动分工更加精细,生产专业化程度越来越高,新的劳动职业不断增加,出现了千百种职业。可见,职业是社会劳动分工发展的必然产物。

社会活动越多,分工越细,职业种类就越多。社会分工是划分职业的基础和依据。在人类社会经济发展的历史长河中,职业在多种因素作用下进行着不断的变化与发展。

二、职业分类

职业的分类是相对的,随着经济社会的发展,职业分类也在不断变化。各个国家根据工作性质同一性原则,结合本国的具体情况,对职业有不同的分类。下面介绍国际标准职业分类和我国标准职业分类。大学生可以根据以下职业分类和职业要求来考虑自我职业发展方向。

(一)国际标准职业分类

国际标准中,职业共分为八大类,第一大类是专家、技术人员与有关工作者;第二大类是政府官员和企业经理;第三大类是事务工作者和有关工作者;第四大类是销售工作者;第五大类是服务工作者;第六大类是农业、牧业工作者和渔民、猎人;第七大类是生产工作者、运输设备操作者和劳动者;第八大类是不便按职业分类的劳动者。八个大类又分 83 个小类、284 个细类、1881 种职业。

(二)我国的职业分类

我国 1999 年 5 月颁布的《中华人民共和国职业分类大典》,将我国职业归为 8 个大类、66 个中类、413 个小类,1838 个细类。这 8 个大类分别是:

第一大类:国家机关,党群组织,企业、事业单位负责人。

第二大类:专业技术人员。

第三大类:办事人员和有关人员。

第四大类:商业服务人员。

第五大类:农、林、牧、渔、水利业生产人员。

第六大类:生产、运输设备操作人员及有关人员。

第七大类:军人。

第八大类:不便分类的其他从业人员。

根据国际标准职业分类和我国标准职业分类的内容,整理出主要的 18 种类型的职业人员。他们是政府官员、一般公务员、军人、警员、教师、专业技术人员、企业家、销售人员、服务人员、办事员、生产人员、艺术工作者、律师、社会工作者、党务工

作者、金融工作者、自由职业者、其他。

三、职业地位与声望

（一）职业地位

在社会生活中，社会成员在财产、权力、职业、教育、家庭、种族、年龄、性别诸方面特征不同，被正式或非正式地区分为不同的社会阶层，或不同社会地位。在农业社会，农民的社会地位比较高；在工业社会，工商业者的地位比较高；在后工业时代的信息社会，专业技术人员、高级工商管理者拥有较高的社会地位。

社会地位的高低取决于经济收入的多少、社会权利的大小、社会声望的高低。职业地位成为促进劳动者流动的一种重要动力，这样可以实现人才合理的流动，达到人尽其才的目的。从而推动职业构成、配置、分布向均衡化、合理化发展。

（二）职业声望

职业声望是指社会中的人们对某种职业的权力、工资、晋升机会、发展前景、工作条件等社会地位资源情况的评价，亦即社会地位高低的主观评价。

没有职业地位，职业声望则无从谈起；如果没有职业声望，职业地位也无从谈起。因此，通过某人所从事的职业便可大体看出其社会地位的高低。

影响某一种职业的声望主要考察以下因素：

（1）职业的社会功能，即某种职业对社会的作用，包括对国家建设和公共福利的责任。职业的责任和社会作用越大，职业声望就越高。

（2）职业素质要求，即一定职业对于任职者的教育程度、技能技巧、工作能力、道德品质、身体状况等各方面的条件。一般来讲，职业对任职者的要求越高，职业声望也就越高。

（3）职业报酬，通常指职业能给予任职者的各项利益，包括经济收入、福利待遇、晋升机会等。在今天的人力资源市场上可以明确反映出职业报酬越高，职业声望就越高。

（4）职业环境，即与职业活动相关的各种工作条件，包括职业的自然环境和社会环境，如工作的技术条件、卫生条件、空间环境、劳动强度等。职业环境越好，则职业声望越高。

职业声望在一定时期具有相对稳定性，但在不同社会经济发展阶段，不同经济文化背景的群体和不同年龄性别的群体对同一职业的评价也会存在明显差别。改革开放之初，大学教授和科技人员的地位不高，出现了“拿手术刀的不如拿剃头刀的”，“造原子弹不如卖茶叶蛋”。但现在，随着教授、科学家的工资收入有较大提高、工作环境也有了较大改善，其职业声望也有了明显的提高。在美国，大部分人

认为医生、科学工作者和教师是最受尊敬的职业，而对会计师、银行家、记者、律师等职业的评价反而不高。

四、职业期望

（一）职业期望的内涵

职业期望决定了人们的求职动机、目标和对求职的表达。因此，所谓职业期望又称职业意向，是劳动者对某项职业的向往，是希望自己从事某项职业的态度倾向。人类社会自从有了职业，人们就有了职业期望。随着社会的发展、职业的不断分化和新职业的产生，人们的职业期望呈现出多元化的态势。

（1）职业期望来自劳动者个体方面。职业期望是劳动者对从事某种职业的一种希望、心愿和向往。

（2）职业期望不是空想。职业期望是劳动者的一种主动追求，是劳动者将自身的兴趣、价值观、能力等与社会需要、社会就业机会进行协调后所确定的、并力求实现的个人社会活动目标。

（3）职业期望不同于职业声望。职业声望是职业地位的反映，是社会对某种职业的权力、待遇、发展前景、工作条件等社会资源占有情况的评价，反映某种职业的社会地位高低，其含义与职业期望不可混淆。但是，两者又有紧密的联系。人们所追求和希望从事的职业，往往是社会声望高的职业。

（4）职业期望直接反映着每个人的职业价值观。不同的职业有不同的特性。例如，有的职业运用体力，有的职业运用脑力；有的职业社会地位高，有的职业社会地位低；有的职业安全平稳，有的职业脏、累、险；有的职业经济收入高，有的职业收入平平。职业的不同特性，使人们对于职业有不同的评价和态度，有不同的取舍与追求，职业价值观由此形成。

日本 ZHK 广播舆论调查所在职业调查中设计了 7 个价值取向，用来分析人们的职业期望。这 7 个价值取向是：①能推动社会发展的职业；②助人、为社会服务的职业；③得到人们高度评价的职业；④受到尊敬的职业；⑤能赚钱的职业；⑥虽平凡但有固定收入的职业；⑦若不为人所用，就自谋职业。人们的职业期望往往受某几种价值取向左右，但居主导地位的职业价值取向起着决定性的作用。例如，学生择业时，是选择一个稳定但收入不高的工作，还是选择一个有较高收益但不稳定的工作？如果平凡但有固定收入的价值取向居主导地位，他就会选择前者。

（二）职业期望的分类

在现代社会中，职业的分类是多种多样的，因而人们的职业期望也不尽相同。按照职业期望的发生过程，可分为自然性职业期望和社会性职业期望；按照职业期

望所指向的对象，可分为物质性的职业期望和精神性的职业期望；按照职业期望实现的程度，还可分为合理性的职业期望和不合理性的职业期望等。

1. 自然性和社会性职业期望

人都具有自然属性和社会属性两个方面，这一点在其职业选择过程中也表现得相当明显。如果你对职业的要求只是为了谋求维持自身生存以及为延续后代创造条件，而没有其他的向往，那么，这种职业期望就是自然性的职业期望，也是一种较低层次的职业期望。人首先是自然人，这就决定了他们永远不能摆脱自然界的制约。没有任何自然性的要求，个体就不能生存和延续后代。在任何时候首先要满足自己的生理需求，这些需求当然要靠一份有着稳定收入可预期的职业来维持。所以，自然性的职业期望是保障人类生存的基本要求。

而社会性职业期望层次则相对较高，它是在社会职业活动中形成的对文化生活、政治生活和交往活动的追求。比如对成就的渴望、对文化生活的向往、对社会地位的追求等。在现代生活中，人们所处的社会环境和经济地位不同，也就导致社会性职业期望不尽相同。

随着社会的发展和文化的进步，人们的自然性职业期望越来越少，而社会性的职业期望则越来越强烈。从一定意义上讲，当人们的社会性职业期望得不到满足时，即使人的生存条件不会受到太大的影响，也会使人产生一种失落和不愉快的感觉。

2. 物质性和精神性的职业期望

物质性的职业期望主要表现为人们对职业活动中物质文化的向往，它包括工资待遇、生活条件以及生活环境等，是人最基本、最重要的欲求，也是其他一切需要的基础。人的精神性职业期望，主要表现为人们对职业活动中文化方面的向往。比如文化环境、学习条件以及对美好事物的追求等。

现代职业活动给人们物质性的职业期望和精神性的职业期望都提供了现实的可能性。因为在职业活动中，职业为人们在物质需要得到满足的同时，也为满足人们精神、文化需要提供了必要的条件和环境。共同的职业活动会促进朋友之间、同事之间的感情交流，使人产生满意感和归宿感，职业活动的结果又使人产生一种成就感。通过职业活动你能展现自己的力量和智慧，从而使你的精神更加充实。由此可见，物质性的职业期望和精神性的职业期望的实现是相辅相成的。

3.合理性的与不合理性的职业期望

职业期望是复杂多样的，但在现实生活中，并不是所有的职业期望都能变成现实。一个人的职业期望能否变成现实，主要看其是否合理。比如在大学生就业过程中，也许每个人都希望自己有一份既轻松愉快，待遇条件又好，不怎么费劲就能

成就一番事业的工作。很显然，这种职业期望是不可能实现的。任何一种职业的选择都要受到社会需求、自身素质以及其他的社会因素的制约。

由此可见，人们在职业选择过程中，应实事求是地对自己的职业期望有一个客观科学的分析，分清哪些是合理的，是能够实现的，应该努力追求的；哪些是不合理的，是实现不了的，应该放弃的。这就要求每一位求职者，以自己的专业所长、个人素质优势以及客观的社会需求为基础，确立合理的职业期望。

当求职者根据自身条件和社会需求确定了自己的择业目标之后，如何把握择业期望值，就成为择业目标能否实现的关键性问题。如果把握不好，就难免走入择业的误区，形成的职业期望也会成为自欺欺人的职业期望。

有许多求职者在择业时，都会表现出自欺欺人的职业期望，它们主要表现在下面几个方面。

(1)虚荣思想。由于虚荣心作怪，一些求职者在选择职业时，不顾客观条件的限制，一心只想找一份让别人羡慕的职业，至于自己能否胜任，是否适合自己，能不能在将来有所发展，都一概不予考虑。

这种虚荣思想几乎存在于每一个求职者身上，它们通常由一种巨大的潜意识而起作用，使求职者深受其害。虚荣思想往往只能导致两种结果：要么因为择业期望超越现实而无法实现，要么使求职者在工作岗位上因无法施展才干而陷入平庸。

(2)享受思想。优越的待遇和条件往往对求职者最具诱惑力，但它也是最容易诱导求职者迈进择业失败误区的重要因素之一。

随着社会的不断发展，一种职业的社会声望，越来越多地与经济收入联系在一起。客观上，求职者希望有一个好的工作环境和生活环境，这种职业期望不能说有什么错误，问题是有部分求职者对一些招聘单位的职业活动特点知之甚少，而对其收入和生活条件期望过高，这就意味着即使他们能如愿以偿得到这份工作，但如何进入职业角色，实现自己的抱负，还是一个未知数。甚至有部分求职者只重金钱，图实惠，只要生活条件好，不惜放弃自己的专业和抱负。这种只图一时实惠和享受，不考虑个人发展的思想倾向，不仅是不可取的，也是不现实的，因为天底下从来就没有白吃的午餐。

(3)安逸思想。害怕辛苦，贪图安逸，也是导致部分求职者择业出现偏差的重要原因。许多求职者都希望找到一个稳定的、挑战性不强的工作，然而有几分耕耘，便有几分收获，这个世界上没有绝对安逸的工作存在。即使在环境较好的职业岗位上，安逸和享受的环境也不是一成不变的，任何一个公司所提供的良好的条件，都来自于公司良好的经济效益，而公司良好的经济效益则来自全体员工的勤奋工作和开拓进取，贪图安逸享受显然是行不通的。

（三）影响职业期望的因素

职业期望伴随人生的职业生涯，100 个人会有 100 种选择。乍看起来，职业期望的形成并没有什么规律可循，其实，特定的职业期望是劳动者将劳动能力、职业兴趣、职业价值观等内在因素与外在的就业可能性不断协调的结果。研究者们发现，职业期望与下列因素有关。

（1）年龄与职业期望。年龄综合地反映着劳动者的身体素质与人生阅历。年龄的不同，职业意向也往往不同。随着年龄的增长，职业期望中的幻想成分越来越少，现实性越来越强。

（2）性别与职业期望。劳动者有男女之分，男女劳动者有不同的生理结构与心理素质，社会文化对男女劳动者的角色行为也有不同的要求。这一切都会影响不同性别的劳动者对职业产生不同的期望。

（3）身体体质与职业期望。体质是从业最基本的条件之一。身体条件不同，职业期望也会不同。身强力壮者可能会对需要强体力的职业，如军人、飞行员、水手等职业发生兴趣，而体格纤弱者会期望从事轻便或技巧性的工作；正常人可以有广泛的职业期望，残疾人的职业期望则会因其身心的缺陷而诸多受限。

（4）性格、气质与职业期望。职业的特性各不相同，有的职业需要细心，有的职业需要严谨，有的职业需要与人打交道，有的职业无需与人打交道。而人们的心理素质也不尽相同，有的人是内向型的，有的人是外向型的，有的人喜欢与人合作，有的人喜欢独立思考。人们的心理素质不同，对职业的期望也往往不同。美国曾对大学毕业生进行过一次全国性的抽样调查，首先测定他们的心理素质，然后了解他们的职业期望。调查表明，在“对别人有没有信心”的测验中得高分的人，乐意选择那些为人服务的工作，如教师、营业员、公关职员等等，而那些得分不高的人则倾向于选择那些较少与人打交道的职业，如艺术创作，林业与矿业人员等。一般说来，胆汁质的人不愿从事会计、检验、校对之类的工作，而抑郁质的人则对推销员、导游之类的职业不感兴趣。

（5）教育与职业期望。教育对劳动者的知识结构、劳动能力与价值观念等具有重要影响作用，是否受过教育，受过何等程度的教育，对劳动者持何种职业价值观具有十分重要的影响。受过高等教育的劳动者倾向于选择从事脑力劳动的职业，没有受过文化教育的劳动者一般倾向于选择体力劳动的职业。保加利亚研究人员提供的调查材料显示，不同教育程度的劳动者具有不同的职业价值观。

（6）家庭与职业期望。家庭是孩子出生与成长的地方，是孩子社会化的重要场所，家庭对孩子职业意向的影响是多方面的。生理与心理特征的遗传，在一定程度上影响孩子职业能力的发展水平，父母的职业决定了孩子特殊的生长环境。生长在教授家庭，容易受科学精神的耳濡目染；生长在技工的家庭，会较早接受到“实实在在的东西”；“子承家业”的现象，经常出现在医生、艺术家与私营工商者的家庭之中。父母是子女的抚育者和启蒙老师，父母的价值取向、教育方式和一言一行会转化为孩子的价值标准；家庭的经济条件，关系到子女职业能力的锻炼与提高。富裕的家庭可以在教育方面为子女提供一切资助，贫困的家庭可能使孩子中途辍学；父母的社会地位与社会联系往往会影响子女的就业途径；父母对子女成功成才的不同期待，会影响子女对职业的不同选择。

(7)地区与职业期望。不同的地区有不同的亚文化。人们在社区中生活，会受到地区习俗、同辈群体以及邻里职业示范作用等因素潜移默化的影响。而且不同的地区有不同的职业需求与就业机会。

(8)职业需求与职业期望。职业需求在很大程度上左右着劳动者的职业期望。职业需求是指一定时期各种不同的职业岗位对劳动者的总需求量。职业空缺越多，职业种类越广，劳动者就业的可能性就越大。职业需求或者鼓励和强化劳动者原有的职业期望，或者抑制和打消劳动者不现实的职业期望，或者诱导劳动者产生新的职业期望。

(9)就业制度与职业期望。就业制度是职业期望与职业需求之间的媒介，它对劳动者的职业期望也直接起着鼓励作用或抑制作用。

(10)社会风气和职业期望。收入比较优厚的职业跻身于最热门的职业之中，而收入较低、体力劳动较重的职业则受到人们的冷落。这一方面反映社会利益分配方式的变化使各职业群体之间利益所得出现了明显差距，另一方面也反映了社会风气的变化。

第二节　职业探索内容

一、社会环境探索

职业的产生、发展、盛衰与社会的经济、科技发展关系密切，国家的经济战略影响着国家经济发展水平和产业布局，而国家的经济发展水平在整体上又促进或者阻碍行业发展，而行业的发展最终制约着职业的存在与发展。因此，对社会环境的探索有助于个人发现职业机会，做好职业规划。

(一)国家经济战略布局

1. 西部大开发战略

2000 年至 2008 年，西部地区生产总值从 1.6655 万亿元增加到 5.8257 万亿

元,年均增长11.7%;工业增加值由5946亿元增加到2.4万亿元左右。社会消费品零售总额由5954亿元增加到1.9239万亿元,年均增长14.9%;进出口贸易总额由172亿美元增加到1068亿美元,年均增长25.6%。

然而,东西部地区的差距依然存在,西部开发还需强有力的政策支持。2010年6月,国务院颁发《关于深入实施西部大开发战略的若干意见》,为西部大开发"新十年"指明方向,有利于均衡区域发展,缩小沿海与中西部地区差距。同时,12月12日闭幕的中央经济工作会议更明确提出,坚持把深入实施西部大开发战略放在区域发展总体战略优先位置。

中央将在重大基础建设项目上继续向西部地区倾斜,在转移支付、产业要素和投资安排上也会继续向西部地区倾斜。因此,西部的产业技术人才、金融人才、营销人才、物流人才、国际贸易人才、财会人才、设计人才、公关人才等需求明显增大。

2. 东北振兴战略

自2003年实施东北地区等老工业基地振兴战略以来,东北三省地区生产总值年均增长超过13%。然而,东北地区3个产业的比重为12:53:35,第二产业比重是全国最高的,且以重化工业为主,第三产业发展滞后,产业结构调整和优化升级任重道远。

2010年4月6日,辽宁省政府宣布,经国务院同意,国家发改委已正式批复,沈阳经济区成为国家新型工业化综合配套改革试验区。相隔4个多月,国务院审议并原则通过了《大小兴安岭林区生态保护和经济转型规划》和《关于加快东北地区农业发展方式转变建设现代农业的指导意见》,为老工业基地振兴战略再添一笔。8月17日,国务院总理、国务院振兴东北地区等老工业基地领导小组组长温家宝在振兴东北地区等老工业基地领导小组第二次会议上部署了八项重点工作,涵盖了能源、农业、生态和基础设施等4个主要方面,并指出东北地区等老工业基地全面振兴正处于关键时期,要加快形成具有独特优势和竞争力的新的增长极。

东北老工业基地拥有非常明显的资源优势,有着良好的产业基础。但是,不能单一依靠资源的现状,必须加快资源型城市的经济转型,将来可以发展文化、金融、旅游等现代服务业,培育新的增长极。因此,东北工业基地将来对产业技术人才、旅游人才、金融人才、化工人才、营销人才等需求量较大。

3. 中部崛起战略

地处中国内陆腹地的6个省份也已拥有多个国家级区域规划,包括"总纲要"《中部地区崛起规划》,长株潭城市群两型社会建设综合改革试验区、武汉城市圈两型社会建设综合改革实验区和鄱阳湖生态经济区指导各省发展的规划。

2010年1月22日,国务院正式批复《皖江城市带承接产业转移示范区规划》,

这是中国批准设立的首个国家级承接产业转移示范区，标志着产业梯度转移正式上升为中国国家战略之一；12月13日，国务院新闻办公室对外宣布，正式设立"山西省国家资源型经济转型发展综合配套改革试验区"，这是中国设立的第九个综合配套改革试验区。

随着中部经济战略规划的实施，各类人才需求量将明显增加，尤其是行政管理人才、技术人才、服务人才、规划人才、农业人才等将有较大的需求。

4. 沿海经济区战略

东部沿海地区被视为"世界制造基地"，长三角区域具有最重要的战略地位，但是目前产业大多以劳动密集型为主，处于产品价值链的底端，研发、品牌等环节薄弱，同质化现象严重。而中西部地区拥有成本低、资源丰富、市场潜力大等优势，成为产业转移的理想承接地。

2010年5月24日，国务院正式批准实施的《长江三角洲地区区域规划》明确了长江三角洲地区发展的战略定位，即亚太地区重要的国际门户、全球重要的现代服务业和先进制造业中心、具有较强国际竞争力的世界级城市群。在《长江三角洲地区区域规划》之前，东部已有10余个规划出台，包括北部湾规划、珠三角规划、海西区规划、上海"两个中心"规划、辽宁沿海经济带发展规划、珠海横琴发展规划、江苏沿海地区发展规划、山东黄河三角洲高效生态经济区发展规划以及《关于推进海南国际旅游岛建设发展的若干意见》。

从2008年以来，跨区域的指导意见和规划陆续出台。总体来看，沿海规划占了大约60%。"十二五"期间，沿海地区或仍将有地方规划上升为国家战略，比如京津冀都市圈发展规划，山东也在力争半岛蓝色经济区进入国家战略。

特别注意的是区域发展规划也为传统产业的转移提供了通道，从而推动产业在东、中、西部地区的合理布局。转变经济发展方式，优化和调整空间结构正是区域经济未来发展的又一大亮点。虽然东部沿海的制造业空了，但最终适合发展的产业会被慢慢培育出来，有关低碳、绿色、环保、民生等的产业将会留下。

（二）经济发展水平

不同的经济发展水平催生着不同的职业。我国工业化进入新的发展阶段，产业结构进一步优化升级，区域经济协调发展。目前，我国的工业化已开始进入资金技术密集型的高加工度产业的发展阶段，规模经济和范围经济将不断扩大，汽车、电子通信制造、房地产、高铁轨道建设、金融保险、旅游等产业将加速增长，成为推动经济高速增长的新型主导产业。到2020年，我国将基本完成工业化。

同时，人民生活水平普遍提高，消费结构发生较大变化。2001年，我国居民的恩格尔系数为44%。预计到2020年，在我国城镇化水平不断提高的前提下，城镇

居民的恩格尔系数达到25%左右,农村居民的恩格尔系数达到35%左右。随着生活水平的逐步提高,人们的生活方式将发生深刻变化,由此带动一些新的消费热点形成,并起主导性作用。住房、汽车、通信、旅游等成为新一轮经济增长的主导型消费热点。人们用于交通方面的消费支出将大幅增加,家庭轿车逐步普及,休闲旅游需求将快速增长。

2002年,我国民用汽车保有量达到2053万辆,其中私人汽车969万辆。一般认为,当车价与人均GDP之比达到2~3时,是轿车进入家庭的转折点。目前,我国北京、上海、广州和深圳等大城市的车价与人均GDP之比已经接近这个水平,导致私人购车进入了爆发性增长阶段。预计到2020年,全国民用汽车保有量将突破1亿辆。

在经济快速发展的背景下,蕴涵着对高素质人才的巨大需求。以重庆直辖十年为例,直辖以来,重庆市围绕"人才强市"战略的实施,抓住西部大开发、振兴老工业基地、加快新型工业化和城镇化建设等历史机遇,优化人才发展环境,加大人才培养力度,健全人才工作机制,努力激发人才活力,切实加强各方面的人才队伍建设,取得明显成效。

根据联英人才市场的统计,重庆市人才需求每年都在120万人左右,但金融危机后,随着重庆经济的迅速回暖,人才需求总量还将大幅度增加。尽管重庆市的人才和劳动力资源丰富,作为我国科技人才和专业人才培养的主要基地之一,重庆市现有56所大学,400多所中等职业学校,每年毕业17万学生形成专业人才供应资源。但是,面对每年120万的人才需求,人才缺口是显而易见的。重庆市教育科学研究院院长万明春说,经调查预测,未来3~5年,重庆对高素质技能人才的需求量将增长55%左右,需求总量将超过215万人,高层次科技创新人才和经营管理人才将是人才需求的重点,专业技术人才的短缺是今后较长时期重庆人才供求的主要矛盾。

（三）科技发展水平

在科学技术迅猛发展的今天,科学技术是第一生产力的理念,已经被人们接受。科技的发展不但会对经济的发展产生重要的推动作用,而且还会对整个社会生活产生重大的影响。科技的发展也使得新的职业不断产生,如网络工程师、精算师等,而一些职业则因无社会需要而逐渐退出和消失。

在经济全球化背景和加入世界贸易组织的推动下,我国的外向型经济将得到进一步发展,在世界制造业中的优势地位更加突出,并逐步与世界经济接轨,我国在世界贸易体系中的作用明显增强。在国际产业分工中,我国在世界制造业中的优势地位更加突出,将逐步成为劳动密集型产业、部分资本密集型产业和高技术产品加工环节的世界生产基地。在今后相当长的一段时间内，我国的外贸进出口将保持高速增长，并成为我国经济发展的主要增长点。

2010年的中央经济工作会议首次提出了“加快经济结构战略性调整”。我国经济增长要更依靠内需，经历金融危机后，全球经济低速增长，使中国出口面临较大压力，单靠投资拉动并非长久之计。

产业转型可以是二、三产业的融合转型；第二产业自身从传统走向先进、再转型为战略新型产业；第三产业不只做消费、民生服务，也要发展生产性服务业。

战略性新兴产业将成为业内关注焦点。2010年10月10日，国务院通过《关于培育和发展战略性新兴产业的决定》，自此吹响新兴产业未来发展的号角。战略性新兴产业的建设，并非一蹴而就，而发展的关键在于技术的突破。

二、行业环境探索

什么是行业？行业就是围绕着某个核心业务知识体系的一系列不同生产单位的集合。行业的兴衰，影响着未来职场发展的难易系数。行业兴旺，会带动这个行业的各个职业需求。比如汽车行业的兴起，在产业链条上的各个相关职业需求旺盛，如汽车技术工程师，外观设计师，销售代表，汽车美容师，汽车保险经纪人，二手汽车评估师等。

行业环境将直接影响到企业的生存与发展，而职业的工作内容绝大部分要以企业组织为载体，因此，行业发展的好坏与职业发展有明显的关系。通过对行业趋势的探索可以更好地了解未来你所从事职业的发展前景。目前，人才市场对行业的分类主要包括以下30个类别：①建筑；②航空；③会计；④广告/公共关系；⑤汽车；⑥银行；⑦化工；⑧电脑硬件/系统；⑨电脑软件；⑩消费品；⑪国防/航天；⑫咨询/服务；⑬教育/学校；⑭能源；⑮金融服务/证券；⑯食品/饮料/烟草；⑰医疗保健/医院；⑱药物/生化；⑲演出/娱乐；⑳保险；㉑法律；㉒制造；㉓媒体/出版/广播；㉔进口/贸易；㉕非营利性组织/政府/协会；㉖房地产；㉗零售；㉘电信；㉙运输；㉚公用事业；㉛其他。

行业环境探索主要包括以下几方面内容：

（一）行业发展现状和优势

进行行业发展现状分析，首先应了解自己现在是从事什么行业，是传统制造业，还是高科技产业；是能源产业，还是新兴服务业，这个行业在我国的发展趋势如何，是逐渐萎缩的行业，还是朝阳产业；行业目前存在什么问题，是否可以改进或避免，还是无法消除；行业是否具有竞争力优势，这种优势会持续多长时间。

（二）国际、国内重大事件对该行业的影响

行业的发展受到国内、国际重大事件的影响，进而影响到该行业提供较多的职业机会。北京成功申办2008年奥运会，上海成功申办世界博览会，都会对当地的建筑业、旅游业和服务业等提供较大的发展机会和较多的就业机会。

（三）行业的发展前景预测

行业发展前景预测可以从两个方面进行分析，一方面是行业自身的生命力，是否有技术、资金的支持；另一方面也要考虑和研究国家对相关产业的政策。政府会根据经济与社会发展状况对一些行业发布相关的法规、政策，如对一些行业实施鼓励和扶持；对另一些行业则限制发展，缩小规模。

最新热门行业需求：

热门行业之一：房地产

紧缺职位：房地产策划、投融资经理、成本控制总监、市场总监、销售总监、高级建筑师、高级项目经理、资深城市规划师、园林景观设计师、中介经纪人。

热门行业之二：快速消费品

紧缺职位：销售总监、区域销售经理、销售主管、物流经理、市场营销经理。

热门行业之三：咨询业

紧缺职位：客户顾问、项目督导、管理咨询项目经理、IT咨询师、心理咨询师

热门行业之四：耐用消费品

紧缺职位：销售经理、专业技术人员、业务经理、生产经理

热门行业之五：电子技术

紧缺职位：IC设计工程师、芯片测试工程师、机电工程师、电气工程师、数字电视研发工程师

热门行业之六：生物/制药/保健

紧缺职位：高级医药代表、销售总监、技术工程师、机械工程师、医药产品研发人员。医药人才缺口为研发人才、高端销售人才以及医药物流人才。

热门行业之七：加工/制造

紧缺职位：供应商开发工程师、供应商质量改进工程师、设计工程师、生产/工艺工程师、项目经理。工程技术类人才是加工制造业的需求热门，其比率达到行业总需求的41%，其次是销售类人才，占了24%。外企对这一行业有着超出想像的关注度，特别是独资类外企动作最大，对人才的需求也最多。

热门行业之八：信息技术/互联网

紧缺职位：手机研发工程师、测试工程师、游戏策划、游戏研发工程师、无线电射频工程师。

这里特别要提醒广大学生，一个兴旺的行业，蕴涵着与之相关的职业和岗位的发展前景也比较好。比如在法律行业里包括的职业有律师、警察、法官、公司法律顾问等，同时每个法律机构又包括许多岗位（职位），如律师事务所里有主任律师、秘书、助理、业务主管、行政主管等。你选择行业后还要注意选择职业和职位。

三、职业机会探索

职业成功除了个人的努力外，还与时代发展机遇紧密相连。所谓时势造英雄，就是这个道理。一个人要想成功，必须审时度势，分析社会发展趋势，把握时代动向，分析职业前景，从中发现适合自己的机会。中国从粉碎“四人帮”到现在，经历改革开放暴风骤雨般的变革和发展，有些人成为社会成功人士，也有些人下岗失业。为什么职业生涯发展会如此悬殊？最重要的是看谁抓住了未来职业发展机遇。在这一时期中国经历了七个重要阶段，每一个阶段都体现了某些职业的繁荣，也体现了社会在特定时期的价值标准和需求情况。

（一）改革开放至 20 世纪末

1978 ~ 1986 年是文学艺术家的黄金时代。在这时期，诸多艺术形式争奇斗艳，一批批优秀的作家、艺术家不断涌现，并迅速成为具有广泛影响的社会名人，如王蒙、刘心武、梁晓声、张艺谋等。

1979 ~ 1992 年是个体户的黄金时期。在这期间，全国个体工商户从业人员从 1980 年的 80 万增加到 1987 年的 1845 万多人。全国出现了一大批个体户百万富翁，如张宏伟、赵章光、卢俊熊等。

1980 ~ 1986 年新时期演讲家的黄金时代。1986 年以后，人们的热情与注意力已经由政治与社会转向了经济与个人，人们已经很难被慷慨激昂的话语打动了，社会性的演讲走入了低谷。但是演讲艺术并没有消失，演讲由思想教育走向了专业化、实用化，演讲的功能反而增强了。如成功人士的经验报告；推销人员的口才训练；余世维、曾仕强的讲座等。

1980 ~ 1994 年电子计算机市场的大机遇。中国计算机业界的成功人士和企业绝大多数都在这一时期进入计算机行业，抓住了机遇，积累了资金，奠定了事业发展的基础。代表人物：联想集团的柳传志、四通集团的段永基、北方方正的王选、王码的王永民等。随着互联网的兴起，盛大的陈天桥、百度的李彦宏走上了新的历史舞台。

1992 年初 ~ 1993 年上半年房地产市场的机遇。1992 年是房地产市场最为火暴的一年，随着 2005 年“国八条”的出笼，房地产进入了冻结期，许多靠炒房地产的投资者陷入了僵局，房地产开发商销售业绩一路下滑。2008 年美国次贷危机爆

发,继而演变成为全球金融危机,房地产行业更是首当其冲。目前整个房地产发展陷入低谷,如地产"领头羊"的万科也陆续降价,回收现金。

1996年下半年开始,中国人面临着一个社会难题——大量职工下岗。国家给下岗工人提供了岗位培训和宽松的创业政策,经历了短暂的阵痛后,许多人开辟了职业新方向,在第三产业里实现了自己的价值,成就了不一样的人生。

(二)21世纪的职业发展趋势

随着21世纪的到来,社会将出现更多的新兴职业,人们可以在更大的范围内根据自己兴趣选择职业。结合自身的潜在优势,了解未来的职业走向,合理的选择职业,开心工作,做真实的自我是未来年轻人的择业方式。

(1)IT人才。电脑软件:2020年电脑软件设计开发将达到10万亿元~14万亿元;从业人员将达到800万~900万人,比现在翻5~6倍。

电子通讯:2010年行业总产值将达到7万亿~11万亿元,占国民生产总值的12%,2020年可达到27万亿~30万亿元,占国民生产总值的13%。

电脑系统分析专家(电脑类):为某一行业(如银行、医院、政府部门等)的需要而设计电脑软件及硬件,进行各部门之间的有效沟通和运作的技术专家在将来会逐渐走红,相关的热门人才为电脑程序设计师、网络管理专家、电脑软件工程师。

(2)生物工程技术:已列为"十五"重点发展产业,并努力建设成为我国国民经济的支柱行业之一。生物化学家(科学研究类)。蛋白质的药物价值决定了生物化学的光明前景,新的药物不断地被生物化学家开发出来,社会也不断期望有新的开发。

(3)建筑工程:作为经济建设和人们生活的基础设施,本世纪必将处在一个持续高速增长时期,土木工程、建筑设计师及工程监理技术人员将成为市场最紧俏的人才之一。

(4)农业科技:农业产业化的推进和越来越多的先进技术应用于农业,农业科技人才短缺的状况会改变,农业科技有望成为21世纪最有发展前景的职业之一。

(5)高级策划:全球经济一体化,市场高级策划人才需求将不断增长。

(6)环保科技:坚持环保,实现人类可持续发展。随着环保意识的增强,社会对环境工程师的需求将呈上升趋势,相关热门人才为工业卫生学者和毒物学者。

(7)律师:法制健全和执法严明是未来社会的特点。高素质熟悉国内外法律、法规的法律人才的社会需求量也会越来越大。

(8)国际贸易:我国加入WTO后,对外贸易正在发展成为贸易的重要组成部分,该职业领域必将成为一个极具挑战与诱惑力的职业。

(9)教师:教育职业竞争日趋激烈,教师需求数量继续增长,对教师的质量提出了更高要求。

(10)财会类:高素质的财会人员始终是需求较大的职业之一。如,税务会计师、注册会计师、财务总监。

(11)医疗保健:人类医疗将步入保健医学时代,医疗保健人才将越来越多。

中医师(健康医药类):由于西医对一些疑难病症的疗效不大,更由于中医的独到之处,社会对中医师的需求量将增加。

老人医学专家:21 世纪初,我国人口老龄化问题比较严重,老人医学将变得十分重要,相关热门人才为家庭医师、家庭护士。

家庭护理(个人服务类):来自人口老化及医疗超支两方面的压力,使得家庭护理成为需求量较大的行业,相关的热门人才为托儿教师和家庭服务员。

(12)心理医生/专家,加入世贸组织后,市场竞争、人才竞争将愈演愈烈,生活节奏加快,人们的心理病变将增加,所以急需大批的心理医生。相关的热门人才为私人心理治疗师、家庭(社会)现象的研究专家。

(13)外语人才,加入世贸组织后,贸易经济将与国际接轨,懂外语,特别是熟悉英语、日语、俄语等语种,又学有专长的管理人才特别受欢迎,薪酬待遇也很不错。

(14)谈判人才,加入世贸组织后,商务活动频繁,需要大量商学院毕业的、想像丰富、脑筋灵活、善于沟通、实事求是、讲求信誉的谈判人才。

(15)旅游人才,加入世贸组织后,旅游业将有较大发展,境外人员将大量进入我国旅游观光,内地也将有大批人员出国观光、考察。因此,熟悉电脑操作、旅游专业毕业的管理人才,以及通晓古今中外的导游人员,将大有用武之地。旅游代理员,旅游业在 21 世纪将继续长足发展,随之对旅游代理公司的需求也将大幅度增加。相关的热门人才为航空公司、出租车公司、客轮公司和旅馆的业务代表。

(16)信息业人才,如今信息就是财富,谁能掌握最新信息,谁就能掌握市场竞争的主动权。加入世贸组织后,信息咨询人员、调查研究人员、电脑网络技术人员、咨询经纪人等信息灵通人士将受到各公司的垂青。

(17)索赔估价员(保险类)。天灾人祸的频繁出现及未来社会对理赔速度的要求,使索赔估价员的作用越来越大,相关热门人才是资料处理师、精算师等。

(18)专业公关人员(公共关系类)。企业的形象设计问题将变得越来越重要,公关行业必将成为极有前途的一个行业。

(19)商业服务业务代表(推销类)。有关商业服务的独立承包商在未来 10 年内开始大批涌现,为公司承揽广告、电脑程序设计、信用报告工作。该行业的相关热门人才是证券及金融业的业务代表、通信设备业务员等。

(20)人力资源专家(人事类)。包括人才市场经理、人才素质测评专家、职业

生涯规划师、职业咨询师。

（三）西部重庆未来的职业机会

2007年3月8日，胡锦涛总书记又对重庆新阶段发展做出“314”总体部署。概括起来就是：明确了重庆的三大定位——努力把重庆加快建设成为西部地区的重要增长极、长江上游地区的经济中心、城乡统筹发展的直辖市；提出了一大目标——在西部地区率先实现全面建设小康社会目标；交办了四大任务——加大以工促农、以城带乡力度，扎实推进社会主义新农村建设；切实转变经济增长方式，加快老工业基地调整改革步伐；着力解决好民生问题，积极构建社会主义和谐社会；全面加强城市建设，提高城市管理水平。这三大定位、一大目标和四大任务，是一个有机整体，进一步明确了重庆发展的方向和任务。

1. 制造业人才发展机会

对于未来的发展，重庆市市长黄奇帆指出，未来10年间，重庆主城人口和面积将翻番，成为中国第四个千万人口特大城市，城镇化率从当前的50%提升至70%。未来五年计划投资9000亿元，重点打造汽车摩托车、装备制造业、石油天然气化工、材料加工、电子信息、能源、劳动密集型七大产业，老工业城重庆将升级为全国重要现代制造业基地。所有的这一切都说明，未来的重庆将迎来多个产业高速发展，必定大有作为。

作为老工业城市的重庆，汽车摩托车、装备制造等行业一直是重庆支柱产业，重庆市委市政府还着力将重庆打造成为中国“汽车名城”和“摩托车之都”。2010年2月22日，据《重庆晚报》报道，重庆最缺的是一线制造技工。人力资源专家表示，未来5～10年重庆市最缺的是电子、汽摩、食品、服装等制造业的一线技术工人，缺口将达15万～20万人。

随着制造业的发展壮大以及“畅通重庆”建设的完善，特别是随着“十一五”规划中重庆市政府明确提出的三大枢纽性物流园区、八大区域性物流基地的实现，物流人才的需求也将大量释放。据介绍，预计未来10多年重庆物流增值将年均增长18.3%，物流工程人才成为重庆第三产业人才需求的首位。

2. 农业实用人才发展机会

随着新农村建设的深入开展，特别是重庆作为全国统筹城乡综合配套改革试验区相关配套政策的落实，重庆对城乡统筹人才的需求会急剧增加。来自中共重庆市委组织部的统计显示，在农村实用人才队伍建设方面，重庆始终坚持把农村实用人才队伍建设作为建设社会主义新农村建设的基础工程来抓，在农村实用人才“选、育、用”等方面进行了积极探索，切实加强了农村实用人才队伍建设。截至2006年底，重庆全市农村实用人才总量为156万人，占全市农村劳动力的9.3%，

比1997年增长了7.9个百分点。

3.城市建设人才发展机会

随着宜居重庆建设的推进,相应的人才需求明显增大。景观设计师等已成为热门职业,将传统绿化和现代建筑科技交叉融合的复合型人才是市场上最吃香的人才之一。据建筑英才网发布的2009年建筑家居业人才需求报告显示,2009年全国建筑房地产业热门职位前三名分别为:总建筑师、园林/景观设计师、结构工程师。其中园林、建筑家居业的快速增长,致使园林行业人才市场出现一才难求的火暴局面。

房地产专业人才需求增加,据2010年3月的前程无忧指数数据显示,近一个月时间里重庆的网上有效行业发布招聘数总计为17 785个,其中房地产开发行业招聘量居首位,占重庆56个行业总招聘量的11%。这已是房地产开发行业连续第三个月蝉联行业招聘量排名榜首。需求岗位主要集中在项目报建、整体规划、建筑设计、项目预决算和施工监理等专业人才方面。

交通建设人才需求量大。按照重庆市政府的规划,今后5年将投资3000亿元巨额资金建设"畅通重庆"。如此大规划的建设投入,不仅需要大量的交通建设人才,而且需要大量的物流人才。

2009年重庆市被住房和城乡建设部命名为国家园林城市。2010年,重庆市又确定了到2012年申报"国家生态园林城市"的目标。未来,主城区城市建成区绿地率达到38%以上,绿化覆盖率达到45%以上,人均公园绿地面积达到12平方米以上,城市中心区人均公园绿地面积达到7平方米以上。可以预见,随着"森林重庆"建设的深入开展,绿化工程师等园林人才需求都会大幅上升。据《中国花卉报》在2010年3月的报道,重庆市公布的一份园林行业人才统计报告显示,全市共有园林企业400余家,从业人员8万人,其中熟练工只占40%。为了建立快捷的园林行业供需双方交流通道,重庆市人才交流服务中心还设立了园林分中心。

4.IT人才发展机会

2009年8月4日,"惠普(重庆)笔记本电脑出口制造基地"、"富士康(重庆)产业基地"两大总投资30亿美元的信息产业项目正式落户重庆。2008年12月11日,惠普笔记本电脑生产基地在渝开建。从此,中国西部硅谷——重庆西永微电子产业园成为人们关注的热点。产业结构的调整让重庆在未来几年对IT人才的需求将出现几何数级的增加。按照富士康的规划,到2010年下半年时富士康重庆员工就要达到3万人以上的规模。惠普的外销项目,预计在2012年全面投产后至少就需求5万人才。随着整个整机加配套的IT产业链的完善,人才需求还将激剧增加。来自重庆市政府公众信息网的消息称,未来5年内重庆整个IT行业将新增70

万人才需求。

此外,动漫人才的需求也会随着重庆IT产业的发展而大量增加。2008年重庆市明确提出了扶持动漫产业,打造西部动漫产业基地的目标。重庆大学城、茶园新区、黄桷坪、高新区等地都在积极打造动漫产业基地,可以预计,动漫人才需求量在未来将出现"井喷"现象。

5.金融人才发展机会

因为产业结构调整使得重庆金融行业的人才缺口也不断攀升。调查显示,金融、投资/证券、银行、会计/审计行业等金融产业的人才缺口约占重庆56个行业总招聘需求的5%,数量惊人。据统计,目前重庆已经有32家市级银行机构,以及汇丰、东亚等9家外资银行机构,拥有证券经营机构66家,证券营业部65家。很显然,随着金融业的发展壮大,我们可以预期,伴随金融产业的比重不断提高,金融人才的需求量还将不断攀升。

6.重庆司法人才发展机会

为了更好地化解各种矛盾,2009年4月重庆市委、市政府出台了《关于建设平安重庆的决定》,提出到2012年力争把重庆建设成为治安秩序良好、人民安居乐业、投资者安全放心的直辖市。具体体现这一目标的就是到2012年时,治安秩序方面,需达到群众安全感指数保持在90%以上并进入全国前列;矛盾有效化解方面,需建立完备的多元化矛盾纠纷化解体系,矛盾纠纷化解率达到85%以上,小事不出村(居)、一般事不出乡镇(街道)、大事不出区县,群众信访事项"件件有着落、事事有回音";执法司法公正方面,对符合条件、有援助需求的困难群众法律援助面保持100%;队伍廉洁为民方面,群众对执法队伍满意度需达到90%以上。

很显然,要达到上述目标就需要大量人才作为补充。2010年2月7日,重庆市公安局交通巡逻警察总队挂牌成立,标志重庆市交警、巡警正式合一。据统计,重庆全市原有警力2.3万余人,但交巡警合并之后原有警力就严重不足。为落实和响应"平安重庆"建设的目标,2010年上半年重庆市面向社会公开招录人民警察3163名,约占全市公务员招录总名额的91.7%。按重庆市公安局的要求,每个交巡警平台依据管辖区域繁华程度,配置20~50人不等的警力。主城区任何一个地点,警方能实现3分钟内,集中6~8辆巡逻车、24~32名警力,出警、施救能力全面达到欧美警务水平。因此,重庆未来还需要招录警察公务员。

7.重庆医疗、营养人才发展机会

按相关规定,重庆各大宾馆、饭店、幼儿园、学校,乡镇以上医院、社区、食品生产销售企业、100人以上食堂都必须强制配备专业营养师,以及随着重庆市"营养早餐工程"的开展,重庆市的营养专业人才需求量将出现一个井喷现象。

四、组织环境探索

（一）企业实力

企业在本行业中是否具备了很强的竞争力，还是处于一个很快就会被吞并的地位，其发展前景是什么。在激烈的市场竞争中，不一定最大、最强的企业就能生存，而是适者生存。只有适应环境、适应发展趋势的企业才能生存。

（二）企业文化

企业文化是一个企业成员在企业内部如何共同工作的行为方式，对外是企业如何与外界合作共处的一种态度。企业文化集中反映了员工的共同价值观、理念和共同利益，因而它对任何一个成员都具有一种无形的强大的感召力，把员工引导到企业既定的目标方向上来，始终不渝地为实现企业目标而努力奋斗。如果企业缺少文化则人心涣散，组织缺乏活力，员工的职业生涯也没有希望。

如何才能有效的判断一个企业的文化是否优良呢？这里介绍两种方法：

1. 问题法

你可以提出以下问题，判断企业文化。

①员工是用一种积极的心态做工作还是采取一种消极的心态来做工作？

②部门员工之间是否有团队协作精神？

③员工是否有顺畅地表达自己意见的权利？

④员工对自己的薪酬是否满意？

⑤员工是否能以在公司工作而感到自豪？

⑥企业内部是否能够按规章办事，并能够做到令行禁止？

⑦企业是否有规范工作手册？

⑧企业是否有较为科学严格的决策程序？

2. 观察法

企业文化并不仅仅是贴在墙上的标语和口号，而是反映在企业的物质层面、制度层面和精神层面。通过实地观察，有利于深入了解企业的文化，从而对企业文化做出综合性的评价。

①建筑与装饰。一个企业的办公场地就是一个重要的企业文化宣传窗口。可以通过观察办公场地的大小、陈设、标牌设计、清洁卫生等细节看出企业是否有良好的文化。

②员工着装与言行。一个企业对员工的着装和言行都有严格的要求，体现企业职员的职业化水平。除IT、广告、传媒等部分行业的员工着装相对比较随意外，大部分公司都要求员工统一制度，并根据不同的等级体现服饰的差异性。同时，员

工的语言应该简洁、谦逊，有礼貌，行为应该积极、严谨、规范。这些都能通过员工工作时的精神状态反映出来。

③仪式。企业通过一定的仪式来提升企业内部凝聚力和外部影响力。比如年终总结大会，新员工座谈会等。

3.品牌故事调查法

每一个企业都有一个曲折的故事，尤其是品牌故事，这些都会成为企业的文化符号，对员工产生重要影响，在业界树立口碑，培养消费者的忠诚度。

4.排名法

相比较而言，在每一个行业里排名前三名的属于优秀企业，一流的企业做文化，二流的企业做品牌，三流的企业做产品。

不同企业的文化所强调的侧重点是不同的，人们往往只看到文化差异的存在，但并没有去注重这些差异后面所代表的价值观的重要性，以至于当文化发生撞击时导致了严重的失误或者矛盾。文化并没有对错之分，只是人们对行为方式的一种评价，由于我们生存在同一道德体系下的不同文化差异之中，我们不能用自己认为对的标准去衡量其他的文化现象。

(三)企业制度

企业员工的职业生涯规划和发展，归根到底要靠企业管理制度来保障，包括合理的培训制度、晋升制度、绩效考评制度、奖惩激励制度、薪酬福利制度等。企业的价值观、企业的文化等也只有渗透制度中，才能使制度得到切实的贯彻执行，没有制度或者制度制定得不合理、不到位的企业，员工的职业发展就难以实现。

(四)职业关键因素

每一种职业都有自身的特点，不同的职业对人的要求也不同。在做职业生涯规划时必须充分了解职业相关因素，在做职业决策时才能有的放矢，找到自己的职业目标。这里我们重点考察一下职业因素。

(1)职业的胜任标准。这是职业的核心要素，是企业考察求职者的重要标准。不同的职业对人的胜任力要求也不同，例如有些职业对性别、身高和健康状况有特殊要求。职业胜任力标准一般包括职业态度、专业知识、综合能力、职业技能、职业经验五个方面。如企业人力资源专员需要有从事人力资源工作 2 年以上工作经历，具有初级人力资源管理师证，有较强的沟通能力，能够从事招聘、培训、薪酬、绩效等工作。

(2)职业的工作环境。工作环境会直接影响员工的满意度。有些职业工作环境非常舒适、清洁，有些职业环境非常差，如噪声、辐射、工作时间长，经常出差等。

英国一项新研究称，一个人的谋生手段可能会影响他的死因。英国科学家花费 10 年时间对 160 万人的死因进行分析后发现，油漆匠、砌砖工和屋顶工死于滥用毒品的平均几率是正常人的 2 倍，与此同时，商船海员、厨师和酒吧员工与酒类有关原因而死亡的风险比一般人高。而裁缝和理发师死于艾滋病的风险是一般人的 9 倍。

(3)职业的工作责任。职业责任考验着员工的心理承受能力。有些职业需要承担更大的责任，如警察，会计等，有些职业比较轻松、快乐，如接待员，解说员等。

(4)职业的福利报酬。职业为个人生存提供物质保证。因此，个人在选择职业时需要考虑职业的福利报酬。人力资源的价值在一定程度上可以通过物质报酬来体现。所以，在职场上竞争力越强的人才能够获得更高报酬。

(5)职业路径。职业路径是指个人在组织中的晋升路线。职业路径在组织环境中通常表现为管理型工作、专业性和技术性工作上，各种类型的工作都有其职业晋升路线。

表 3-1 以一家大型跨国公司的人力资源领域的一条典型的晋升路线为例进行说明。很明显，一个人想在该公司的人力资源管理领域走得比较远，他就必须做好在不同的地区调动的准备，这一点在组织内部的其他职业领域也是一样的。

典型的人力资源管理发展路线 表 3-1

				人力资源副总裁
			公司人力资源主管	
		公司人力资源经理	分部人力资源主管	
		分部人力资源主管助理		
	地区人力资源经理	工厂人力资源经理		
	分厂人力资源经理助理			
地区人力资源助理	人力资源主管			
人力资源助理				

在国内企业人力资源部门的员工的职业路径大致如下：

助理→专员→人力资源主管→人力资源部经理→人力资源总监→公司总经理。了解职业通道有利于明确自己未来的发展空间，帮助自己建立生涯发展蓝图，为职业生涯规划做好充分的准备。

这里需要特别提醒，职业路径是组织的理性设计，为员工成长提供了行动指南，但也有个别特殊情况，实现越级式发展，或者跨部门工作，应该说每个人的职业路径都是特殊的。一个人根据自己的情况来设计符合自身成长的职业路径是非常必要，而且是必需的。

备注：职业关键因素信息可以在企业工作分析文件或者岗位说明书中查询(表3-2)。

某公司办公室主任工作分析文件　　表3-2

<table>
<tr><td>工作名称</td><td colspan="2">办公室主任</td><td colspan="2">工作编号</td><td>D005</td><td>工资等级</td><td>4等</td></tr>
<tr><td>职位数</td><td colspan="2">1</td><td colspan="2">所属职组</td><td>行政管理</td><td>所属部门</td><td>办公室</td></tr>
<tr><td>管辖人数</td><td colspan="2">办事员3~5人</td><td colspan="2">直接上级</td><td>总经理</td><td>升迁职位</td><td>副总经理</td></tr>
<tr><td>工作分析员</td><td colspan="2"></td><td colspan="2">批准人</td><td></td><td>分析日期</td><td></td></tr>
<tr><td>工作概述</td><td colspan="7">在公司总经理的直接领导下，协调各部门关系，综合管理公司的行政事务及总监，监督办公室人员的各项工作。</td></tr>
<tr><td>工作职责</td><td colspan="7">①协助总经理协调公司各部门各科室的关系
②综合处理公司的各种文件及资料
③拟定公司的发展规划和规章制度
④制作和核发员工的各种证件(如工作证、工号牌)
⑤处理公司的突发事件及员工争议事件
⑥策划和开展公司外部的公共关系
⑦领导和监督办公室人员的各项工作
⑧总经理交办的其他工作任务</td></tr>
<tr><td>工作设备</td><td colspan="7">电话机、传真机、计算器、复印机、电脑</td></tr>
<tr><td rowspan="2">工作条件</td><td colspan="2">工作场所</td><td colspan="2">室内80%，室外20%</td><td colspan="2">工作时间</td><td>白天8小时，偶尔需加班</td></tr>
<tr><td colspan="2">工作环境</td><td colspan="2">较为舒适</td><td colspan="2">工作危险性</td><td>1</td></tr>
<tr><td>工作资格</td><td colspan="7">①学历。本科毕业，行政管理，企业管理或相关专业
②知识。行政管理学、领导与决策学、公共关系学、经济学和法律学知识等
③经历。三年以上实际管理工作经验(行政管理、总务管理、人事管理等)
④能力。协调能力、计划能力、沟通能力、决策能力、激励能力、指导能力、表达能力
⑤个性。责任心、忍耐性、主动性
⑥体能。工作姿态(坐60%、走动25%、站立15%)，承受一定的压力，在较为紧张的环境中工作。</td></tr>
</table>

(摘自余凯成等著《人力资源管理》，大连理工大学出版社，1999年第一版)。

（五）职业招聘岗位说明书示例

人事助理的岗位说明书

岗位名称：人事助理	所属部门：人力资源管理	直属上级：部门主管
管理幅度：0 人	薪资：2000 元	岗位代码：11－17

岗位综述

专业从事人力资源管理工作，负责范围是雇员的招募和遴选、测试、定位、转岗以及雇员人力资源档案的管理。负责处理公平就业机会，积极处理特定的任务和计划、雇员抱怨、培训或雇员定级与薪资等事务。在工作中接受一般性的监督。

基本职能

1. 负责草拟、发布招聘广告。

2. 安排并进行面试以确定应聘者是否符合录用标准。其中包括审核申请表和建立筛选合格人选。

3. 入职考试的监督管理。负责建立和完善考试手段和程序。

4. 向新雇员告知入职手续。准备和审核入职手续的材料和程序。

5. 协调分公司工作岗位招聘的发布和雇员转岗事务。建立岗位发布的程序。负责审核转岗申请，安排转岗面试，决定转岗的生效日期等。

6. 就人力资源相关事宜与分公司经理保持日常工作联系，包括招聘要求，试用期雇员的留用或解约，正式雇员的纪律考核以及解聘等。

7. 通过公告栏、会议、备忘录以及日常接触，向所有雇员和经理发布新的或经过修订的人力资源政策及程序。

8. 完成人力资源经理交办的相关任务。

岗位要求

1. 四年制大学本科毕业，主修专业为人力资源管理、工商管理或工业心理学；或者具有与之相当的经验、学历或培训经历。

2. 对雇员的遴选和人员的安排具有丰富的知识。

3. 良好的书面和口头表达能力。

4. 独立计划和安排工作的能力。

5. 熟练掌握与人力资源相关的计算机应用。

（六）企业招聘流程

招聘是企业人力资源管理的首要环节，也是一个人开启职场生涯大门的第一步，因此，求职者需要了解企业招聘流程，并提升求职技巧。在招聘过程中，用人部门对人员招聘起着决定性的作用，它直接参与整个招聘过程，并在其中拥有计划、初选与面试、录用、人员安置与绩效评估等决策权，完全处于主动地位。

第一步：填写申请表。应聘者与招聘人员通过直接接触，应聘者对企业，招聘工作人员对应聘者双方形成初步印象，第一次做出双向选择，若双方均合意，应聘者可领取、填写应聘申请表。

第二步：人力资源部审核材料。人力资源部对提交申请表的应聘者进行资料审查，了解应聘者的愿望、经历、从应聘者过去的行为预测适应未来工作的可能性。

第三步：录用测试与面试。由人力资源部门通知应聘者到公司参加笔试、心理测评、职业性向等测评，并对应聘者的动机、个人爱好、价值观等进行面试，筛选符合企业岗位要求的应聘者。

第四步：背景调查。北京调查主要调查应聘者的个性品质和过去的经历。如核实学历、证书、经历，了解以往业绩表现、辞职的真正原因等。对于应届大学毕业生来说背景调查相对比较简单，一般情况下，用人单位向老师了解。

第五步：人力资源部门初次遴选。由人力资源部对应聘者的综合素质、能力进行结构化面试，然后确定岗位候选人。

第六步：部门面试。各部门负责人（经理/主管）对应聘者的专业技术知识与能力进行测试与考察，对符合需要的应聘者签署意见。

第七步：团队面试与评议。一些重要岗位还需要公司分管副总亲自面试，然后人力资源部门、用人部门或分管领导等相关人员对应聘者进行综合评议，确定录用人选。

第八步：健康体检。体检主要对确定的应聘者进行一般健康状况，是否有慢性病或者职务所不允许的生理缺陷。

第九步：录用决策。人力资源对符合公司应聘要求的名单上报分管人事的公司领导审查，并签署意见。

第十步：发布通知。人力资源部门把最后录用结果用适当的方式（电话、短信、E-mail 等）告知录用者和未被录用者。并告知录用者后续的相关工作安排。

第三节　职业探索方法

许多人一开始并不清楚自己喜欢什么样的职业,可能在童年时期曾经幻想过做一个什么样的人,未来从事什么样的工作。但是职业生涯规划需要更加准确的数据和事实来证明你选择的职业是科学的,符合自己兴趣的。因此,对职业进行探索,弄清楚职业是什么,职业环境的具体情况,这样才能为科学决策提供强有力的证据支撑。

一、职业分类测试法

在繁杂的工作世界中挑出相关、有用的信息,是一项困难的工作。学生在自己的头脑中都有自己幻想的理想职业,但是这些职业是否符合自己的兴趣,符合自己的能力还不是很清晰。这里我们介绍几种专业的量表,帮助学生梳理职业类别,首先找到自己的职业类别。

(一)霍兰德的职业环境分类

霍兰德把职业环境分为六大类型,学生可以通过霍兰德兴趣测试量表测试找到符合自己的职业类别。包括:现实型、研究型、艺术型、社会型、企业型、事务型(详见第二章相关内容)。

(二)MBTI的职业环境分类

目前,全世界应用最广泛的性格测试表是MBTI(Myers—Briggs Type Indicator,英文缩写为MBTI)。在全球500强的企业里有80%以上的高层管理者、高级人事主管在使用这个工具,每年约有250万人次接受MBTI测试。它的应用领域包括:自我了解和发展、职业发展和规划、组织发展、团队建设、管理和领导能力培训、解决问题能力、情感问题咨询、教育和学校科目的发展、多样性和多元文化性培训、学术咨询(详见第二章相关内容)。

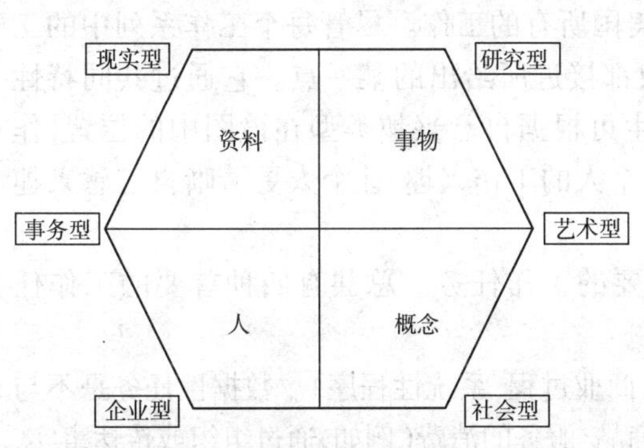

图3-1　职业分类图的潜在二元向度模式

(三)工作世界地图

普里蒂奇(Prediger,1993)在霍兰德六边形模型的基础上作了一些调整,增加了人—事物、资料—概念两个维度(图3-1)。人—事物维度分别表示与人相关的工作,例如为人们

提供服务、帮助他们等;与具体物体相关的工作,例如机械、生物、材料等。资料—概念维度分别表示与具体事实、数字、计算等打交道的工作和用理论、文字、音乐等新方式表示或运作的工作。

美国大学考试中心(ACT)在兴趣的两维基础上,将职业群体的具体位置标定在坐标图上,从而得到工作世界图(图3-2)。

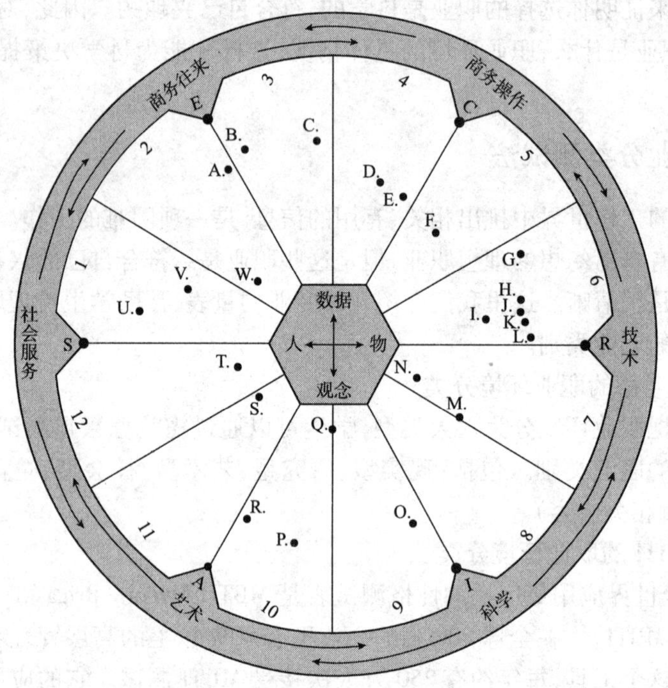

图3-2 工作世界图

该图共分12个区域,几乎覆盖了美国所有的工作。尽管每个工作系列中的工作都有它们自己不同的位置,但大多数都接近所给出的某一点。它通过共同特性来对500多种职业进行分类合并。学生可根据自己兴趣类型在该图中的位置,作为职业生涯规划的参考工具,用于评估个人的工作兴趣,让个人更清晰自己感兴趣的职业领域。

一个工作系列的位置是基于其首要的工作任务。总共有四种首要的工作任务:数据、观念、物、人。

数据(事实,记录,文件,数字,计算,商业过程,系统性程序)。数据性任务是不与人直接打交道的任务,它通过人来促进商品/服务的消费(例如,通过组织或传达事实、指示、产品等)。销售代理商、会计以及空中交通管制者的工作主要是与数据打交道。

观念(抽象概念,理论,知识,觉察,洞察力,以新的方式表达或做事情—例如,用文字、方程式或音乐)。观念性任务是个人头脑中的工作,如创造、发现、解释和综合抽象概念或抽象概念的应用。科学家、音乐家和哲学家的工作主要是与观念打交道。

物(机器,工具,生物,材料如食物、木头或金属)。物的任务是与人无关的任务,如制造、运输、维修和修理。砖匠、农夫和机械工的工作主要是与物打交道。

人(帮助、照顾人们,为他们服务,提供信息,或卖东西给他们)。人的任务是人际间的任务,如看护、教育、服务、娱乐、说服或领导他人—总之,是要在人类行为中引起一些改变。教师、销售人员和言语治疗师的工作主要是与人打交道。

工作世界图表共分六个工作类别,并按照一般的工作领域、工作系列和准备水平列出了大约500个职业。

第一类:商业交际工作类别

a. 交易工作(市场与销售)类别(marketing and sales job family)

商店店员、送报生(牛奶等)、采买、推销员(房地产、保险业、股票经纪人)、农产品代理商、办公及医疗用品销售员。

b. 经理及企划工作类别(management and planning job family)

商店、汽车旅馆、农产品之经销经理、办公室主管、买卖代理商、企业经理、休闲中心经理、医疗行政主管、都市计划者等。

第二类:商业操作工作类别

c. 记录与通信(records and communications)

办公室、图书馆、银行及邮局职员、接待员、图书馆计算机编目员、秘书、法院书记、医疗档案记录员。

d. 商业交易(financial transaction)

记账员、会计、超市收银员、银行出纳员、证券交割员、保险担保人、经济分析师。

e. 仓储货运(storage and dispatching)

海运报关员、邮差、快递员、货物代理商、行管人员。

f. 商业机械/计算机操作(business machine/computer operation)

计算机终端机/打印机操作员、办公室设备操作员、打字员、文书处理设备操作员、统计职员。

第三类:技术工作类别

g. 交通工具操作维修(vehicle operation and repair)

卡车、出租车司机、汽车、巴士、飞机维修技师、堆高机操作员、商业海运船长、飞行员。

h. 建筑及维护(construction and maintenance)

木匠、电力工程人员、油漆匠、警卫、迭砖师傅、铺路工人、起重机操作员、建筑监工。

i. 农业及自然资源(agriculture and natural resources)

农夫、养殖业、畜牧业、景观设计、植物病虫害防治人员、宠物店员。

j. 工艺及相关服务(crafts and related services)

厨师、屠夫、面包师傅、鞋匠、调音师、裁缝师、珠宝师傅。

k. 家庭/商业设备维修(home/business equipment repair)

电视、家庭用具、打字机、电话、暖气系统、复印机维修员。

l. 工业设备操作及维修(industrial equipment operation and repair)

机械工、印刷工、缝纫工、编织工、工业机械维修人员、工厂、矿坑劳工、机械操作人员、消防队员。

第四类:科学工作类别

m. 工程及其他应用科技(engineering and other applied technology)

不同领域工程师、生物、化学实验室的技术人员、程序设计师、计算机技术人员、制图人员、调查人员、食品技术人员、科技展示人员。

n. 医疗专业及科技(medical specialties and technologies)

牙医助理、计算机断层扫描及心电仪操作员、验光师、义肢技术人员、X 光操作员、牙医、药剂师、兽医。

o. 自然科学及科学(natural sciences and mathematics)

农业经济学家、生物学家、化学家、生态学家、园艺学家、数学家、地理学家、地质学家。

p. 社会科学(social sciences)

市场研究分析家、人类学家、经济学家、政治科学家、心理学家、社会学家。

第五类:艺术工作类别

q. 应用艺术、视觉(applied arts、visual)

花艺设计、商品展示、商业艺术工作者、流行设计师、摄影师、室内设计师、建筑师、景观设计师。

r. 创意表演艺术(creative/performing arts)

演艺人员、舞者、音乐家、歌者、作曲家、作家、艺术、音乐教师。

s. 应用艺术、说及写(applied arts、written and spoken)

广告文案、法律助理、广告企划执行、翻译、记者、公关人员、律师、图书馆员、科技作家。

第六类:社会工作类别

t. 一般医疗保健(general health care)

护理助理、卫生人员、实习护士、物理治疗助理、专业护士、营养师、专业心理治疗师、内科医生、语言病理学家。

u. 教育及相关服务(education and related service)

教师助理、幼儿园教师、运动教练、大学教师、辅导/职业咨询师、中小学教师、特殊教育教师。

v. 社会及政府服务(social and government service)

安全警卫、经纪人、警察、医疗、安全、食物检查人员、儿童福利工作者、家庭计划者、残障就业谘商员、看护员、社会工作者。

w. 个人/顾客服务(personal/customer service)

超市包装员、侍者、空少、空姐、服务生、美容师、理发师、家管。

由于以上职业分类图并没有经过本土化的研究,所以学生在使用该图时还要根据具体情况进行比较和甄别。

二、职业调查法

通过职业调查,让同学提前了解社会,了解企业文化、企业人力资源状况、企业用人标准,以及职业的发展前景、晋升通道等职业信息,从而更加深刻理解职业的特点,帮助自己判断未来的职业选择,使同学的学习更加具有目的性和针对性,为大学毕业顺利就业,成功踏上职场奠定坚实的基础。

职业调查参照格式如下:

封　面

大学生职业生涯规划

职业调查

(任务起止日期　　年　月　日~　月　日)

题　　目:关于对×××职业的探索报告

学生姓名:________

专　　业:________

年　　级:________

学　　号:________

团队名称:________

团队队长:________

要　求

1. 目的

通过职业调查，让学生提前了解社会，了解企业文化、企业人力资源状况、企业用人标准，以及职业的发展前景、晋升通道等职业信息，从而更加深刻理解职业的特点，帮助自己判断未来的职业选择，使学生的学习更加具有目的性和针对性，为大学毕业顺利就业，成功踏上职场奠定坚实的基础。

2. 原则

以自己所学专业为主，跨专业为辅的职业调查原则。

3. 要求

(1)亲身实践相关岗位，获取第一手资料。

(2)通过网络、老师、朋友等方式间接收集资料。

(3)组成团队开展调查，体现团队协作精神。

(4)时间限制两个星期。

4. 成果形式

(1)一份报告(字数3000~5000)/团队；

(2)格式　字体：宋体　字号：小四　间距：1.5倍

正　文

第一部分：专业调查

1. 专业发展现状(国内外)

2. 专业发展前景

3. 专业核心知识课程

4. 专业必须掌握的技能

第二部分：职业调查

1. 未来从事的职业

2. 职业前景分析

(1)职业任职条件(身体素质、性别、能力要求、学历、职业资格证书等。)

(2)职业晋升空间

(3)职业回报(物质和精神)

3. 职业工作特性

(1)工作地域

(2)工作时间

(3)工作环境(办公条件、人际关系)

(4)工作压力

第三部分:典型企业调查

1. 企业基本概况

(1)企业名称、地点

(2)企业历史

(3)企业文化

(4)企业规模

(5)企业经营状况

(6)企业在行业排名情况

2. 企业业务重点及成绩

3. 企业人力资源状况

(1)企业用人理念

(2)企业选拔人才标准

(3)企业人才发展空间

(4)企业员工薪酬标准

第四部分:总　　结

1. 收获体会

2. 未来打算

三、生涯人物访谈法

生涯人物访谈法比较真实客观,是比较深入了解职业的一种重要方法。大学生如何寻找生涯人物呢？首先是寻找已经毕业的师哥师姐,他们一般比较乐意帮助在校的学弟学妹职业成长。他们的信息也比较真实可靠。其次是寻找企业负责人了解。但是这些人一般情况下不接受访谈,也不能轻易找到。最有效的捷径就是参加学校举行的相关讲座,通过提问,或者会后单独咨询,或者留下联系方式,以后联系等方式进行了解。

在访谈时,可以提出以下问题:

(1)在这个工作岗位上,每天都做些什么？

(2)本工作岗位需要什么样的教育或培训背景?
(3)就你的工作而言,你最喜欢什么?最不喜欢什么?
(4)该工作岗位最大挑战是什么?
(5)本领域的发展机会是什么?
(6)公司对刚进入该工作领域的员工提供哪些培训内容?
(7)该工作岗位的职业晋升路径是什么?
(8)本行业的一半薪酬是多少?
(9)你是如何看待该领域工作将来的变化趋势的?
(10)你认为该工作领域潜在的不利因素是什么?
……

生涯人物访谈报告

生涯人物访谈报告

专　　业:________________
年　　级:________________
团队名称:________________
团队队长:________________
团队成员:________________

任务要求

一、形式

以团队方式采访某一位人物(老师、职业人士、社会名人、父母、高年级学生等)。

二、目的

通过采访或者访谈,了解被采访者的生涯发展经历、行业背景等职业生涯规划所需信息,了解行业动态,学习其人生成长经验。

三、要求

1. 拟写采访提纲。
2. 撰写采访报告。
3. 报告中插入采访照片(团队照片和采访现场照片)。
4. 时间限制两个星期。

四、成果形式

一份报告(字数3000~5000)/团队

生涯人物访谈报告(正文)

时间:

地点:

人物:

　　年龄　　性别　　行业　　职业

正文:1. 人物简介

　　2. 访谈内容(采访谈话内容,问题—回答模式)

　　3. 总结分析(剖析该人物成功的原因,或者失败的教训)

　　4. 生涯启发(对自身成长的价值)

　　5. 采访照片及说明

团队成员分工(采访策划人、报告撰写人等)

时间:

【案例一】

2005年中央电视台的面对面节目里一位擦皮鞋的大学生接受了著名节目主持人王志的专访。他就是罗福欣,生于1972年,父亲是四川航天工业公司的工程师,母亲是家庭妇女。1996年,他从四川师范大学教育系毕业后,被分配回父亲所在的单位工作。他不满足于循规蹈矩的生活,对外面的精彩世界充满了渴望。后来,一次偶然的经历让他爱上了擦鞋这门职业。

那是1997年12月初的一天,他从成都春熙路经过的时候,发现一位衣着朴实、年过六旬的老婆婆在寒风中擦皮鞋,虽然他的皮鞋不脏,但想到老人挣钱不易,索性坐了下来,请老人给他擦鞋。鞋擦完后,他从皮夹里拿出10元钱对老人说:"老妈妈,我知道擦一双鞋只收1元钱,但您这么大一把年纪还出来挣钱,不容易!因此这钱不用找了。"

"先生,这个钱我不能要!"明白了他的好意后,老人怎么也不要他的钱:"你以为我很穷是不是?其实我每天的收入是相当可观的,能有七八十元钱呢!"

擦鞋真是那么容易挣钱吗?罗福欣将信将疑。告别老人后,他特地观察起街上擦鞋匠的生意来了,结果发现老人所言属实,因为街上每个擦鞋匠都忙个不停。

罗福欣不由得眼热心动起来:为什么自己不也去擦鞋呢?如果将自己所学的知识与擦鞋技术结合起来,也许会有更高的收入。

产生这个想法之后,经过进一步的观察和分析,他发现,擦鞋市场也有着广阔的前景。他向公司递交了辞职报告。

他是全国第一个擦皮鞋的大学生，在当时备受争议。罗福欣说他的理想是有一天擦鞋能像艺术一样登入大雅之堂。为此他曾拿着打印好的擦鞋计划书去拜访星级酒店和高档茶楼，请求允许他擦鞋，但却没人接受他，商家担心会降低自己的档次。无奈下，罗福欣只好走"平民路线"，在街边摆摊开始艰难的原始积累。为了使自己的擦鞋事业做得与众不同，体现出知识含量，他思考了很多，决定将擦鞋做成一门产业，就像在国外一样，鞋类美容要成为现代人消费生活中很重要的一个内容。他设计了"罗记"星级擦鞋店的店徽，并向国家工商总局申请注册了"罗记"擦鞋商标，开创了一个普通的擦鞋匠向国家工商总局申请擦鞋注册商标的先河。经过长达七年的艰苦创业，现在他的罗记连锁店已经发展到全国近100家了。

【案例分析】

罗福欣是一个不满足现状，不喜欢循规蹈矩生活的人，他的性格比较外向，敢于冒险，勇于挑战，并希望通过不断尝试新鲜事物来激发自己的灵感和对生活的热情。同时，他非常务实，执行力强。因此，他非常适合创业。

罗福欣的成功并不是偶然的，他在市场调研中发现了市场商机，并根据现实环境进行了准确定位，设计了LOGO，制定了标准，提升了自己在鞋类美容方面的品牌形象，使自己的"罗记"鞋店能够从普通擦皮鞋的队伍中脱颖而出，得到广大消费者的认可。

罗福欣的事例证明了一个人获得事业成功的关键因素应包括四个方面：

第一，做任何事情都必须要进行充分调研；

第二，要善于发现职业机会；

第三，要有市场意识，定位要准确；

第四，要有努力奋斗，坚持不懈的执著精神。

【案例二】

您好，我学的是法学专业，英语成绩还行，六级527分，马上大三了，不知考研还是司法考试，我是农村的孩子，家里经济条件不是很好，父母年纪已高，怕考研高昂的学费给他们带来负担，不考研以现在学校的本科学历很难找到工作，我很迷茫，不知该怎么办，急切等待您的回复。谢谢！

【案例分析】

你的问题核心是考研还是参加司法考试，其实这个本身是不矛盾的，因为法律服务从业人员一般需要通过国家司法考试，获得相应的职业资格证书。但就你的具体情况而言，应该进行优先排序，究竟是先考司法考试，还是进行考研准备。

首先,你要了解法律专业未来的职业发展路径。一般而言大概有以下五种路径:第一,通过公务员考试进入公检法系统,但是仍然必须通过国家司法考试;第二,进入律师事务所,或相关法律服务所工作,一般也需要通过国家司法考试;第三,进入企业从事法律事务,需要有一定经验,并通过司法考试;第四,到高校任教,一般需要硕士、博士学历;第五,跨专业就业。利用自己的其他能力去求职,比如销售、行政等工作。

其次,你要考虑自身条件,找到适合自己的职业发展路径。鉴于你的家庭经济条件,你需要先工作挣钱以减轻家庭的经济压力。因此,建议你先通过司法考试,这样可以获得职场入职资格证。针对你的情况,在毕业时,建议你可以考虑以下几条职业发展通道:

(1)进入律师事务所,从事律师助理工作;

(2)参加国家公务员考试,进入公、检、法系统;

(3)进入企业法务部门从事企业法律服务工作。注意这些职位并非需要高学历;

(4)毕业后到县、乡(镇)基层法律服务所,从事基层法律服务工作。现在这些地方正需要法律专业人才;

(5)你也可以利用英语特长从事国家贸易合同及谈判、知识产权等方面的法律服务工作,当然你需要学习一些国家贸易方面的知识,了解WTO规则下的相关法律知识。

思　考　题

1. 影响职业声望的因素有哪些?
2. 企业招聘的基本流程是什么?
3. 职业探索有什么价值和意义?
4. 职业探索的方法有哪些?

第四章　大学生职业定位与决策

观点导读：

人的职业生涯发展是一个漫长而曲折的过程，人们在其中常常会面临多次的选择，尤其在选择人生中第一份职业或重新定位自己的职业等生涯发展的几个关键点上，所做出的决策正确与否将决定人们今后职业发展的方向，并影响获得生涯成功的可能性。本章通过对职业定位和决策相关知识的学习，目的是帮助你给自己未来的职业发展做出准确定位，科学地做出自己的职业生涯与发展决策。

第一节　大学生职业定位

职业定位是职业生涯设计中非常重要的内容。不同的职业定位，意味着不同的职业选择，同时也意味着将进入不同的行业，尤其是一个人的第一份工作将在相当程度上决定自己未来的人生走向。因此，探讨如何帮助大学生进行准确的职业定位十分重要。

一、基本原则

大学生对自己未来职业进行定位时，需要把握一些基本原则，依靠这些原则可以快速地缩小自己的定位选择空间，从而使职业定位开始变得清晰起来。

1. 择己所爱

职业定位首先要想到自己喜欢哪种职业，或者对哪种职业比较感兴趣。研究表明，一个对所从事职业感兴趣的人，能够发挥其才能的80%～90%，且能保持长时间高效率、不疲劳；而对所从事职业不感兴趣的人，则只能发挥其才能的20%～30%，且容易精疲力竭。一般来说，只有从事自己喜爱的、感兴趣的工作，工作本身才能给你一种满足感，你的职业生涯才会变得妙趣横生。因此，择己所爱是大学生做好未来职业定位的首要原则。

2. 择己所长

在人才市场的就业竞争中，大学生必须善于通过与竞争者的比较来认清自己的所长和所短，亦即竞争的优势和劣势。然后在此基础上按照“择己所长、扬长避短”的原则进行具体的职业定位。不过，为了真正能择己所长，大学生应特别注意要尽可能学以致用，发挥自己的专业特长，把未来的职业定位在与自己所学有较密切联系的行业领域。

3. 择市所需

任何职业的兴起、发展、衰落及消亡均是由社会需要的变化引起的。因此，大学生在进行职业定位时，不仅要了解当前的社会职业需求状况，还要善于预测职业随社会需要而变化的未来走向，以便能使自己的职业定位富有一定的远见。否则，一味死盯在眼前热门的职业上，可能导致长远的选择失误。例如，在过去，财务人员是一个很吃香的职业，可是现在人才市场上，一个财务岗位，往往会有几十个人来应聘，竞争异常激烈。可以预计，即使目前特别热门的许多职业也有可能随着社会需求的变化而成为明日黄花。

二、主要方法

1. 依据兴趣倾向进行定位

人的兴趣可从不同的视角进行多种分类，而不同类别的兴趣关联着不同的适应性职业。表4-1 按常用的十种分类对职业定位的选择进行说明。

十种兴趣倾向对应的职业选择　　表4-1

分类	兴趣倾向	适应性职业
1	喜欢与人打交道	记者、推销员、服务员、教师、行政管理人员等
2	喜欢与具体事物打交道	制图、勘测、工程技术、建筑、机械制造、出纳、会计等
3	喜欢干有规律的工作	邮件分类、图书管理、档案管理、办公室、打字、统计等
4	喜欢掌管权力	行政管理人员、企业管理人员、学校管理者、班主任、辅导员等
5	喜欢从事社会福利和助人工作	律师、咨询员、科技推广员、医生、护士等
6	喜欢研究人的行为	心理学、政治学、人类学、教育学、行政管理等研究工作
7	喜欢从事科技事业	生物、化学、天文学、宇宙学、物理学、工程学、地质学等研究工作
8	喜欢抽象的创造性工作	社会调查、经济分析、分类科学研究、新产品开发等
9	喜欢操作机械、机器等	驾驶员、机器制造、建筑、石油、煤炭开采等
10	喜欢从具体产品的完成中得到满足	室内装饰、园林、美容、手工制造、机械维修等

2. 依据能力倾向进行定位

使用能力倾向来分析自己的职业定位时，不仅要考虑到自己从事各类工作所需的一般能力状况，包括注意力、观察力、记忆力、想像力、逻辑思维能力等，还要考虑到自己胜任某一职业要求而必备的专门能力如何。例如从事工程技术工作，就需要有坚实的专业基础和较强的动手能力；从事技术管理工作，就需要较强的技术和经济观念，对新技术产品的敏感性和鉴别能力以及周密的思维能力。大学生应对自己感兴趣的职业从能力倾向的角度进行特定的适应性分析，有时就会发现自己所感兴趣的某一职业，是自己的能力所不能担当的。因此这种职业也不宜于作为自己未来的职业选择。

3. 依据气质倾向进行定位

一般来讲，准确的职业定位还要考虑所选择的职业是否与自己的气质倾向相符合，否则会导致职业与气质的冲突，甚至会让你失去做人的乐趣。因此，基于古希腊医生希波克拉特四种气质类型假说，我们可以对气质类型与职业之间的关系通过表4-2来进行简要描述。

气质类型与职业的适应关系 表4-2

气质类型	主要心理特征	职业适应性
胆汁质	精力充沛，情绪发生快，动作急速而难以控制，内心外露，率直，热情，易怒，急躁，果敢	较适应某些企业型职业，如公司经理、厂长、销售员、个体工商业者，也适应国家机关工作人员，但不适应公关人员、企业管理咨询人员、导游等
多血质	活泼好动，富于朝气，情绪发生快而多变，表情丰富，动作敏捷，乐观亲切，浮躁，轻率	适应比较广泛的职业，如汽车维修工、野生动物学家、测量工程师、长途汽车司机、教师、心理咨询师、街道、工会或妇联干部、地质学家、企业管理者、推销员等
黏液质	沉着冷静，情绪发生慢而弱，动作迟缓，内心少外露，坚毅，执拗，淡漠	较适应调研型职业，如气象学或天文学者、医学实验室的技术人员、人类学者、动物学者、化学学者、物理学者等；也适于常规型职业，如会计师、银行出纳员、税收管理员、打字员、法庭书记员等
抑郁质	柔弱易倦，情绪发生慢而强，易伤感而富于自我体验，动作细小无力，胆小，扭捏，孤僻	较适应艺术型职业，如作家、摄影家、作曲家、电影电视演员、画家、书法家等，但不适于企业管理、行政管理及公关人员等

应当指出的是，大学生除了多血质、胆汁质、黏液质和抑郁质这四种类型外，还有一些人则属于混合型气质类型，如多血—胆汁质型，抑郁—黏液质型等，而且调查结果表明，我国大学生属于复合气质型的人多于单一气质型的人。大学生可以

根据气质类型测量表来测定自己的气质，然后根据气质与职业的适应关系，扬长避短，做出正确的定位抉择。

三、策略选择

在充分兼顾自己所学专业的前提下，大学生的职业定位有如下四种可供选择的策略：

1. 单一定位策略

即只考虑一种职业，而不考虑其他职业。如学工商管理的只把自己未来的工作定位于职业经理人；学市场营销的只定位于销售人员；学会计的只打算今后从事会计工作；学法律的只想今后做一名律师；学计算机的只选择计算机研究与开发工作等。

2. 双重定位策略

即同时考虑两种不同的职业，如学动物药学的，把自己未来的职业优先定于动物药品的技术研究与开发但同时也考虑可以从事动物药品的营销工作；学工商管理的既考虑企业管理工作，也考虑做销售工作；学环保工程的除了打算今后从事环保技术研究与开发外，还考虑可以从事环保产品的销售等。

3. 多重定位策略

这种策略是同时考虑三种以上的职业去向。如学社会工作的把自己的未来职业定位于或到政府机关工作或到高等学校任教，或到企业专门从事市场调研或有关统计工作，或从事秘书工作等。

4. 改变定位策略

即根据特定的市场机会或客观形势变化改变自己原有的定位。如有位学动物营养的大学生，开始把自己的职业定位于饲料企业的技术研究与开发，后则改变为饲料销售，后因全省招考公务员的机会，转而选择监狱管理人员的职业。职业定位并非一成不变的选择，特别是在大学生正式步入职场后的职业生涯中，绝大多数人都会一次或数次改变自己的职业定位，以便适应新的社会需求的变化或获得自己更好的生存和发展空间。

第二节　职业生涯决策概述

在做出准确地定位后，该如何选择职业？有哪些决策策略可以帮助你做出选择？这一系列问题不仅关系到个人的发展，甚至影响到国家的人才发展战略，而要深入地回答这些问题，就离不开职业生涯决策的学习。特别是对于大学生来说，职

业生涯决策正确与否,事关整个职业生涯发展与规划的成败,学会运用科学的模型做出正确的选择直观重要。

一、职业生涯决策基本概念

(一)职业生涯与发展决策的含义

决策就是个人在两个以上可能选择之间挑选、决定的过程。如果没有一种以上的可供选择的行动、选择的可能性,就不会有做决策的必要。所以,决策是个人在众多可行的方案中,选择最令自己满意的方案的过程。这个历程看似简单,其实不然,因为其中包括许多复杂的决策因素。解决各种各样的问题及作出决策是生活中的重要内容,我们在每天的生活中都会考虑,诸如:我今天应该穿什么样的衣服?……在作出决策前,我们都要先对自己及环境信息进行检索。换句话说,决策是建立在对自身及选择对象充分了解的基础上的。

职业生涯与发展决策是一个舶来词汇,我国学者也将其直接翻译为职业决策或生涯决策。这一概念最早源自英国经济学家凯恩(Kenne)的理论,指一个人选择目标或职业时,会选择使用一种使个人获得最高而将损失降至最低所用的方法。当个人面对多方面的职业选择时,每一项对其而言都有不同程度的价值,“职业生涯决策”就是个人在多项选择之间取舍,以达成最大价值的过程。辛格(Singh)和格林豪斯(Greenhaus)等人认为职业生涯与发展决策是个体一生中必然要面临的重要决策,是指个体对自己将要从事的职业做出选择,是按照劳动力市场上的需要,对现存的职业进行比较,选择最适合自己所具有的职业劳动力就职条件,实现自己劳动能力与劳动岗位相匹配的形式。个体做出职业生涯与发展决策的过程,需要对自己的价值观、兴趣取向、技能及职业信息、教育、工作环境等方面的信息进行分析,进行职业选择或探索。

职业生涯与发展决策是职业目标、职业方向确定并实现的过程。要了解职业生涯与发展决策,就要充分理解它所包含的三层含义。

首先,职业生涯与发展决策是人生的一种决策。职业生涯与发展决策是个人针对自己的个性因素对工作类别进行选择和确定。对于大学生们来说进行职业生涯与发展决策是使自己从“学生”转变为“职业人”的关键环节,是实现人生价值的开端。因此,职业生涯与发展决策是认识的一种重大选择。

其次,职业生涯与发展决策是个人因素与职业因素优化统一的过程。不同的人有不同的职业目标,不同的社会岗位将对不同的劳动者进行选拔。这就要求在做出职业生涯与发展决策时,必须考虑到自己的性格、兴趣、气质、技能和价值观等相关信息,同时必须面临职业、教育和休闲的各种选择。这样才能在综合自我信息

和职业信息的基础上，利用职业生涯知识与技能对自身个性因素和职业因素进行优化统一，制定出有效的个人职业生涯与发展决策。

最后，职业生涯与发展决策是个人向客观现实妥协的过程，也是个人对“我与职业”关系的调适过程。每个人都有自己的职业理想，然而理想和现实之间往往存在差距，在做选择的时候，必然要在职业理想和客观现实之间做出一定的妥协，在理想和现实之间进行科学合力的分析与调适，真正解决好“我与职业”的关系，让自己高度认同自己的职业选择，也让自己的职业选择为自身的将来发展搭建发展的平台。

(二)相关基本概念

为了便于理解，下面先对职业生涯与发展决策的一些相关基本概念加以简要介绍。

1. 职业要素

与职业相关要素的构成是比较复杂的，包括用以描述个人及职业特征的各类与职业相关的变量，例如职业兴趣、个人需要、工作价值、工作特性、能力、个性特征、职业生涯构想、工作角色与类型等。相对于只考虑单一类型的要素而言，充分考虑各类相关要素能更好地实现“个人与环境的契合”。

2. 职业特征和新要素

对于某个特定职业，并非所有特征因素都是同等重要的；同时，对于不同职业，特征要素的重要性是呈动态变化的。所谓“职业特征和新要素”，就是指对于描述某个特定职业的实质特征起重要作用的因素。例如，“连续长时间工作能力”和“较强的写作能力”是报社记者的职业特征核心要素，但这两个要素对于其他职业并不一定适用(如汽车司机)。

在职业生涯与发展决策中，职业特征核心要素起着至关重要的作用，有研究表明，在职业生涯与发展决策过程中，考虑职业特征的核心要素要比考虑职业各方面特征更有利于实现个人兴趣与职业间的匹配，进而直接促进职业满意感的产生。

3. 个人特征的针对性

在职业生涯与发展决策过程中，人的认知能力和资源(时间、财力)是有限的，不允许人们对所有相关职业信息进行筛选或分析。因此，缩小职业要素的数量及范围是很有必要的，即针对个人自身的情况，在决策过程中只考虑其中最重要的若干方面的要素。

4. 职业要素的水平

每个职业要素在各自水平上的变化都可以划分为不同的等级。例如，对于“职业声望”要素而言，在其自身水平上的变化可以分为：高声望、较高声望、一般声望、

较低声望以及低声望。

5. 个人职业偏好的水平

个人职业偏好在总体上可以划分为“最理想”、“可接受”和“不可接受”三个水平。例如，对于工作场所，某人的“最理想”水平的职业偏好是“室内工作”，“主要在室内工作”属于“可接受”水平，而“户外工作”对他（她）而言则是“不可接受”的。

对于个人在某方面的职业偏好而言，其可接受的偏好水平的范围与其重要程度成反比。即某方面的偏好对他（她）越重要，其妥协的程度就越小。例如，某人坚决要选择室内工作的职业，那么“主要在室内工作”的职业对于他（她）来说都是“不可接受”的。

6. 结构化职业信息与非结构化职业信息

职业信息可以分为两类，即：

（1）结构化职业信息。指限定了范围并经过分类和编码的职业信息，对目标职业的各个特征进行明确的描述与说明。例如，“银行出纳员”的结构化的职业信息包括“室内工作”、“为期一年的岗前培训”、“稳定”、“较低的职业声望”等。常被用于目标职业数量较多时的快速筛选。

（2）非结构化职业信息。也称作“软信息”，指无法进行明确限定的职业信息，如对职业的口头描述、具体的职业活动以及与从业人员面对面的交流等。此类信息容易导致偏差，并在很大程度上取决于个人对信息的主观理解及对信息的收集与判断方式。有助于了解目标职业的本质及进行彼此间的比较。

以上两类信息在职业决策过程中都发挥着重要作用，需要给予足够的重视。

7. 敏感性分析

这项研究的内容主要是职业决策过程的改变是否会对决策结果产生影响。例如，个人偏好或目标职业的相关信息的适度改变是否会对职业选择产生影响。如果产生了影响，则说明有必要对关键信息的有效性进行检验。职业决策过程的每一阶段后都需要进行敏感性分析。

（三）职业生涯与发展决策的意义

若把人的生命比喻为100厘米长的红线，其中工作要占将近一半。可见工作的选择即将来职业的选择多么重要，它的选择将会影响你的半生甚至是一生，选择正确，可能人生将来一帆风顺，充满阳光；选择错误，则可能弯路连连，损失多多。生活的现实也表明，大多选错职业的人都无法取得最终成功。职业生涯与发展决策的重大意义在于以下几个方面：

第一，良好的职业生涯与发展决策有助于择业者理性地去选择未来的职业和工作岗位。现实中,经常会遇到一些人,对自己的个性因素分析的非常透彻、合理,也了解了大量相关的职业信息,但是却不知道如何做职业生涯与发展决策,有的即便做了职业生涯与发展决策,做的也是非常糟糕。这主要是因为对于获得的信息没有很好地进行整理加工,缺乏必要的职业决策的知识和技能,因而不能进行科学决策。

第二,良好的职业生涯与发展决策有利于个人和职业的双向优化配置。在制定职业生涯与发展决策时,人职匹配是关键。人们选择职业,同时职业也在选择人。职业选择适当,既能使劳动者的利益得到最大限度地实现,同时也能使用人组织或单位获得正常的经济效益、社会效益,也利于社会稳定。

第三,良好的职业生涯与发展决策有利于把握机遇。因为机遇往往稍纵即逝,一旦错过,终身遗憾。所以,职业生涯与发展决策要迅速、科学、实际地进行。良好的职业生涯与发展决策可以准确地给自己定位,迅速地掌握适合自己个性特征的职业信息,从而利用决策方法和技术,快速地做出适合自身的职业生涯与发展决策。

最后,良好的职业生涯与发展决策有利于促进人的全面发展。职业生涯与发展决策的过程固然辛苦,但通过职业生涯与发展决策却可以使决策者树立积极的人生态度,积极分析就业形势,了解社会需求信号,及时提高自身的文化水平、专业技能,鼓励决策者通过自身的学习和劳动获得成功。

二、职业决策的特点

与其他类型的决策相比，职业生涯与发展决策有其独具的特点,可归纳为如下四点:

(1)职业生涯与发展决策的项目数量多,但有较强的规律性。如所选择的专业、学校、职业种类、岗位、单位等,这些项目相互之间又有内在的联系,尽管项目众多但因其间存在内部的逻辑联系,所以呈现出较强的规律性。

(2)职业生涯与发展决策所考虑的信息来源范围广,但信息准确度不一。信息的来源包括职场信息、计算机辅助职业指导系统、目标职业从业者等,这些信息源由于自身存在的维度、条件和价值观等因素不同,有时还可能与现实情况不一致,因此发出的信息也存在真假不一,良莠不齐。

(3)个人职业取向及职业资格要求复杂,如从业前的培训、工作环境、技能、收入水平、工作人际环境等。

(4)“重要他人”(如父母、配偶、师长、朋友等)及专业职业指导人员会对个人的职业决策行为产生直接或间接的影响。

三、职业决策的类型

按照决策者对职业、对自身的了解水平和决策者在决策时的价值追求，职业生涯与发展决策大致可以分为以下一些类型：

(1)痛苦挣扎型：有些人会花很多的时间和精力来收集信息，确认有哪些选择，向专家询问，反复比较，却迟迟难以做出决定，在各种选择中不能自拔，前怕狼后怕虎。他们常爱说的一句话是“我就是拿不定主意”。出现这种情况的时候，收集再多的信息进行分析比较也无济于事。需要弄清的是他们被一些什么样的情绪和非理性观念困住了，比如害怕自己做出错误的决定、追求完美等。

(2)冲动型：与“痛苦挣扎型”相符，有的人遇到第一个选择就紧紧抓住不放，既没有对未来进行思考和分析，也没有经过策划和准备。他们的想法是：“先决定，以后再考虑”。比如，先找到一份工作做了再说。冲动的决策方式可能是出于对困难的回避，不愿意花时间精力去探索。这种方式的危险在于风险太大，等看到有更好的选择时自然追悔莫及。

(3)直觉型：有一些人将自己的直觉感受作为决策的基础。他们通常说不出什么理由，跟着感觉走，只是“觉得这个好”，有时感觉像是在盲人摸象。人们在择友的时候常常采取这样的方式。直觉在人们对环境情况无法获得充分信息的时候会比较有效，但它有可能不符合事实，有时候，我们的判断可能会因为自身先入为主的偏见而产生较大的误差。因此，最好不要仅仅将直觉作为决策的依据。

(4)拖延型：这些人习惯将对问题的思考和行动都往后推，他们会想：事情总会解决的，现在不用太着急，船到桥头自然直、车到山前必有路，“过两天再说”是他们的口头禅。拖延型的人心中往往会抱有这样的希望：也许事情过两天就自动解决了。然而，问题并不会自动解决，有时候甚至会越拖越严重，往往会失去解决问题的最佳时机。

(5)顺从型：这样的人倾向于顺从别人的计划而不是独立的做出决定。典型的表现为：依附于组织或他人，让组织或他人为自己做决定，按照别人的思路发展自己。比如很多大学生一窝蜂似的争取出国、考公务员、考研等等，只是因为“大家都这样做”。从众的人固然在追随群体的过程中获得了一种虚假的安全感，但却忽略了自身的独特性，这造成他们的选择在很大程度上并不适合自己，从而影响了自身的发展，也牺牲了对人生可能有的成绩感。

(6)宿命型：有些人不明确自己最喜欢的，但否定自己最不喜欢的，觉得一切都由命运所掌握，跟随社会的发展就可以了，他们会说“该怎么的就怎么的”之类的话。当一个人将自己生活的主导权交给外界环境的时候，可以预见，这个人是很

容易觉得无力和无助的，因此也很容易成为环境的受害者，成功时会觉得是运气好，失败时就会觉得是命中注定。

(7)瘫痪型：有时候，个体可能在理性上接受了应当自己作决定的观念，却无法开始决策过程。他们也能够意识到自己应该开始了，但是内心深处对即将开始的事情却总是充满着恐惧。他们无法或者不愿意作出决策并承担相应的后果，这种类型的人往往是因为在其长期受教育的过程中接受不当教育的方式所致。

(8)信息型：采取信息型职业生涯与发展决策的个体往往非常重视对环境因素的收集、分析，对自身个体的条件也会有客观的评价和分析，从而在决策时能够综合全面地考虑影响决策的各方面因素，作出较为科学合理的决策，并且能对决策所产生的结果有着清晰的预判，从而对自身职业生涯的发展起到积极的作用。

以上八种职业生涯与发展决策的类型，根据情境和产生的结果的不同，往往会对个体职业生涯的发展产生不同的作用。比如，我们常常用“冲动”的方式决定晚餐吃什么或者买下一件新衣服，其后果不会对生活造成什么大的影响，但如果是在选择职业的时候“冲动”地选择了并不适合自己的职业，则会对你的人生产生较大的影响。

四、职业决策的影响因素

职业生涯与发展决策是个复杂的过程。对于个人来讲，职业生涯与发展的选择是一个对人生有着重大意义的决策过程。我们从决策的角度来看待职业生涯与发展的选择，它就是一个收集信息、处理信息、做出正确决定并付诸行动的过程。除了按照前述的决策原则进行决策外，还要考虑很多的影响因素，这中间既有外在的，也有内在的。认真分析这些影响职业生涯与发展进程的因素，有利于我们在进行职业生涯管理时，更好地把握职业生涯与发展的规律，从而达到职业成功。

(一)个人因素

就像世界上没有两片完全相同的树叶一样，在这个世界上也没有两个完全相同的人。人的差异性体现在很多方面，包括性格、能力、爱好、气质等，这些个人因素是影响职业生涯与发展决策的核心因素。个人因素主要包含以下几个方面：

1.性别

虽然一个人的性别应该不会影响自己的事业选择和成功，但在现实生活中不同性别的人会有不同的职业倾向优势，这就要求人们发挥自己的性别优势，在进行职业生涯与发展决策的时候选择适合自己的职业。如：护理类女生多，建筑施工行业男生多等。随着时代发展，虽然男女性别差异对职业选择范围的影响越来越小，但是客观存在的事实是在部分行业领域中性别歧视的现象依然十分

突出，因此很多女生在进行职业生涯与发展决策时要更加审慎，对困难的估计也要更加充分。

2. 年龄

职业生涯与发展决策是一个发展的过程。在这个过程中，人作为一种生物存在，有自己独特的生命特征，对工作的看法和态度、对机会尝试的勇气、对胜任任务的能力和经验，在不同的年龄阶段都有不同的表现。如一个企业招聘研发人员、售后技术支持人员一般愿意直接从高校毕业生中招聘，而如果招聘管理人员则更愿意招聘有一定人事处理经验的人。因为研发、技术支持需要队伍年轻化，提供充足的活力和想像力，而管理层需要的则是年龄稍微年长，能年老持重，处理较为复杂的事物。

3. 健康状况

几乎所有的职业都需要健康的身体，尤其是从事某些特殊职业，更是对人的健康水平有着相当高的要求，如采矿、勘探等，如果失去了健康这个前提，生命都将可能枯萎凋零。无论哪家企业或用人单位，面对身体状况不是特别好的面试者都会有选择的犹豫。因此大学生要保持良好的精神面貌，时刻关注自身的健康状况。当然，也有人因为克服残疾的噩运而变的更加坚强，从事着一般残疾人无法从事的工作，如霍金、张海迪等。

4. 个性特征

气质、性格是指个性当中个人对现实的稳定态度和习惯了的行为方式，不同的气质、性格的人适合不同类型的工作。认识自己是成就自己的前提，只有具有从事某一职业要求的性格特征的人，才能较好地适应这一职业。如多血质的人较适合做管理、记者、外交等工作，不适合做过细的、单调的机械性工作；医生需要具备认真、细致的性格特征；科研工作者需要有坚定、持之以恒的性格特征等。正因为人具有性格特征上的个体差异，才会有社会上各类职业对从业人员的性格选择。研究表明，假如一个人所从事的职业与他的性格相匹配，这个人工作起来就会得心应手，工作容易出成绩，事业容易获得成功；如果从事与自己个性特征不相吻合的工作，那么，就会产生自己的活力被束缚、思想被禁锢的感觉，其性格甚至会成为阻碍职业工作顺利发展的不良因素。

5. 兴趣爱好

兴趣是人积极探索某种事物的认识倾向，当一个人对某一事物产生浓厚兴趣时，他一定会对其保持充分的注意，并进行积极的探索活动，而与职业有关的兴趣则成为职业兴趣。人一旦有了浓厚的职业兴趣，就会热爱自己所从事的工作，他对所从事的工作一定非常执著，全身心投入，并能充分发挥个人的聪明才

智,坚定地追求自己的职业生涯发展目标。不同的职业兴趣要求对应的职业也不同,如喜欢做具体工作的人,相应的职业有室内装饰、园林、美容、机械维修等;而喜欢抽象和创造性工作的人,相应的职业有经济分析师、新产品开发等。如果在选择和安排工作时,完全不考虑个人的兴趣爱好,甚至与此背道而驰,只能导致事倍功半的效果。

6. 所受的教育

一个人所受到的教育程度和水平,直接影响着他的职业生涯与发展决策方向和获取他喜欢的职业的概率。各种教育内容的相互交叉和渗透,可以促进个人整体素质的提高。因此,应当认识到自己成长的环境与受教育的条件对个性形成的影响,并通过主观努力,改变自身的不利因素,全面提高素质,为求职择业创造更加有利的条件。

7. 其他

一个人做决策时候的状态也深深影响着职业的选择,倘若当事的某个人正遭遇人生重大变化,可能他的决策就会有失真实和科学。近些年在情绪与职业决策的关系方面的研究充分说明了这一点。人生重大事件是指生活发生重大变故的事件,如:战争、身体虐待、严重交通事故、重要亲人亡故、恐怖袭击、重大自然灾害等。由于每个人的性格类型、应急机制、思维、经验等存在较大差异,使得人们面对重大变故、变迁的反映差别很大,甚至大相径庭。

(二)家庭环境因素的影响

家庭环境是一个人人格特点、价值观、需求、学习能力的主要养成场所,是影响职业决策的重要因素,家庭对择业态度、观念、行为产生的影响,有时甚至成为职业决策的决定因素。

1. 家庭经济水平影响职业决策

每个家庭的经济状况不同,经济水平的高低对职业决策也会产生很大影响。生活在贫困家庭中的学生往往会养成许多优良的品质,比如:独立工作能力强,能吃苦耐劳等。但在这种家庭中,由于物质条件匮乏,成长环境较差,制定出科学合理的职业决策的几率往往会减少,比如:靠助学贷款求学的学生,毕业求职时很容易倾向于工资待遇高的单位而忽视其他因素。生活在经济水平高的家庭中,获得的信息可能相对较多,物质的满足相对更充足一些,但也并非一定就是好事。如果过于溺爱,可能形成子女更多的依赖性格,在职业决策时,可能会显得盲从。

2. 父母水平和教育程度影响职业决策

父母是孩子最早观察模仿的角色,孩子必然会受到父母职业技能的熏陶。父

母的职业经历对子女的职业决策有较大影响，大多数父母都有意识地将自己的生活阅历、职业感受和工作价值观灌输给子女，子女也倾向于将父母的职业发展经历作为自身职业发展的借鉴和参考。要促成有效的职业决策，决策者本身需要从家庭层面深刻剖析自身的择业价值观。

3. 家庭社会关系影响职业决策

家庭社会关系对大学生的职业决策也有较大影响，它能提供给大学生的就业信息往往针对性较强，这些信息一般能直接提供最全面的行业及职位信息，并能对其进行推荐，成功率较高。而缺乏家庭社会关系的大学生职业发展压力更大、竞争更激烈，往往会形成非科学、非理性的职业决策。

总之，在做职业决策的时候，要看到家庭因素的影响作用，积极借鉴父母的人生经验，认真倾听家人的意见，同时结合自身个性特征，综合分析各种信息和影响因素，最后给出自身职业发展的理性定位。

（三）社会环境因素

除了个人和家庭因素影响着职业决策，社会因素对于职业生涯决策的影响也是不容忽视的。

1. 政策导向

一个国家的社会政策影响着一个行业的兴衰，很多行业的未来发展趋势是和国家的政策导向相关的。不同时期的就业政策，体现着不同时期社会的需要，是人才资源配置的具体准则，也是毕业生就业过程中所遵循的基本规范。大学生要积极通过新闻媒体、网页浏览、阅读政府工作报告等，了解各个行业的发展态势，了解国家倡导优先发展什么产业，积极必要的政策信息和行业信息，搭建自己的信息导向平台。

2. 社会需求因素

一般来说，社会需求是促进行业发展的长远动力，是大学生择业时要考虑的重要因素。大学生在选择职业的时候，要多分析、多了解社会需求，了解自身所选择的职业在社会中的地位、作用、发展现状，对自身社会生活会有怎样的影响，如果选择的职业既有政策导向的支持，又符合社会需求，还是自己所喜爱的职业，无论对于择业者自身还是对于被选择的行业发展都将是非常好的。

3. 城市环境因素

现实生活中，一个城市的生活环境、文化氛围都将深刻影响到一个行业的发展，因为处于不同区域，其城市的发展定位与战略是不同的，一个行业在这座城市是否受到重视，不但影响着行业的发展，也将影响着这一行业从业人员的生活。另外，城市文化底蕴、人文素质、市政建设等都将直接影响到将来生活的舒适程度，尤其是所在企业或者单位的周边环境,对人的影响是巨大的。企业或组织也会因为所处地域环境的不同,形成不同的企业文化氛围,各个用人单位在人事管理、财务制度、员工培训与发展、薪酬待遇与岗位轮换等方面都会有各自的风格。例如:深圳是座花园城市,人文环境非常吸引人,薪资福利待遇高,但工作压力大、工作节奏快、消费水平高。而内地城市环境比不上深圳,但工作的节奏、生活的压力相对都较小,消费水平低。所以大学生在进行职业选择的时候,要考虑城市环境的影响因素,切忌盲目决定去大城市工作,因为工作毕竟只是生活的一部分,不是全部。大学生要充分结合自己所在的行业和自己对生活的要求,尽可能多地了解自己有意向的城市、有意向的用人单位的各项制度,从而进行综合抉择。

除上述各种因素之外,机遇也对职业决策有很大的影响,虽然机遇具有一定的偶然性,但其实也有必然性,它是可遇不可求的,一个工作机会不是每个人都有机会获得,它是随机出现的,具有极大的偶然性。

影响职业决策的因素并非单独存在,而是经常交织在一起,使决策变得困难而复杂。所以还要学习一些职业决策的相关理论和策略,用以克服干扰决策的因素,从而进行科学理性的决策。

第三节　职业决策的理论与方法

一、职业决策的相关理论

(一)佛隆(V. H. Vroom)的择业动机理论

佛隆是美国著名心理学家,1964 年在《工作和激励》一书中,他提出解释员工行为激发程度的期望理论。

期望理论的公式是:

$$F = V \times E$$

公式中,F 为动机强度,是指积极性的激发程度,表明个体为达到一定目标而努力的程度;V 为效价,指个体对一定目标重要性的主观评价;E 为期望值,指个体对实现目标可能性大小的评估,即目标实现概率。

佛隆认为个体行为动机的强度取决于效价大小和期望值的高低。效价越大,期望值越高,员工行为动机越强烈。就是说为达到一定目标,一个人将要付出极大努力。如果效价为零乃至负值,表明目标实现对个体毫无意义。在这种情况下,目

标实现的可能性再大，个人也不会产生追逐目标的动机，不会为此付出任何积极性和努力。如果目标实现的概率为零，那么无论目标实现意义多么重大，个人同样不会产生追求目标的动机。

佛隆将这一理论用于解释职业选择行为，具体化为择业动机模式，其具体方法如下：

1. 确定职业选择动机

在佛隆期望理论的公式中，择业动机表明择业者对目标职业的追求程度，或者对职业选择的意向大小；职业效价指择业者对某一项职业价值的评价。职业效价取决于择业者的职业价值观，以及择业者对某一项具体职业的要素如兴趣、工资待遇、职业声望等的评估。即：

职业效价 = 职业价值观 × 职业要素评估

职业概率指择业者获得某项职业的可能性大小。职业概率的大小通常由以下条件决定：

(1)某项职业的需求量，在其他条件一定的情况下，职业概率与职业需求量成正相关。

(2)择业者的竞争能力，即择业者的自身工作能力和求职就业能力。竞争能力越强，获得的职业可能性越大。

(3)竞争系数，指谋求同一职业的人数的多寡。在其他条件一定的情况下，竞争系数越大，职业概率越小。

(4)其他随机因素的影响。

即：

职业概率 = 职业需求量 × 竞争能力 × 竞争系数 × 随机因素

择业动机公式表明：对择业者来讲，某项职业的效价越高，获得该职业的可能性越大，那么，择业者选择该职业的倾向越大；反之，某项职业对择业者而言其效价越低，获得此项职业的可能性越小，择业者对这项职业的倾向也就越小。

2. 比较择业动机，确定选择的职业

择业者对其视野内的几种职业目标进行价值评估，获得了对职业可能性的评估。在此基础上要进行择业动机的横向比较，一般应以择业动机分值高的职业作为自己职业选择的结果。

(二)择业决策理论

在各类职业决策的理论中，或多或少都涉及决策问题，但伽勒特(Gelatt)和乔普森(Jeopsen)提出的职业选择决策理论，把职业选择看成是问题解决的过程，特别强调职业决策意识与决策行为在个人职业成熟与发展的整个过程中的重要作

用，认为职业发展过程是职业决策或解决问题的过程，并对职业决策的过程与步骤、技术与方法进行了研究，并以职业指导来培养与增进个人决策能力或解决问题的能力。

乔普森等认为职业决策行为是个人以有意识的态度、行动、思考来选择职业并符合社会期望的一种反应。

职业决策行为涉及做出职业选择的决策者、决策情境（社会期望）以及决策者特性等三方面。而决策过程又具有下列特征：

（1）每一种决策情境都有两种以上的备选项，决策者必须从中择一而定。

（2）每一种可能都会带来若干后果，而这些后果包含效价和期望，即对决策者的价值和发生可能性的估计。

（3）决策一般是在不确定条件下进行的，具备风险，但是否愿意冒险跟个人的风险决策类型有关。

个体按照期望理论，根据效价和期望进行评估，综合判断能得到最大收益的途径。

而具体决策行为又遵从这样一个基本原则，即选择有利因素最多而不利因素最少的方案。伽勒特提出了一个"决策模式"，既强调预测系统，又强调价值系统在决策过程中的重要性。

所谓预测系统，指根据客观事实材料（包括职业资料和心理测验资料）对工作成功的可能性所做的预测。个人所拥有的资料越是正确完整，即预测效度越高，所做决策越明确，风险越小。

而价值系统，则是指个人内在的价值体系、态度或偏好倾向。

决策系统则是综合预测系统和价值系统资料的方法，包括：期望策略—选择个体最重要的结果；安全策略——选择最可能成功、最保险、最安全的途径；回避策略——避免选择最差的、有不良结果的途径；综合策略——选择既需要而又有可能成功、不会产生坏结果的方案。

伽勒特和乔普森的理论借鉴了理性的经济决策理论和社会学习理论及其他认知学派的观点和方法，对个人职业选择进行经济的、社会的与个人的整体研究，并对个人的认知过程和决策步骤、技巧、方法进行系统的研究，建立起职业决策的系统模式，为个体职业选择的操作提供了方向，有重要的实践价值。

（三）克朗伯兹（Krumboltz）的社会学习理论

约翰·克朗伯兹作为职业决策社会学习理论的代表人物，提出了以社会学习理论为基础的职业决策模型，提出了对职业选择的四种影响。

一是基因特征：种族、性别、外形、身体残疾，这些特征可以拓展或限制职业偏

好和能力,如智力、体能等。

二是环境条件:如只能在某些地域找到某些工作,雇主和政府官员限定了任职要求,劳动法规和行业协会的规定,自然灾害,自然资源的供需情况,技术的新发展等。

三是过去的学习经验:克朗伯兹指出了两种学习经验——你作用于环境的与环境作用于你的。

四是个人处理新事物、新问题时所形成的技能、绩效标准和价值观。

克朗伯兹认为生涯发展是一个了解自身和各种选择可能性的过程。过去的学习以多种方式影响着生涯决策。假如曾在某些科目上有过积极的经验,那么会倾向于更多地了解这些领域。另一方,消极的经验会使我们回避它们。比如:你在化学考试方面总是考C,现实中你又看到很多学习化学专业的人找不到工作,你可能就会在职业选择时倾向于远离与化学相关的职业。相反,你的音乐天赋很好,歌唱表演经常获奖、获得赞许,现在歌唱家、歌星的生活都不错,你可能就倾向于从事与音乐相关的工作。

克朗伯兹和他的同事还提出另一个观点,即个人信念与期望是生涯发展的一个重要组成部分,个人信念与期望有时被称为自我效能期望。自我效能期望是后天习得的,它是指人们对自己组织和执行各种活动能够达到特定绩效水平的判断,有关自我效能的这些观念也可以应用到生涯问题解决和决策制定当中。重要的是在生活的许多领域,都能学习和改变我们的自我效能期望。克朗伯兹认为职业选择的核心要素有三个,即自我效能、结果期待和个人目标。如:奥林匹克跳水运动员,在每场比赛前,他们都要花费时间在其头脑中精确地想像和演练比赛进行的过程。近些年来,这种心理训练对运动员和艺术创作者来说已变得非常重要。

社会学习理论应用于职业生涯规划的一个方面是,提醒决策者检测自己在职业决策和求职时可能产生的一些棘手想法。克朗伯兹要求决策者击溃这些棘手想法,直面检测自身对职业的想法是否有效、合理和正确。

(四)认知信息加工理论

20世纪90年代初期,盖瑞·彼得森(Garry. Petterson)、詹姆斯·桑普森(James. Sampson)和罗伯特·里尔(Robert. Rail)登合著了《生涯发展和服务:一种认知的方法》一书。这本书阐述了思考生涯发展的新方法——认知信息加工(又称CIP)方法,提出从信息加工取向看待生涯问题解决。该理论认为生涯发展就是看一个人如何做出生涯决策以及在生涯问题解决和生涯决策过程中是如何使用信息的,该理论假设:

(1)生涯选择以如何思考和感受为基础。

(2)进行生涯选择是一种问题解决活动。

(3)作为生涯问题解决者,我们的能力以我们了解什么和如何思考为基础。

(4)生涯决策要求良好的记忆。

(5)生涯决策要求有动机。

(6)持续进行的生涯发展是毕生学习和成长的一部分。

(7)生涯很大程度上取决于思维的内容和思维的方式。

(8)生涯的质量取决于对生涯决策和生涯问题解决了解的程度。

认知信息加工理论关注的是如何决策?该理论的提出者按照信息加工的特性构成了一个信息加工金字塔。位于塔底的领域是实施的领域,包括自我知识和职业知识。中间领域是决策领域,包括了沟通—分析—综合—评估—执行五个阶段。最上层的领域是执行领域,也称为“元认知”。元认知就是人对于自己认知活动的认识,其实质是人对认识或认知活动的自我意识和自我控制,是对任何以认知过程与结果为对象的知识,包括自我言语、自我察觉的控制与监督。

该理论认为,知识领域相当于计算机的数据文件,需要进行存储。决策领域是计算机的程序软件,对所存储的信息进行加工处理。执行领域相当于计算机的工作控制功能,操纵电脑按指令执行程序。决策技能可以通过学习沟通(确认需求)、分析(将问题的各组成部分相互联系起来)、综合(形成选项)、评估(评估选项)、执行(策略的实施)五阶段循环模型获得。

二、职业决策方法

(一)PPDF 法

PPDF 的英文全称是:Personal Performance Development File。中文意思是:个人职业表现发展档案,也可译成个人职业生涯发展道路。

在发达国家的不少企业里都有一种成为 PPDF 的东西。这个东西看起来很简单,但是作用却非常大。有不少的企业、公司靠它使自己的员工形成了一种合力,形成了团队,为了单位的目标去努力实现自我价值。为什么它能起到这样的作用呢?主要是它将所有员工的个人发展,同企业的发展紧密地联系在一起。它为每个员工设计了一条经过努力可以达到个人目标的道路,使他明确只有公司发展了,他个人的目标才可以实现,这实际上是一种极有效的人力资源开发方法。正因为如此,许多企业纷纷效仿。

职业生涯管理,是帮助员工具体设计及实现个人合理的职业生涯计划。每个人对自己的一生都有良好的理想设计,这些设想有的可能实现,有的可能不会实

现。当一个人在一个单位工作时,如果这个单位的管理者能够为他去进行设计,他就会有一种追求感。管理者给员工进行具体的设计时,要使他们的职业生涯计划建立在现实的、合理的基础上,并且通过必要的培训、职务设计及有计划的晋升或职务调整,为他个人的职业生涯发展创造有利条件。

为员工设计职业生涯发展计划有许多好处:一是可以更深入地了解员工的兴趣、愿望、理想,以使他能够感觉到自己是受到重视的人,从而发挥更大的作用;二是由于管理者和员工有时间接触,使得员工产生积极的上进心,从而为单位作出更大的贡献;三是了解了员工希望达到的目的后,管理者可以根据具体情况来安排对员工的培训;四是可以适时地用各种方法引导员工进入单位的工作领域,从而使个人目标和单位的目标更好地统一起来,降低了员工的失落感和挫折感;最后,还能够使员工看到自己在这个单位的希望、目标,从而达到稳定员工队伍的目的。

个人职业生涯发展计划基本上有三个方向:①纵向发展,即员工职务等级由低级到高级的提升;②横向发展,指在同一层次不同职务之间的调动,如由部门经理调到办公室主任。此种横向发展既可以发现员工的最佳发挥点,同时又可以使员工自己积累各个方面的经验,为以后的发展创造更加有利的条件;③向核心方向发展,虽然职务没有晋升,但是却担负了更多的责任,有了更多的机会参加单位的各种决策活动。以上这几种发展都是个人发展的机会,也会不同程度地满足员工的发展需求。

PPDF 是对员工工作经历的一种连续性的参考资料。它的设计使员工的主管领导对该员工所取得的成绩,以及员工将来想做些什么有一个系统的了解。它既指出员工现时的目标,也指出员工将来的目标及可能达到的目标。它标示出,你如果要达到这些目标,在某一阶段你应具有什么样的能力、技术及其他条件。同时,它还帮助你在实施行动时进行认真思考,看你是否非常明确这些目标,以及你应具备的能力和条件。

如何使用 PPDF 呢?

PPDF 是两本完整的手册。当你希望去达到某一个目标是,它为你提供了一个非常灵活的档案。将 PPDF 的所有项目都填好后,交给你的直接领导一本,员工自己留下一本。领导会找你,你要告诉他你想在什么时间内,以什么方式来达到你的目标。他会同你一起研究,分析其中的每一项,给你指出哪一个目标你设计的太远,应该再近一点;哪一个目标设计得太近,可以将它往远处推一推。他也可能告诉你,在什么时候应该和电大、夜大等业余培训单位联系,他也可能会亲自为你设计一个更适合于你的方案。总之,不管怎么样,你将单独地和你相信的领导一同探

讨你该如何发展、奋斗。

PPDF 的主要内容包括：

1. 个人情况

(1)个人简历：包括个人的生日、出生地、部门、职务、现住址等。

(2)文化教育：初中以上的校名、地点、入学时间、主修专题、课题等。所修课程是否拿到学历，在学校负责过何种社会活动等。

(3)学历情况：填入所有的学历、取得的时间、考试时间、课题以及分数等。

(4)曾接受过的培训：曾受过何种与工作有关的培训(如在校、业余还是在职培训)、课题、形式、开始时间。

(5)工作经历：按顺序填写你以前工作过的单位名称、工种、工作地点等。

(6)有成果的工作经历：写上你认为以前有成绩的工作是哪些，不要写现在的。

(7)以前的行为管理论述：写你对工作进行的评价，以及关于行为管理的事情。

(8)评估小结：对档案里所列的情况进行自我评估。

2. 现在的行为

(1)现时工作情况：应填写你现在的工作岗位、岗位职责等。

(2)现时行为管理文档：写上你现在的行为管理文档记录，可以在这里加一些注释。

(3)现时目标行为计划：设计一个目标，同时列出和此目标有关的专业、经历等。这个目标是有时限的，要考虑到成本、时间、质量和数量的记录。如果有什么问题，可以立刻同你的上司探讨解决。

(4)如果你有了现时目标，它是什么？

(5)怎样为每一个目标设定具体的期限？此处写出你和上司谈话的主要内容。

3. 未来的发展

(1)职业目标：在今后的 3 ~ 5 年里，你准备在单位里做到什么位置。

(2)所需要的能力、知识：为了达到你的目标，你认为应该拥有那些新的技术、技巧、能力和经验等。

(3)发展行动计划：为了获得这些能力、知识等，你准备采用哪些方法和实际行动。其中哪一种是最好、最有效的，谁对执行这些计划负责，什么时间能完成。

(4)发展行动日志：此处填写发展行动计划的具体活动安排，所选用的培训方法。如听课、自学、所需日期、开始的时间、取得的成果等。这不仅仅是为了自己，也是为了了解工作、了解行为。同时，你还要对照自己的行为和经验等，写上你从中学到了什么。

参照上述办法，大学生也可以为自己的大学生涯设计一个 PPDF，设计好后交给班主任或辅导员一份，给父母一份，自己手上一份，每隔一个月或半年对照一次，看看执行与实现的情况如何，以便及时调整。

（二）SWOT 法

SWOT 法最早是由美国旧金山大学的管理学教授在 20 世纪 80 年代初提出来的，SWOT 四个英文字母分别代表：优势（Strength）、劣势（Weakness）、机会（Opportunity）、威胁（Threat）。所谓 SWOT 分析，即态势分析，就是将与研究对象密切相关的各种主要内部优势、劣势、机会和威胁等，通过调查列举出来，并依照矩阵形势排列，然后用系统分析的思想，把各种因素相互匹配起来加以分析，从中得出一系列相应的结论，而结论通常带有一定的决策性。

一般来说，对自身职业发展的问题进行 SWOT 分析时，应遵从以下 5 个步骤：

1. 评估自己的长处和短处

每个人都有自己独特的技能、天赋和能力。在当今分工非常细的市场经济里，每个人擅长于某一领域，而不是样样精通。譬如说，有些人不喜欢整天坐在办公室里，而有些人想到与陌生人打交道时心里就会发毛。请做一个表，列出自己所喜欢做的事情和你的长处所在。同样，通过列表你也可以发现自己不喜欢做的事情和你的弱点。找出短处与发现长处同样重要，因为你可以基于自己的长处和短处做两种选择：一是努力去改正你常犯的错误，提高你的技能；二是放弃那些对你不擅长的技能、要求很高的职业。列出你认为自己所具备的很重要的强项和对你的职业选择产生影响的弱势，然后再标出那些你认为对你很重要的强、弱势。

2. 找出你的职业机会和威胁

我们知道，不同的行业或专业都面临不同的外部机会和威胁，所以，找出这些外界因素将帮助你成功地找到一份适合自己的工作，对你求职是非常重要的，因为这些机会和威胁会影响你的第一份工作和今后的职业发展。如果某个公司处于一个常受到外界不利因素影响的环境里，很自然，这个公司能提供的职业机会是很少的，而且没有职业升迁的机会。相反，充满了许多积极的外界因素的行业将为求职者提供广阔的职业前景。请列出你感兴趣的一两个行业或专业，然后认真地评估这些行业和专业所面临的机会和威胁。

3. 提纲式地列出今后 3～5 年内你的职业目标

仔细地对自己做一个 SWOT 分析评估，列出你未来 3～5 年内最想实现的 4～5 个职业目标。这些目标可以包括：大学毕业后你想从事哪一种职业，你将管理多少人，或者你希望自己拿到的薪水属于哪一个级别。请时刻记住：你必须竭尽所能地

发挥自己的优势，使之与行业提供的工作机会圆满匹配。

4. 提纲式地列出一份今后 3～5 年的职业行动计划

这一步主要设计一些具体的内容。请你拟出一份实现上述第三步列出的每一个目标的行动机会，并且详细地说明为了实现每一个目标，你要做的每一件事，何时完成这些事。如果你觉得你需要一些外界的帮助，请说明你需要何种帮助和你如何获取这种帮助。例如，你的个人 SWOT 分析可能表明，为了实现你理想中的职业目标，你需要进修更多的管理课程，那么，你的职业行动计划应该说明你要参加哪些课程、什么水平的课程以及何时进修这些课程的学习等。你拟订的详尽的行动计划将帮助你做决策，就像外出旅游前事先制定的计划将成为你的行动指南一样。

5. 寻求专业帮助

能分析出自己职业发展及行为习惯中的缺点并不难，但要去以合适的方法改变他们却很难。相信你的父母、老师、朋友、上级主管、职业咨询专家都可以给你一定的帮助，特别是很多时候借助专业的咨询力量会让你找到捷径。有外力的协助和监督也会让你更好地取得效果。

大学生朋友可以尝试根据表 4-3 来进行自己的 SWOT 分析，从而作出科学的选择。

SWOT 分析表　　表 4-3

外部环境分析（O. T. ） 内部坏境分析（S. W. ）	机会（Opportunity）	威胁（Threat）
优势：	优势机会策略（S. O. ）	优势威胁策略（S. T. ）
劣势：	劣势机会策略（W. O. ）	劣势威胁策略（W. T. ）
我的选择方向：		

SWOT 分析法在职业决策的初期作用非常明显，可以通过反复的沟通确认，帮助学生顺利明确自己的职业选择方向。但当大学生已经有几个可供选择的方案时，仅用上述的方法，就会感到决策困难，难以做出评估。而这时采用职业决策平衡表法的决策效果会更好一些。

（三）平衡表法

职业决策平衡表法是帮助面对重大决策难题的决策者尽可能具体地从各个角度评价分析各个可供选择的方案，预先对各方案实施以后可能带来的后果进行利弊得失的分析，还要对预期结果的可接受性进行检验，然后做出自己的成熟决策。这种决策技术如表 4-4 所示。

职业决策平衡表 表4-4

选择项目		选择方案一		选择方案二	
加权考虑分数		得(+)	失(-)	得(+)	失(-)
个人物质与精神得失	1.个人成就感				
	2.适合自己兴趣				
	3.符合自己的价值观				
	4.社会地位				
	5.经济报酬				
	6.未来的发展性				
	7.工作的压力				
	……				
他人物质与精神得失	1.带给家人声望				
	2.便于与女友相处				
	3.更多时间照顾父母				
	4.家人的态度				
	……				
	合计				
	得失差数				

在运用平衡表前需要具备前述的事业成熟的条件;同时已经有了可供选择的多个职业发展方案。

运用平衡表进行职业决策的具体操作步骤如下:

第一,针对某一个可选的职业发展方案,整理自己所有的重要想法,从对自己、对其他重要者、对社会这三个不同的角度,分析选择后会带来什么得益?要付出什么代价?这些得益是否可以接受,原因是什么?这些代价是否可以接受,原因是什么?

第二,同样将其他可供选择的方案一一按照上述步骤进行思考分析。

第三,列出2~3个可考虑的职业选择与发展方案。

第四,从个人和他人物质与精神得失4个角度列出选择职业时应该考虑的要素。

第五,对每个考虑因素设计权重。

第六,考虑每个职业选择中这些因素的得失程度,从-5到+5赋予其分数。

第七,依分数累计,得出每个职业选择的总分。

第八,排除职业选择的优先级,做出合理的选择。

需要注意的是,为了便于在各个方案之间进行比较,可以在进行上述评价时,对每个项目加权积分。另外,在考虑得益和代价时,不应仅有物质的视角,还应该将精神的得益与代价包含在内。

三、职业决策的经典模型介绍

(一)PIC 模型及应用

盖特等人认为,职业决策过程的本质是找到与个体的偏好和能力最兼容的可选职业。在多数情况下,广泛尝试所有的可选职业是不实用的。所以,他们把职业分成具有不同目标、过程和结果的三个阶段,即一个简洁的生涯决策模型——PIC(Prescreening In - depth exploration, and Choice)模型。依此模型,生涯决策有三个步骤:

第一步是排除阶段,预先筛选可选职业,筛选出少量有前景、值得进一步探索的、有希望的职业,这些职业在下面的阶段中值得进一步注意。这样一组有限的职业使个体能收集到有关每个职业的更丰富的信息,并能有效地加工这些信息。在这个阶段里,被认为没有职业希望的职业,在以后的决策中会被忽略。预先筛选阶段可以通过以下步骤实施,如图 4-1 所示。

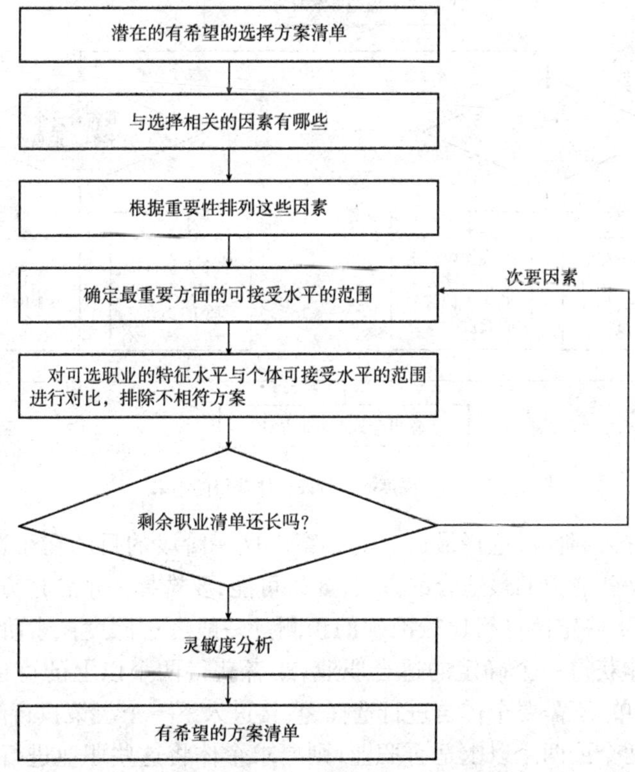

图 4-1　预先筛选的实施步骤

(1)搜索有希望的职业。

(2)运用序列消除策略检验可选择职业的兼容性,按照每一个职业的有关方面所反映的相对重要性每次检查一个方面,依此类推。

(3)确定最重要方面的可接受水平的范围。首先选择被认为是最佳的水平,然后选择额外的、次级渴望但仍可接受的水平。

(4)将可选职业的特征水平与个体可接受水平的范围进行对比。

(5)敏感性分析。检查筛选结果对偏好中的可能变化的敏感性,这一步包括重新检查预先筛选阶段的输入及结果。

第二步是深度探索阶段。对选择的方案进行深度探索,其目的是选择不仅有前景而且更为适合自己的选择方案。这一阶段典型的方式是在一段时间里只专注一个方案,当事人要再行补充搜集每一个有前景方案的信息。在该阶段个体所希望的结果是获得一个适合个体的职业清单,如图 4-2 所示。

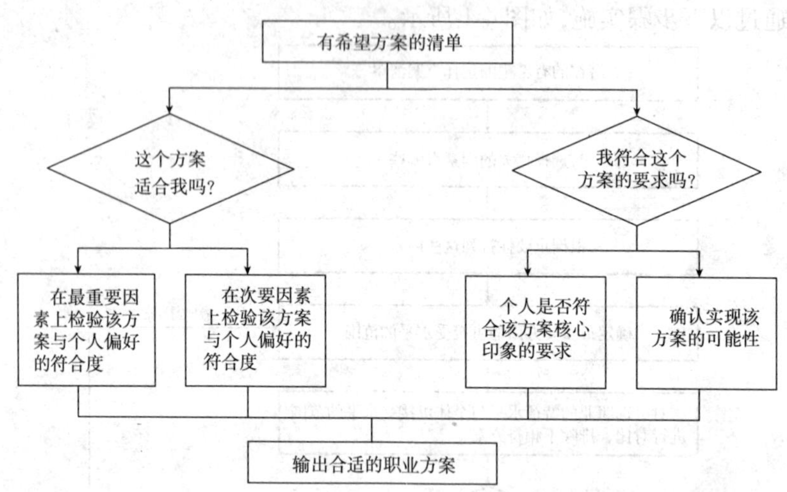

图 4-2　深度探索阶段个体获得的结果

第三步是挑选阶段,选择最适合的方案。这一阶段的目的在于选择一个充分考虑到个人偏好、能力的最适合的方案,如果可能,要选择一个备选方案,被选择的方案能够对其不确定性进行比较准确的预测。一般经过深度探索阶段,可能产生两种结果:个体获得一个确定的适合职业,或者获得两个以上的可选的合适的职业。前者很简单,不需要个体再进行选择,直接进入下一个决策执行阶段即可。但后者,即出现两个或两个以上适合职业,则要求个体将这些职业进行对比,平衡他们的利弊,选出一个最适合的职业。如果个体不满意自己的选择,那么就需要重新思考整个决策过程,指导选出最适合的职业。

PIC 模型作为一个动态灵活的决策模型,它允许个体从不同阶段进入决策过程。比如,英语专业的李同学已经获得了一组可以管理的被选择职业:英语教师、英文编辑、外资公司总经理助理,那么他就无需经过预先筛选阶段,而可以直接进入深度探索阶段和选择最合适职业阶段。

PIC 模型作为一个职业决策规范化的模型,有很多优点,但也必须承认该模型是纯粹从认知的观念出发来处理职业决策的,往往忽视了职业决策中的情感因素。

(二)CIP 模型及应用

在泰德曼(Tiedeman)及同事强调职业决策中人类精神因素的重要性时,其他一些理论家已经开始关注用认知方法来看待职业选择和决策了。彼得森(Peterson)及同事将信息加工理论应用到职业决策中并提出了四种假设。他们用信息加工金字塔来说明个体职业决策中的信息加工过程,认为个体的信息加工包括三个部分:知识领域、决策技巧领域和执行加工领域,他们的关系如图 4-3 所示。

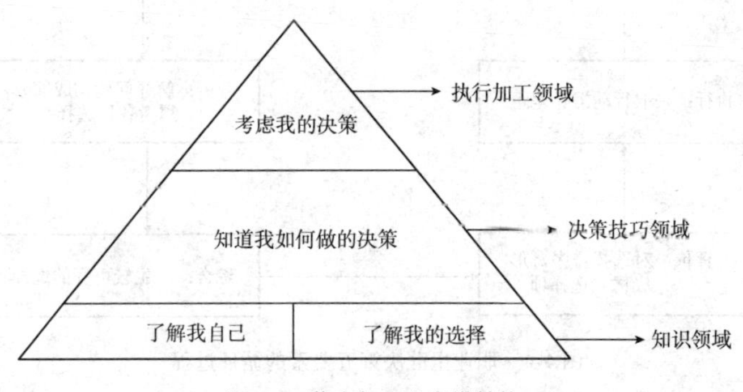

图 4-3　信息加工金字塔结构

从这个金字塔的结构可以看出信息加工观的职业决策的整个过程。从顶端——执行加工开始,通过自我谈话、自我觉察和监控整个职业决策过程包括交流问题、分析信息或数据、综合数据、产生选项、利用优先考虑选项来评价信息,通过采取各种行动来执行计划。在决策技巧领域中使用的信息是自我知识和职业知识。

具体到决策技巧领域,彼得森等人提出了五个职业决策技巧:沟通、分析、综合、评价和执行,并缩写为 CASVE,用此来表述个体如何做出决策,也就是生涯决定是下面五个要素之间的往返循环过程,如图 4-4 所示。

(1)沟通(Communication),发现问题信号,发现理想情境与现实情况之间的差距,启动一个 CASVE 循环。通过内部和外部信号表现出来,意识到“我需要做出一个选择”且问题不容忽视,比如:在毕业找工作的时候,你可能会感受到焦虑、抑郁、受挫等情绪,在躯体上会有疲倦、头疼、消化不良等反应,这些情绪和身体状态都是一些提醒你需要进行内部交流沟通的信号。外部的信息交流,是指外界对你产生影响的一些信息,比如宿舍同学开始准备简历就是给你提供了一种外部信息,你也需要开始准备找工作了;又如在求职过程中父母、老师、朋友给你提供的各种建议。通过内部和外部沟通,你意识到自己需要解决某些问题,这样的交流对开始生涯选择十分重要。沟通阶段需要回答的最基本的问题是:此刻我正在思考并感觉到的自己的职业选择是什么?大学生可以充分回忆过去自己所做的重要决策,若有机会或条件也向已经做出重大决策的师兄师姐们,或者与发生重大生涯转变的人交谈,了解他们当时的感受。

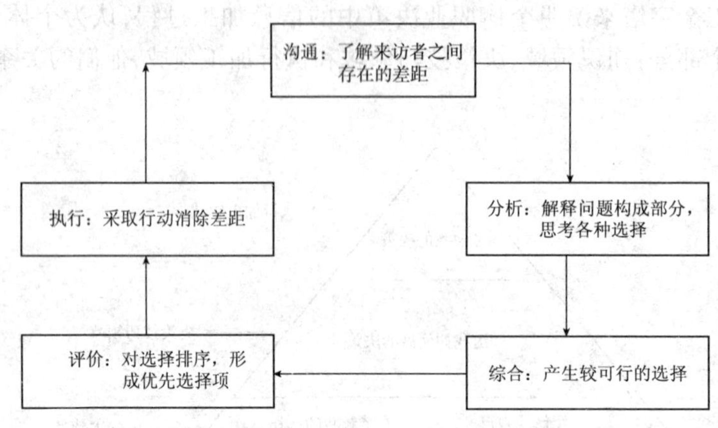

图4-4　职业生涯决策五要素的循环过程

(2)分析(Analysis),即澄清或获得关于自我、职业、决策及元认知的知识,包括获得需要信息的各个步骤,思考、观察、研究,更加具体地提出问题。如:了解自己和自己的各种选择,了解个人平时做出重要决策的方式。在此阶段,大学生可以到就业指导中心、心理咨询中心测评自己的价值观、兴趣和技能以确定对自己很了解,确保对各种选择的信息不存在偏见,若条件允许,大学生可以按照心理分析报告的要求,写一篇自我成长报告,描述自己的生命历程、生活中重大事件对自己的影响,找出各种选择的正式信息和非正式信息之间存在的差异,寻找帮助自己把个性与可能的各种选择联系起来的主题与分类。

(3)综合(Synthesis),即精心搜索和综合选择。精心搜索查看各种可能性以发现尽可能多的解决问题的方法。要综合细化,积极采用头脑风暴、"全面撒网法",尽可能扩展问题解决的选择清单;要综合具体化,缩减选择清单到 3 ~5 项,各选项都要有助于问题的解决。综合阶段是一个"扩大并缩减我的选择清单"的过程。

(4)评价(Valuing),即找出最优选择并做出临时选择,指在研究了什么选择最适合自己、环境以及那些与自己的生活关系最密切的人之后,选择可能性最大的情况。在此阶段,大学生要积极明确你的重要的价值观,检查你的最重要价值观与其他价值观是如何匹配或冲突的,画一个 Excel 表,回顾以前在什么时间做过哪些重要的决策以及你的价值观是如何参与决策的,当时哪些重要因素影响了你的决策,哪些重要的人影响了你的决策,同时识别与你每个最偏好选项相关的重要价值观。澄清自己的价值观并在公开场合一贯地遵循它,这是与评估阶段相关的很重要的解决问题的技能。

(5)执行(Execution),即设计一项计划来实施某一临时选择,包括培训准备、实践检验与求职。要积极以第一选择为目标重新构建计划,包括时间表、里程碑、预算、流程、压力与风险等。在此阶段,大学生可以画一幅甘特图,列出自己的时间计划表:什么时间做些什么?达成怎样的目标?预算是怎么样的?存在的风险是什么?标注重大里程碑事件,并积极与曾经影响过你重大决策的人一起反思你的甘特图。

最后要进行 CASVE 循环检验:问题信号是否消失?问题解决过程是否成功?是否需要启动新的 CASVE 循环等。大学生在职业决策时可以根据自身情况,决定 CAVSE 循环的次数和频率,直至最后决策成功。

【案例】

小王是上海某财经大学国际会计系的毕业生,刻苦、有上进心,性格坚强,学习能力比较强,他个人的职业目标是高级财务经理,现在他收到了来自英国某大学的 offer,是学行政管理专业;同时收到了四大会计师事务所之一的普华永道的 offer,做审计师,小王必须做出选择:先留学还是先就业?

【案例分析】

小王在先就业还是先出国之间面临选择,无论是先就业还是先出国,最终的目的都应该是争取更好的职业发展前景,到底是先出国更有利于将来职场发展,还是先就业有利于职业发展,应该是每一个面临类似情况的毕业生都应该仔细考虑的问题。作为刚刚毕业的大学生,选择适合的职业发展方向尤为重要,人生精力有限,必须选准方向,强化发展。职业方向的确定必须结合个人特长、兴趣所在并综合考察行业前景来确定。应届毕业生，表面上看是就业问题，而实际上是择业的问题，择业就是要做选择，选择适合自己的职业发展方向，集中目标，强化发展，通过若干年的工作，实现从无工作经历者到行业人才的提升。同理，应届毕业生选择出国深造，也要以职业发展为指向，选择合适的深造途径，在学历资质上提高自己的含金量，为"职场前途"做好准备！在这里根据小王本身的实际情况，因为他所面临的工作与所学专业对口，对提升小王的技能水平有很高的价值，而且小王所收到的来自国外高校的通知书的专业与他本人的职业理想并不切合，因此我们会建议他先就业，然后再选择合适的机会出国深造。如果是你，你会怎么选择呢？

思考题

1. 你的职业定位是什么？选择一种决策技术，做出你的第一份工作选择。
2. 分析职业生涯决策理论，谈谈这些决策理论对你今后的决策行为有何影响。

第五章　大学生职业生涯规划实施

观点导读：

李开复博士在《给中国学生的第四封信——大学四年应该这么度过》中讲道："大学是人生的关键阶段"。"因为，进入大学是开始人生中多少个第一次。第一次放下高考的重担，追逐自己的理想、兴趣；第一次离开家庭，独立参与社会生活；第一次有机会在学习理论的同时亲身实践；第一次离开父母支配所有属于自己的时间。同时，也是人生中最后一次有机会系统性地接受教育；最后一次能够全心建立你的知识基础；最后一次可以将大段时间用于学习的人生阶段；最后一次可以不断修正自我的成长历程；最后一次学习为人处世之道的理想环境"。因此，在这个阶段里，每一个大学生都应该认真把握每一个"第一次"，珍惜每一个"最后一次"，不要让自己在不远的将来追悔莫及。

在大学四年里，每一个大学生都应该努力编织自己的梦想，确定自己要实现的理想和人生目标，不断探索和认真制定自己的职业生涯规划，明确自己的职业发展方向。在学习了职业规划的知识后，大学生应当开始尝试制订并实施职业规划，这正是本章要讨论的重点内容。

第一节　大学生职业生涯规划书的制订

一、基本格式

大学生职业生涯规划书的基本格式有如下几种。

（一）表格式

这种格式的规划书为不完整的职业生涯规划书，常常仅写有最简单的目标、分段实现时间、职业机会评估和发展策略等几个项目，有的只相当于一份完整的职业生涯规划书的计划实施方案表（表 5-1），适合作为日常警示使用。

职业生涯规划书计划实施方案表　　表 5-1

序号	目标	实现时间	机会评估	发展策略	备注
1					
2					
3					

(二)条列式

这种格式的规划书具有职业生涯规划的主要内容,至多只是作简单的表述,没有详细的材料分析和评估。文章精练,但逻辑性和说理性不强。

(三)复合式

就是表格式与条列式的综合。

(四)论文格式

一份优秀的论文格式的职业生涯规划书能够对一个人职业生涯规划做全面、详细的分析和阐述,是最完整的职业生涯规划书。大学生职业生涯规划书的制定、职业规划竞赛等活动都采取论文格式。

二、主要内容

职业生涯规划书是对职业生涯规划的书面化呈现,不仅能呈现大学生的宏观职业生涯规划,还能对具体的学习和工作起到指导及鞭策作用。一份完整的大学生职业生涯规划书的基本内容有封面、目录和正文。

(一)封面

封面包括标题名称及日期,姓名、性别、所在学校及学院、班级、及专业、学号等个人资料。可以在封面插入图片、警示格言和指导教师。

(二)目录

目录包括引言、自我评估、职业探索、职业生涯决策、计划与途径、自我监控、结束语及参考文献。

(三)正文

1. 引言

引言是总体论述自己写职业生涯规划书的目的、意义和作用。

2. 自我评估

自我评估是结合前面章节所述的关于自我评估的途径、方法和相关测验量表、人才测评报告等对自己个人基本情况、职业兴趣、职业能力及适应性、个人特质、职业价值观、胜任能力等进行全方位、多角度的分析并进行自我分析小结。

(1)个人基本情况。包括姓名、性别、出生地、出生年月、学历、身份、体貌特征等有关自己个人的基本信息。

(2)职业兴趣。职业兴趣指自己喜欢的职业。通过自我评估的自评、他评和测评结果显示出职业兴趣前三项分别是什么型(多少分)、什么型(多少分)和什么型(多少分)。我自己具体的职业兴趣如何?

(3)职业能力及适应性。职业能力指的是能够干什么,特长是什么。通过自我评估的自评、他评和测评结果显示自己什么方面的职业能力得分较高(多少分),什么能力得分较低(多少分)。我的具体情况怎样?

(4)个人特质。通过自评、他评和心理测评结果等显示个人的人格特质、气质等情况如何。我自己具体的个人特质的情况怎样?

(5)职业价值观。通过自评、他评和测评结果显示前三项的职业价值观是什么取向(多少分)、什么取向(多少分)和什么取向(多少分)。我的具体情况是怎样的?

(6)胜任能力。通过自评、他评和测评结果显示你的各方面胜任能力并通过优劣势分析,在哪些职业中能胜任。

(7)自我分析小结。通过以上分析,得出结论。

3. 职业探索

参考人才素质测评报告建议和自我评估的结果,自己对影响职业选择的相关外部环境进行较为系统的分析。包括社会环境分析、组织环境分析、家庭环境分析、学校环境分析、职业环境分析。

(1)社会环境分析包括就业形势、就业政策、竞争对手以及政治环境、经济环境、法律环境的分析。

(2)组织环境分析包括对行业、组织制度、组织文化、领导人、组织运行机制、发展领域等方面进行分析。

(3)家庭环境分析:如经济状况、家人期望、家族文化等以及对本人的影响。

(4)学校环境分析:如学校特色、专业学习、实践经验等。

(5)职业环境分析:包括行业分析(如某行业现状及发展趋势,人职匹配分析)、职业分析(如某职业的工作内容、工作要求、发展前景,人岗匹配分析);企业分析(如单位类型、企业文化、发展前景、发展阶段、产品服务、员工素质、工作氛围等,人企匹配分析);地域分析(如在所选工作城市的发展前景、文化特点、气候水土、人际关系等,人城匹配分析)。

(6)分析小结。通过以上分析最后做出职业探索小结。

4. 职业生涯决策

(1)职业目标的确定:综合第一部分(自我评估)及第二部分(职业探索)的主要内容,通过 SWOT 分析并遵循 SMART 法则得出本人职业定位,见表 5-2。

通过环境因素分析职业定位　　表 5-2

内部环境因素	优势因素(S)	弱势因素(W)
外部环境因素	机会因素(O)	威胁因素(T)
分析		

结论:职业目标——将来从事什么行业的什么职业;职业发展策略——进入什么类型的组织,到什么地区发展;职业发展路径——走专家路线还是管理路线等。

(2)职业目标的分解与组合

将确定的职业目标分成几个阶段规划期,如:短期规划、中期规划和远期规划,并对各个规划期及其要实现的目标进行分解。可用表格形式列举职业生涯规划,见表 5-3。

职业生涯规划总表　　表 5-3

计划名称	时间跨度	总目标	分目标	计划内容	策略和措施	备注
短期计划(大学计划)	20××年~20××年计划	如大学毕业时要达到……	如:大一要达到…… 大二要达到……或在××方面要达到……	如专业学习、职业技能培养、职业素质提升、职业实践计划等	如大一以适应大学生活为主,大二以专业学习和掌握职业技能为主……,或为了实现××目标我要……	大学生职业规划的重点
中期计划(毕业后 5~10 年的计划)	20××年~20××年计划	如毕业后第五年时要达到……	如毕业后第一年要…… 第二年要……或在××方面要达到……	如职场适应、三脉积累(知脉、人脉、金脉)、岗位转换及升迁等	……	大学生职业规划的重点
长期计划(毕业后 10 年或以上计划)	20××年~20××年计划	如职业高峰期要达到……	如毕业 10 年要达到……毕业 20 年要达到……	如事业发展,工作、生活关系,健康,心灵成长,子女教育,慈善等	……	方向性规划

在知己、知彼的基础上，选择合适自己的职业目标，并确定相应的职业发展路径。其要点：一是要把握职业目标定位的四个主要方面：定就业城市、定行业、定职业、定单位。二是要在学习、比较、思考的基础上确定职业发展的具体路径。需要注意：一是人职匹配是确定职业目标的重要依据；二是每个人的职业路径并非完全一样，不宜盲目模仿。

5. 计划与途径

(1)具体实施计划。包括大学阶段的短期目标的具体实施计划，毕业后的中期目标的具体实施计划，毕业 10 年后的长期目标的具体实施计划和人生总目标的实施计划。找出自身实现状况与要实现目标之间的差距，并制定缩小差距的方法及实施计划和方案。

(2)规划具体路径。职业生涯发展路线是指一个人选定职业后从什么方向一步一步实现自己的阶段性目标，最后达到自己的终极目标。发展路线与职业目标紧紧相连，一个大学生毕业后是走专业技术路线还是走行政管理路线发展，是先走技术路线，再转向行政管理路线等等，其发展要求也不同，因此，在职业生涯规划时必须对此作出选择，以便安排今后的学习和工作，使其沿着职业生涯路线发展。这就如登山，要达到山顶的目标，就要选择最佳的登山路线与方式。人们也常说条条大路通罗马，讲的是道路多、选择多、办法多的道理。可是那么多道路到底哪条是到罗马最近最好走的路呢？这就是实现目标中的路线选择问题，选择了捷径好路，就易于进入职业发展的快车道，否则，就会耽搁在路上。而且没有一个职业发展的路线蓝图，就会走错路，走弯路、走回头路，这将直接影响自己的心情和成就，导致个人的努力、动力、能力不能直接作用于目标，就会产生资源、时间、精力的浪费，无形之中延长了成功的期限。因此，在职业确定之后，必须对职业生涯路线进行选择，以使日后的学习和工作沿着职业生涯路线和预定的方向发展，同时对所选择的路径何时达到何级别要求进行规划。

图 5-1 是大学毕业生参加工作后所选择的专业技术和行政管理的职业生涯路线 V 形图。

典型的职业生涯路线图是一个“V”形图。假如一个人 24 岁大学毕业参加工作，即 V 形图的起点是 24 岁。以起点向上发展，V 形图的左侧是行政管理路线，右侧是专业技术路线。将路线分成若干等分，每等分表示一个年龄段，并将专业技术的等级、行政职务的等级分别标在路线图上，作为自己的职业生涯目标。

在发展路线决策过程中，通常职业生涯路线的选择须考虑以下三个问题：

我想往哪一路线发展？

我能往哪一路线发展？

我可以往哪一路线发展？

回答上述三个问题，是对“知己”、“知彼”有关情况进行综合分析并加以利用的过程，以此确定自己的最佳职业生涯路线。

第一个问题是通过对自己的价值、理想、成就动机和兴趣分析，确定自己的目标取向。

第二个问题是通过对自己的性格、特长、经历、学历以及专业的分析，确定自己的能力取向。

第三个问题是通过对自己所处的社会、经济、政治、组织环境分析，确定自己的机会取向。

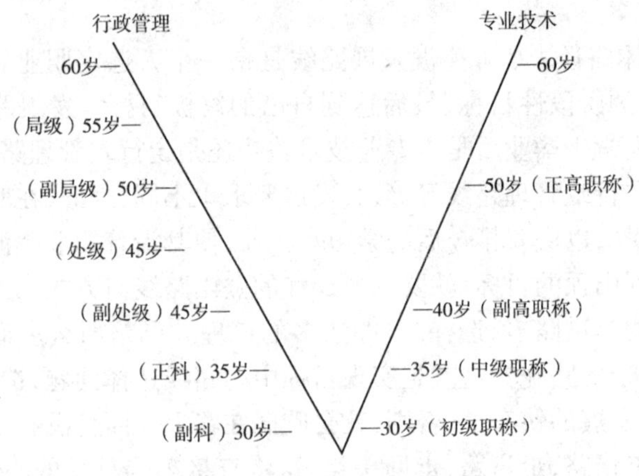

图 5-1　职业生涯路径 V 形图

来源：http://baike.baidu.com/view/2074203.html? fromTaglist

由图可见，职业生涯发展路线包括一个个发展阶梯，一般由低阶到高阶步步上升。如教师职业生涯发展路线通常是：助教—讲师—副教授—教授；行政人员通常是：科员—副科—正科—副处—正处—副局—正局。

每个人的基础素质不同，适合职业生涯发展路线也不一样，有的人适合搞研究，能在专攻领域求得突破；有的人适合做管理人员，成为一名优秀的管理人员。基本上有三种职业生涯发展路线可供选择。即专业技术性路线、行政管理型路线和自主创业。

6. 自我监控

职业生涯规划是一个动态的过程，必须根据实施结果的情况以及变化情况进行及时的监控。

（1）监控的原因。健康、教育、家庭因素、性别、社会环境因素、机遇、厌倦目前所从事的工作、难以适应的工作环境和文化、公司发展或者行业发展没有前途、薪资不到位、得不到晋升、没有发展空间、事业与生活难以平衡等原因要进行职业生涯调整。

(2)监控的目的。进行生涯监控的根本目的就是让自己时刻保持最佳状态，在通向最终目标的生涯上跨越障碍、走得直、走得快、走得稳，谋求可持续发展。

(3)监控的内容。监控内容主要包括：职业目标监控、职业路径监控、实施策略监控。

①职业目标监控。确定的目标通过努力是否能达到，阶段性目标设定是否合理，确定是否需要重新设定，假如一直难以实现，那么我将如何改变。

②职业路径监控。对个人所确定的专家路线或管理路线等是否合理，是否需要调整发展方向，当出现偏差的时候该如何改变。

③实施策略监控。对实现目标实施的策略和方法是否得当，是否需要改变行动策略，如果不当，应当采取什么样的策略方法弥补。

(4)监控的要点。评估的要点主要有观念差距、知识差距、能力差距和心理素质差距等方面。

①观念差距。观念陈旧往往造成策略的失误、导致行动失效。

②知识差距。按照实施策略所积累的知识仍然不够，还是学错了方向。

③能力差距。环境变化对人的能力的要求也是在不断变化的，彼一时期你通过努力提高了某些能力，但此一时期可能又会出现新的差距。另外，前一阶段是否坚持按计划措施来提高能力了，提高了多少，遇到了什么困难，这对以后都是一个重要的启发。

④心理素质差距。很多时候，我们没有取得预期的进步，并不是规划不够好，或者措施不得当，而是心理素质不够，一个人的职业生涯发展，首先是心理素质的成长过程，要不断地寻找差距并进行弥补。

(5)监控的时间。一般情况下，以半年或一年时间间隔评估规划，但重大或特殊情况发生时应随时评估并进行相应的调整。

(6)监控职业生涯成功评价体系。其中包括自我评价、家庭评价、企业评价、社会评价。

①自我评价：根据个人的价值观及知识、能力、水平，评价自己的才能是否充分施展；自己在企业发展、社会进步中所作的贡献是否满意；对自己的职称、职务、工资待遇的变化是否满意；对处理职业生涯发展与其他社会活动的结果是否满意。

②家庭评价：根据家庭文化，对父母、配偶、子女是否相互能理解、是否能给予支持和帮助。

③企业评价:以企业管理体系、企业文化及企业总体经营结果为标准,评价是否有下级、平级同事的赞赏;是否有上级的肯定和表彰?是否有职称、职务的晋升或职务责权利范围的扩大,是否有工资待遇的提高。

④社会评价:根据社会文明程度、特别是社会历史进程为因素,评价是否有社会舆论的支持和好评,是否有社会组织的承认和奖励。

(7)监控职业生涯成功的标准。家里的事感觉好就算好,职业的事结果好才算好。在很多有限的生命里,我们无法达到所有的目标,但这并不意味着职业生涯的失败。那么怎样的职业生涯才算是成功的呢?每个人的价值观不同,职业需求不一样,职业生涯目标各异,对成功的意义也会有所差别,标准也是多样的。如有的是进取型、有的是安全型、有的是自由行、有的是攀登型、有的是平衡型。每个人对职业生涯成功的定义不同,没有统一的标准,但首先自己认为是成功的。

总之,根据自我发展、社会变迁以及其他不可预测的因素,主动适应各种变化,及时评估,灵活调整,不断修正、优化自己的职业生涯规划。其要点一是要制定评估标准,监控行动的进程和结果;二是预计目标实现过程中可能出现的困难和障碍,提前拟订备用方案;三是制定调整修正的原则。需要注意的是:一是反馈评估的重点是目标计划的完成情况,要将注意力放在结果上;二是反馈修正不是职业规划的最后环节,而应贯穿整个职业规划的始终。

第二节　大学生职业生涯规划大学行动

大学生职业生涯规划行动应包括三个方面,一是学校对大学生实施的职业生涯规划行动,二是大学生自己在校期间的职业生涯规划行动,三是职业规划实施中应注意的问题。

一、学校实施的大学生职业生涯规划行动

(一)建立大学生职业生涯规划指导机构

学校应建立由专家组成的职业设计指导机构,按照现代人力资源开发培养的思想和方法,科学分析大学生的就业环境、职业理想、能力倾向和个性特征等因素,指导大学生制定科学合理的职业目标和素质培养的实施规划。要大力开展“大学生人生发展导航行动”,针对大学生成长发展的特点,通过知识传授和实践锻炼并重的方式,对大学生的责任意识、价值取向、职业规划、心理素质、品质意志等方面进行塑造和培养,引导大学生进行正确的职业设计;要建立大学生职业设计指导的

数据库,内容包括现代大学生的职业领域、各类职业所需要的技能素质以及成功人士择业、就业、创业的典型事例等数据。

(二)实施全过程渗透式职业生涯规划指导

正确的职业观和良好的综合能力是学生在校期间不断学习、实践、提高而逐步积累起来的。因此,职业生涯规划指导应从大学生入学做起,贯穿整个大学四年,按照认识自己、认识职业、人职匹配的原则,对在校各年级段的大学生分级指导。

在大学一年级引导学生树立科学的世界观、价值观和人生观,实施对大学生入学教育、专业教育;帮助分析大学生的职业兴趣、性格特质、能力等,帮助大学生清楚自己的优势与劣势,特长与不足,在此基础上拟定初步的职业方向。

在大学二年级引导学生可以围绕职业选择提高基本素质,打好知识基础;组织大学生尝试兼职、社会实践活动,最好在课余时间长时间从事与自己未来职业或与本专业有关的工作,提高自己的责任感、主动性和受挫能力;开设素质拓展活动课,针对不同专业学生开设大学生职业生涯规划与指导课程。

在大学三年级指导大学生全面提高各种素质和能力。参加与专业相关的社会实践和假期工作,和同学交流求职工作心得体会,学写简历、求职信,收集招聘信息,有针对性地做职业倾向调研。开设大学生就业指导课程、创业教育课。

在大学四年级对学生进行求职技能培养,通过网络平台为学生提供各种就业信息和渠道,帮助学生做好职业角色转换的思想和心理准备。

(三)帮助大学生客观真实地认识自己

职业规划指导者应当运用科学的职业兴趣、性格特质测试方法,帮助大学生拟定适合自己的职业角色和方向。

职业兴趣测试。兴趣在职业指导中有着重要的意义,它可以激发人的积极性和能动性,使人能够创造性地完成所感兴趣的工作。一个人能否在他从事的职业和工作上获得成功,与他对这种职业本身兴趣的大小有很大的关系。

性格特质测试。当一个人找准了自己的性格型号,就找到了一个正确的成长进入的起步点,从这点开始,就知晓如何突破自己的个性局限,如何发挥自己的个性优势,越过事业高度,向更高事业顶峰发展。通过性格特质测试可以帮助大学生准确确定自己的职业角色和方向。

(四)通过各种载体对大学生进行团队训练

所谓团队精神就是大局意识、协作精神和服务精神的集中体现,或者说是一个组织具有的共同价值观和道德理念在企业文化上的反映。职业生涯规划指导者应鼓励学生通过各种载体参加团队训练。比如“挑战杯”大学生课外学术科技作品竞赛,创业大赛等学习研究型载体,以及学生会、班委会、学生社团等工作载

体。在这样的组织中，团队每个成员都很清楚个人和团队的共同目标，明确各人的角色定位和在组织中的作用，在各自的专业领域保持高度的敏感，分工合作，相互照应，以快速敏捷的运作，有效地发挥角色所赋予的最大潜能，快速高效地完成团队目标。

（五）为学生建立成长档案——记录学生成长过程

大学生在客观真实地认识自己之后，规划自己的职业角色和方向比较容易，但他们在实施自己的规划时却不那么容易，一遇困难，就容易灰心丧气。于是就要求职业规划指导者全程关注学生职业生涯规划的实施情况，将学生在大学期间的成长过程记录载档，在他们求职时可以递交招聘单位参考。

二、大学生在校期间职业生涯规划行动

对于大学生来说，大学阶段的学习至关重要，能否顺利完成由中学到大学的转变，能否顺利地完成大学期间各阶段的任务，能否顺利找到自己喜欢并胜任的工作，关键在于大学生的自我规划意识和能力，在于大学生对大学生活的合理规划、安排和积极行动。大学生在校期间的生涯规划大致有以下几个阶段。

第一阶段：大学生大学新生活适应和自我探索阶段。（第一学期）

大学生进入大学校门，在角色上已经是大学生，但是在其心理上属于高中后期、大学前阶段，他们刚刚接受高考的洗礼，正在享受高考的胜利，很多学生踌躇满志，对大学生活充满了憧憬与幻想，几乎每个人在心理上都为自己确立了远大的目标，制订了实现目标的宏伟计划。但是，这时的大学生对大学生活还不够完全了解，对大学的认知只是停留在道听途说上，学生本人对于自我和环境的探索不够。但经过在校园一学期的生活和学习，对大学生活有了一定的了解和理解，并且对自我有了一定的认识，初步了解了大学生涯规划。随着对所学专业的进一步了解及大学生活的深入，每一位学生对于职业目标有了初步认识。

该阶段生涯目标的特点是：生涯目标的确立多来自于成长经历及外界的影响，心理目标高远，但显得空洞；目标渐渐形成、目标逐渐与所学专业结合。

该阶段大学生生涯规划的任务是：适应大学生活，养成良好的学习、生活习惯；分析高中时建立起来的职业生涯目标，发现问题并修正目标；积极进行自我探索，发现自身的优势、劣势、兴趣、爱好、性格、能力，发现自己希望提高的地方；初步了解社会职业、职位设置；了解社会职位素质要求；制订切实可行的大学阶段成长计划；制订实现大学阶段目标计划并积极行动；根据发现确定阶段性具体目标；进行相应的素质测评；参加校园文化活动和社会实践活动；参加能力提升训练，进行专业的心理咨询和职业咨询。

第二阶段：大学生大学生涯规划阶段。（第二学期～第四学期）

这一阶段的大学生已基本适应大学生活，经过大学生活的亲身体验、基础课程、专业基础课程的学习，各方面认识和能力有了一定的提高，对自我的探索逐渐深入，并开始探索职业发展方向。这一阶段的大学生经过前一学期的大学生活的适应，已经完全适应大学生活，掌握了大学生活规律，建立了一定的人际关系，新环境的适应压力逐渐消退；学习方法、大学期间的学习内容、学习目的比较明确；这时的大学生开始真正从现实角度关注自己的成长，积极参加各种活动，主动进行能力提升训练；与此同时，大学生对于自己的性格、能力、优势、劣势、职业兴趣以及将来的职业方向、社会对各种人才的需求、社会经济、政治的发展、社会各职业发展的趋势等状况的探索更加积极和有效。大学生活的时间越长，大学生对于自我的认知和社会的认知达到的水平越高，职业生涯发展方向进一步明确。这时，他们已经意识到探索的重要性，并积极行动，希望自己快速成长。但是，受经历、经验、阅历的影响，这一阶段的大学生需要借助外力的支持，加快大学生成长的速度。其生涯规划计划避免了刚刚入大学时的盲目性，更加切合实际，更具有可操作性。

该阶段生涯目标的特点是：目标开始与自我性格、爱好、能力等相结合，学习目标更加明确并随着时间推移，越来越深刻；目标的确立开始考虑社会需要与个人需要的结合；初步有了长期职业规划，并在长远规划的基础上更加具体和现实。但由于个体的差异，有些学生仍会因为寻找生涯发展目标和个人价值处于迷茫状态。

该阶段大学生生涯规划的任务是：继续打好知识基础，学好基础课程和专业基础课程和部分专业课程；进一步进行自我和环境的探索，越来越明确地了解自己的职业发展方向及社会相关的职业资讯；学习并掌握生涯规划中生涯目标建立方法和生涯抉择方法；建立合理的价值体系和认知结构；围绕职业生涯规划制订相应的成长计划；对大学生涯进行更加合理的规划；完善大学期间阶段性目标；积极行动实现阶段目标；了解将来的就业环境及职业方向；了解社会政治、经济、文化发展状况及职业、职位状况；制定自己的职业生涯规划；参加校园文化活动和社会实践活动；参加专项行为训练，提升实现目标的行动力；参加职业成长训练。

第三阶段：大学生职业生涯规划和职位实践阶段。（第五学期～第六学期）

这一阶段的大学生通过对自我及环境的探索，逐渐找到了自我价值与社会价值的结合点，积极探求实现自我价值的有效途径；通过学习生涯规划目标的确立及生涯抉择方法，大大提高了自我掌控及自我设计的能力；通过参加各种实践及成长训练，综合能力快速提升，为即将到来的职业实践奠定了良好的基础。这时的大学生职业生涯发展道路开始出现不同，有的学生希望大学本科毕业后找到一份称心的工作，开始自己的职业生涯；有的学生则希望继续在某一领域进行深造。个人的

选择来自于两年的探索,大学生由于志向的不同出现了生涯发展方向的不同,这种不同带来了以后阶段的发展道路不同。希望继续深造的学生开始为考研究生备战,将志向确定为找工作的大学生则更加积极地参加各种活动,有些学生则会到相关的单位进行职位实习。

该阶段生涯目标的特点是:目标的确立直接反映了大学生的个人价值观,并与社会现实相结合;长远目标逐渐明确和坚定;近期目标更加具体。

该阶段大学生生涯规划的任务是:了解自己的职业兴趣,进一步明确自己的职业方向;了解职业所需知识、能力、素质的要求;掌握与就业相关的信息;掌握与就业相关的法律、政策、就业程序;树立正确的职业道德观念;完善并落实成长计划;发现自身职业竞争力的不足之处,制订职业竞争力提升计划;参加校园文化活动和社会实践活动;参加专项行为训练,参加职业实践;提升实现目标的行动力。

第四阶段:大学生职业生涯规划实施完善阶段。(第七学期~第八学期)

这一阶段的大学生通过前三年的专业理论学习和相关训练,掌握了一定的专业理论和专业技能,人际交往能力、思维能力、创新意识、团队精神都到了相应提高;大学生继续通过相应的专业课程学习、专业实习,职位实习,发现了自己的能力与职位要求之间的差距;通过职位实习也发现了自己原来的职业生涯与社会现实之间的差距;经过自我全方位的探索及对所处环境的探索,逐渐发现了适合自己的工作;大学生开始对自己进行全面的反思,重新建立更加切合社会现实的工作理念及自我认知。学生参加各种活动更具目的性,会更加有意识地结合自己的理想职业规划自己剩余的大学生活。

该阶段生涯目标的特点是:由于与社会密切接触,职业生涯目标得到有效修正,修正后的目标进一步反映了个人理想与社会现实的结合。确定的目标更加具体、更具有现实性和可操作性,体现为职业素质的培养和训练。

该阶段大学生生涯规划的任务是:结合自己的职业实践和职业发展理想,寻找现实我和理想职业人之间的差距;参加快速提升训练;进一步了解社会及职位的发展变化;了解本届大学生就业相关政策及相关程序;了解相关就业及创业信息;参加相关职业快速提升训练;与相关单位及个人建立稳定的关系。积极求职就业;对自己大学毕业后职业生涯进行合理规划;确定今后职业发展方向和各阶段发展目标;寻求适合自己职业生涯发展的有效路径;掌握生涯评估方法和生涯目标修正方法;对生涯规划相关问题进行评估,发现问题;参加相应的能力提升训练。

这一阶段的大学生面临大学毕业,即将走入社会,真正开始进入自己的职业生涯,从职业生涯规划的层面上而言,能否真正适应将来的工作及工作环境,尽快走向成功,成为每一位即将走入社会的大学生关心的问题。大学生希望通过最后的

大学生活使自己更加完善。

三、大学生职业生涯规划实施应注意的问题

大学生在职业生涯规划过程中,从自我认识、职业探索、职业定位、职业目标、计划执行以及评估反馈等环节都暴露出一些问题,其中比较突出的是认识不够客观、规划和实施有些脱离实际、带有理想化的倾向,具体表现在以下几个方面。

(一)自我评估中应注意的问题

(1)自我评估要客观分析自己的职业兴趣、职业能力、职业价值观、个人特质等,分析要清楚、全面、深入、客观,能清楚认识到自己的优势,了解自己喜欢干什么,能够干什么,最看重什么,适合干什么。

(2)在评估分析中,将人才测评量化分析与自我深入分析相结合,综合客观地评价自我,对于职业兴趣、职业能力、职业价值观、个性特征的分析要全面、到位。

(3)从个人兴趣爱好、成长经历、社会实践中分析自我。

(4)要把握自我分析的四个主要方面,即职业兴趣、职业能力、职业价值观和性格个性。一要综合运用自我分析的多种方法。如自我反思法、职业测评法、360度评估法等。需要注意的是:自我评估实际上是自我的职业倾向评估,其他无关的自我内容不在此列;二是使用自我分析法的结果不是绝对的,特别是职业测评法的结果仅供参考,不要对其形成迷信和依赖。

(二)职业探索中应注意的问题

(1)通过多种途径,尽可能获取目标就业城市、目标行业、目标职业、目标企业(用人单位)的相关资讯,结合自己的专业情况、就业机会、职业选择、家庭环境、社会需求等因素,理性评估职业机会。

(2)了解社会的整体发展趋势,并且了解大学生就业状况。

(3)对目标职业所处行业的现状及发展前景、就业需求了解清晰。

(4)要熟悉目标职业的工作内容、工作环境、典型生活方式,了解目标职业的待遇、未来发展。

(5)对目标职业的进入途径、胜任标准了解清晰。

(6)要注意到在探索过程中正确应用文献检索、访谈、见习、实习等方法。

(7)把握职业机会分析的四个主要方面。即就业城市、行业、职业、单位;要综合运用职业机会分析的多种途径。如互联网、报纸杂志、职业搜索引擎、人才双选会、校园招聘会、实习、兼职和职场人士访谈等。需要注意的是:一是职业环境无时无刻不在变化发展之中,要确保自己掌握的职业信息是最新的、有价值的;二是互联网虽然方便快捷,但可信度不高,建议多采用职场人士访谈以及其他较为直接的

可信度高的信息渠道。

（三）职业决策中应注意的问题

（1）职业定位要合理。一是根据社会需求选择职业。选择职业作为一种社会活动必定受到一定的社会制约，任何人选择职业的自由都是相对的、有条件的。如果择业脱离社会需要，他将很难被社会接纳。我们强调大学生求职时社会与个人利益的统一，社会需要与个人愿望有机结合。所以，大学生在职业生涯规划实施中，应积极把握社会人才需求的动向，把社会需要作为出发点和归宿，以社会对个人的要求为准绳，既要看到眼前的利益，又要考虑长远的发展，既要考虑个人的因素，也要自觉服从社会需要。二是根据所学专业选择职业。大学生都经过一定的专业训练，具有某一专业的知识和技能，这是每个人的优势所在。大学生都有自己的专业，每个专业都有一定培养目标和就业方向，这就是大学生职业生涯设计的基本依据。用人单位对毕业生的需求，一般首先选择的是大学生某专业方面的特长，大学生迈入社会后的贡献，主要靠运用所学的专业知识来实现。如果职业生涯设计离开了所学专业，无形当中增加了许多“补课”负担，个人的价值就难以实现。需要强调的是，大学生对所学的专业知识要精深、广博，除了要掌握宽厚的基础知识和精深的专业知识外，还要拓宽专业知识面，掌握或了解与本专业相关、相近的若干专业知识和技术。三是根据个人兴趣与能力特长选择职业。职业生涯规划设计要与自己的个人性格、气质、兴趣、能力特长等方面相结合，充分发挥自己的优势，扬长避短，体现人尽其才、才尽其用的要求。兴趣是个体积极探究事物的认识倾向，这种倾向常有稳定、主动、持久等特征。如果一个人对某种工作产生兴趣，他在工作中就会具有高度的自觉性和积极性，在工作中做出成就。反之，一个人对工作没有兴趣，就不可能将自己的精力投入到工作中去，也就不可能取得工作中的成功。但兴趣爱好也并不总起着正向的驱动作用，有时它也是一种耗散力。比如，有的大学生对什么都感兴趣，但没有形成自我特色；有的大学生兴趣面太窄，不能形成优势；有的大学生兴趣与所学专业不一致等，都会给职业生涯设计的大学生带来困惑。这就要求大学生在职业生涯设计时，对个人兴趣有一个客观的分析，对自己的兴趣爱好进行重新培养和调整。能力特长是人们成功地完成某种活动所必须具备的个性心理特征，是人们在社会实践中所表现出来的身心力量。按照自己的能力特长进行职业生涯设计是大学生应特别注意的问题，因为任何一种职业都需要一定的能力，不同职业有不同的能力要求。能力特长对职业的选择起着筛选作用，是求职择业以及事业成功的重要保证。需要提醒的是，知识多、学历高不一定能力强，大学生切不可以学习成绩作为评价能力高低的唯一尺度。大学生应在对自己的能力特长有一个正确的自我认知和评价的基础上，根据自己的真才实学和能力特长进行职业生涯规划设计。

(2)职业目标确立和职业路径设计要合理。职业目标和发展路径设计要符合职业生涯外部环境和个人特质,并可执行和可实现;职业发展路径充分考虑到进入途径、胜任标准,探索结果符合逻辑和现实,具有可操作性和竞争力。备选目标要充分根据个人与环境的评估分析确定,备选目标职业发展路径与首选目标职业发展路径有一定的相关性。

不少大学生只盯住"三大"(大城市、大企业、大机关)、"三高"(高收入、高福利、高地位)单位,很少有人主动愿意去欠发达地区。不少大学生选择以考取学位和证书作为发展主路径,以考研和考博来作为自己职业设计的职业目标,还有些大学生"为保险起见"准备了四条以上的发展路径,但这些路径的结果悬殊较大,路径之间也缺乏内在联系,发展方向和路径的模糊势必导致在实际选择中的犹豫不决,不利于核心职业目标的实现。

此外,对照自我认知和职业探索结果,分析自己优劣及面临的机会和挑战,职业目标选择过程等阐述翔实,合乎逻辑。能正确运用评估理论和决策模型做出决策。

(3)行动计划有针对性和可操作性。行动计划对保持个人优势、修正个人不足、全面提升个人竞争力有针对性和可操作性。短期或近期计划应尽可能清晰、可操作性强,中期计划要清晰并具有灵活性,长期计划具有方向性。社会实践的方向与职业目标方向要相关联。为了增加"工作经验",不少大学生选择了兼职,做家教、促销员和业务员等;为了提高就业竞争力,不少大学生选择考证来增加"筹码",整天忙着各种各样的考试;有的大学生花了大量时间参加各种文体活动,只是为了向用人单位证明具兴趣广泛。总之,社会实践缺乏职业方向性,遍地开花,注重量的积累而忽视了质的要求,不仅使大学生疲于奔命,而且盲目性和风险性都增大。

(4)制订好大学期间和毕业后五年内的实施计划。围绕职业目标的实现,制订具有针对性、明确性与可行性的行动计划,特别是要详尽制订好大学期间和毕业后五年内的实施计划。在制订计划时要注意区分轻重缓急,学会时间管理和应对干扰。其要点:一是实行目标的分解组合。首先将目标按时间分解为短期目标(1~2年)、中期目标(3~5年)、长期目标(10年及以上)等,按内容分解为知识目标(如专业、证书等)、能力目标(如专业技术能力、可迁移能力等)、素质目标(综合素质、职业素质等)、实践目标(如学生工作、实习、兼职等)等。然后将各种目标按照内在联系组合起来,以达到在总体上实现目标的效果。二是制订缩短差距的实施方案。找出与目标的差距所在,围绕缩短差距采取针对性的措施。需要注意的有:一是要遵循目标制订的SMART原则。即具体明确(SPECIFIC)、能度量

(MEASURABLE)、可达到(ACHIEVEABLE)、有价值(REWARDING)、有时间限制(TIME－BOUNDED);二是要遵循时间管理原则。即将事情按重要性和紧急性分类,首先处理既重要又紧急的事情,然后处理重要但不紧急的事情,接着处理紧急但不重要的事情,最后处理既不重要又不紧急的事情。

(5)处理好职业目标、兴趣与现实机会的关系。大学生在进行职业生涯规划时,要充分考虑自己的兴趣,只有对一种职业有兴趣,才会有非常大的主观能动性,才会积极主动地投入到这种职业的工作中去。但兴趣也可以通过不断的培养来确立,当大学生所规划的职业目标在短期内无法寻找到相匹配的岗位时,也可以考虑现实的就业机会。避免在没有找到工作,未解决生存危机的情况下,大谈人生的理想,出现"高不成,低不就"的尴尬局面。要看到社会需求的大形势,择业的大环境,不要一味追求不切实际的职业定位和职业目标。要根据社会需要确立面向基层、务实的择业观,从基层做起、从基础做起,逐步积累经验,循序渐进,谋求发展的思想理念。比如发生席卷全球的金融风暴使就业环境的骤变,大学生要有所准备和思考,盲目是在不乐观的现实情况下的最糟糕的心态,虽然整体就业环境比往年有变化,以后也必将不断地发生变化,大学生如果能够在定位、应聘部门、应聘地区三个方面深思熟虑,还是可以在竞争激烈、环境欠佳的情况下脱颖而出,为自己的职业生涯画上完美的第一笔。

(6)保持职业目标的实施方案与就业、创业政策的一致性。大学生在进行职业生涯规划时,一定要知晓就业政策,如:怎样签订就业协议, 协议书上交的截止日期,户口的迁转及挂靠政策,就业报到证的办理方法及截止时间,办理一些手续时需要哪些材料,等等。只有与就业政策一致时,大学生所做的职业生涯规划才是可行的。

(四)职业评估调整中应注意的问题

(1)对行动计划和职业目标设定评估方案,如要达到什么标准,评估的要素是什么?

(2)能够对行动计划实施过程和风险做出评估,并制定切实可行的调整方案。

(3)调整方案的制定充分根据个人与环境的评估进行分析确定,充分考虑首选目标与备选目标间的联系和差异,具有可操作性。

总之, 科学的职业生涯规划并付诸实施,可以使远大的目标得以实现,可以使非凡的事业获得成功,可以使平凡的人成为出色的人。每个人都是自己人生和事业的建筑师,每个人都必须对自己的人生、事业负责。大学生及早做好职业生涯规划,认清自己,并在自己内在的潜能上不断探索和发展,才能正确把握人生方向,创造成功的人生!

【案例】

杨澜:人生需要规划

姓名:杨澜;职业:全国政协委员,阳光文化基金会董事局主席

职业生涯感言:一次幸运并不可能带给一个人一辈子好运,人生还需要你自己来规划。

杨澜在职业生涯发展过程中经历了以下几个阶段。

第一次转型:央视节目主持人

第二次转型:美国留学生

第三次转型:凤凰卫视主持人

第四次转型:阳光卫视的当家人

杨澜于北京外国语学院英语系毕业后,进入中央电视台主持《正大综艺》节目;后赴美留学,获哥伦比亚大学国际传媒专业硕士学位。回国后,加入凤凰中文卫视做名人访谈节目《杨澜工作室》。2000 年 3 月,成立香港上市公司阳光文化网络电视有限公司并出任主席。同年 10 月,阳光卫视入选《福布斯》全球 300 个最佳小型企业之一。她个人也跃居《福布斯》2001 年度中国富豪榜第 56 位。

从著名节目主持人到制片人,从传媒界到商界,她一次次成功实现了她人生的转型。杨澜是幸运的,但这种幸运,并非人人都有,也不是人人都能驾驭的。它需要睿智的眼光、独到的操控能力,是职业经历累积到一定程度厚积薄发而来。就像杨澜自己说的那样:"一次幸运并不可能带给一个人一辈子好运,人生还需要你自己来规划。"

【案例分析】

第一次转型:央视节目主持人

杨澜读大学时还是一个有些缺乏自信的女生,曾因为听力课听不懂而特别沮丧。直到后来听力水平提高了,才逐渐恢复了自信。她说:"我经常觉得自己不是一个有才华和极端聪明的人。"可这并没有影响杨澜后来的成功。勤勉努力的她,不仅大胆直率,看问题也通常有自己独特的视角。

1990 年 2 月,中央电视台《正大综艺》节目在全国范围内招聘主持人。杨澜以其自然清新的风格、镇定大方的台风及出众的才气逐渐脱颖而出。但是,由于长得不太漂亮,在第六次试镜时还只是在"被考虑范围之列"。杨澜知道后就反问导

演："为什么非得找一个漂亮的女主持人，是不是一出场就是给男主持人做陪衬的？其实女性也可以很有头脑，如果能够有这个机会的话，自己就希望做一个的聪明主持人。""我不是很漂亮，但我很有气质。"她的话，彻底打动了导演。毕业后，杨澜正式成为《正大综艺》的节目主持人。杨澜也一直坚持主持人不一定非得漂亮，但一定要有头脑的观念。

进入央视后，杨澜终于感觉到，这次的选择是非常正确的，做传媒就是她喜欢的事情。靠实力与魅力，杨澜获得了"十佳"电视节目主持人、金话筒奖等。这是很多人一生都无法企及的知名度和注意力，也彻底改变了她未来的人生。

但渐渐地，杨澜对这种重复性工作开始有点儿厌烦并开始觉得有点虚，自己的主持是一个庞大的机构赋予你支持，"我觉得特别不踏实，必须靠自己打好基础才会踏实。"

第二次转型：美国留学生

1994 年，当人们还惊叹于杨澜在主持方面的成就时，她又做出了一个令人惊讶的决定：辞去央视的工作，去美国留学。这就意味着她要放弃当时所拥有的一切，包括触手可得的美好未来。但资助她留学的正大集团总裁谢国民先生说了这样一句话："我觉得一个节目没有一个人重要。"这给杨澜留下了很深的印象。

26 岁的时候，杨澜远赴美国哥伦比亚大学，就读国际传媒专业。在异国他乡的生活，比想像中的还要艰苦。有一次，杨澜写论文写到半夜两点钟，好不容易敲完了，没有来得及存盘，电脑就死机了。杨澜当时就哭了，觉得第二天肯定交不了了。宿舍周围很安静，除了自己的哭声，只有宿舍管道里的老鼠在爬来爬去。但最后，她还是擦干眼泪，把论文完成了。谈起这段生活，杨澜说："有些人遇到的苦难可能比别人多一点儿，但我遇到的困难并不比别人少，因为没有一件事是轻而易举的，需要经历的磨难委屈，一样儿也少不了"。

虽然如此，但这段生活给杨澜带来的收获要远远比磨难多。她的视野开阔了许多，更亲身接触到了许多成功的传媒人和先进的传媒理念。

业余时间，她与上海东方电视台联合制作了《杨澜视线》，一个关于美国政治、经济、社会和文化的专题节目，这是杨澜第一次以独立的眼光看世界。她同时担当策划、制片、撰稿和主持的角色，实现了自己从最底层"垒砖头"的想法。40 集的《杨澜视线》发行到国内 52 个省市电视台，杨澜借此实现了从一个娱乐节目主持人向复合型传媒人才的过渡。

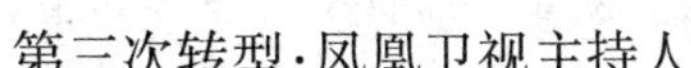

第三次转型:凤凰卫视主持人

1997年回国后,杨澜开始寻找适合自己的机会。当时,凤凰卫视中文台刚刚成立,杨澜便加盟其中。1998年1月,《杨澜工作室》正式开播。

凤凰卫视的两年,在杨澜的职业发展上起了重要作用。她不仅积累了各方面的经验和资本,也同时预留了未来的发展空间。

在凤凰卫视,杨澜成为《杨澜工作室》的当家人,自己选题,自己负责预算,组里所有的柴米油盐,她都必须精打细算。这种经济上的拮据,给杨澜一个非常好的锻炼,使她知道如何在最低的经费条件下,把节目尽量完成到一定的程度。

在随后的两年时间里,杨澜一共采访了120多位名人并与之建立了联系,构成了杨澜未来职业发展的一部分,这种资源给杨澜带来具体的帮助和精神上的获益。同时,与不同行业不同背景的嘉宾交流,也让她的信息资源获得了极大的储备。

两年后,杨澜已经有了质的变化。她拥有了世界级的知名度、多年的传媒工作经验,以及重量级的名人关系资源,对于她而言,进军商界显然所欠缺的只是资本而已。而吴征,正是深谙资本运作的高手。

第四次转型:阳光卫视的当家人

1999年10月,杨澜辞去了凤凰卫视的工作。从凤凰卫视退出之后,杨澜曾一度沉寂。2000年3月,她突然之间收购了良记集团,更名为阳光文化网络电视控股有限公司,成功地借壳上市,准备打造一个阳光文化的传媒帝国。

由电视界转向商界,对于这次转变,杨澜表示,她投身商界不是简单的为了赚钱,还为了实现她过去不能实现的媒体理念。与大多数商人的低调不同,杨澜选择了始终站在阳光卫视的前面。在报纸杂志网站上,经常可以看到关于杨澜的报道。她从一个做传媒出来的人变成了一个传媒名人。这种对传媒资源运用的驾轻就熟,使得她的阳光卫视一出生就有了许多优势。

但杨澜创业不久,就遇到了全球经济不景气,杨澜立刻感觉到了市场的竞争压力。迫于压力杨澜将公司的成本锐减了差不多一半,剥离了亏损严重的卫星电视与香港报纸出版业务,同时她还将自己的工资减了40%。

2001年夏,杨澜作为北京申奥的“形象大使”参加了在莫斯科成功申奥的活动。同年,她的“阳光文化”接手了中国最大的门户网站之一的新浪网,开创了网络和电视相结合的时代,又与四通合作成立“阳光四通”,开始进军网络业和IT业。

这一切都给公司所有员工带来了信心。终于,阳光文化在2003财政年度中取得了盈利,摆脱了近两年的亏损。之后,阳光文化正式更名为阳光体育,杨澜同时

宣布辞去董事局主席的职务,全身心地投入到了文化电视节目的制作中。

点评:万变不离其宗

杨澜—由央视的名主持到远涉重洋的学子,再到凤凰卫视的名牌主持,最后到阳光卫视的当家人,杨澜的角色在不断的变化。而以一位文化经营商的身份出现在公众的视野里,则是杨澜人生最重要的一次角色转换。

但正所谓"万变不离其宗"。无论如何转、如何变,杨澜始终把自己定为"传媒人",聪慧的她很清楚自己就是这块料,所以从没有偏离做媒体这个大方向。而她的变化就在于她制定的目标层次一直在提高。

杨澜在她的《凭海临风》一书中,曾写到了乘热气球的经历。热气球的操作员能做的只是调整气球的高度以捕捉不同的风向,而气球的具体航线和落点,就只能听天由命了。这正是乘坐热气球的魅力所在:有控制的可能性,又保留了不确定性,所以比任何精确设定的飞行都来得刺激。"其实人生的乐趣也是如此,全在这定与不定之间。"杨澜这样认为。

(资料来源:http://www.signpostsz.com/figures/figures10.html)

思 考 题

1. 按照职业生涯规划要求,为自己详细做一份职业生涯规划书。
2. 实施职业生涯规划应注意哪些问题?

第六章　大学生职业素质拓展

观点导读：

大学生的职业生涯规划很重要，但是规划再好也是看不见的，能看得见的是大学生的职业素质，大学生的职业素质越是符合目标职业的要求，越是具有获得和胜任这种职业的竞争能力。因此，大学生确定了职业生涯规划之后，就要对未来职业所需要的职业素质有所了解，并结合自己所学的专业和开设的课程有重点的对相关素质进行拓展。

职业素质是指职业内在的规范和要求，是在职业过程中表现出来的综合品质。大学生职业素质可以通过其在工作中的行为来表现，而这些行为是以大学生的知识、技能、价值观、态度、意志等为基础的。良好的职业素质是企业必需的，它是大学生进入企业的“金钥匙”，也是大学生事业成功的基础。

第一节　大学生职业素质构成

大学生的职业素质可以看成是一座冰山：冰山浮在水面以上的只有1/8，它代表大学生的形象、资质、知识、职业行为和职业技能等方面，是人们看得见的、显性的职业素质，而冰山隐藏在水面以下的部分占整体的7/8，它代表大学生的职业意识、职业道德、职业作风和职业态度等方面，是人们看不见的、隐性的职业素质。显性职业素质和隐性职业素质共同构成了大学生应具备的全部职业素质。

隐性职业素质决定、支撑着显性职业素质，显性职业素质是隐性职业素质的外在表现。综合起来，本节将从目标职业对大学生个人素养、通用能力和专业技能三个方面的要求进行讨论。

一、大学生个人素养

哈佛大学的研究表明，成功因素中的85%取决于积极的职业态度，15%才是本人的职业技能。因此，目标职业对大学生个人素质的要求主要由以职业态度为核

心的隐性职业素质构成,好的职业态度比如负责的、敬业的、合作的、自信的、积极的、建设性的、欣赏的、乐于助人等态度是决定成败的关键因素。根据不同职业和不同企业对人才的共性要求,本段重点介绍责任意识、敬业精神、自信心、团队精神四个方面。

(一)责任意识

大学生是社会主义现代化的建设者和中国特色社会主义事业的接班人,他们责任意识的强弱,将直接关系到我们的事业是否后继有人,影响到中华民族伟大复兴的目标能否实现。对大学生来说,强烈的责任意识就是主人翁意识,它既是大学生实现自我价值的一种形式,又是大学生积极进取的表现。

1. 责任的含义

责任,指的是一个人对工作、群体和社会应尽义务的自觉状态。根据《汉语大词典》,"责任"一词有三重涵义:其一,分内应做之事;其二,使人担当起某种职务和职责;其三,做不好分内应做的事,因而应承担的过失。责任最根本的两字就是"应该"承担应该承担的任务,完成应该完成的使命,做好应该做好的工作,推而广之,做应该做的事,做应该做的人。责任不仅是一种品德,更是一种能力,而且是其他能力的统帅和核心。

2. 责任意识的含义

大学生的责任意识是大学生在承担责任、履行义务过程中产生的并指导以后责任行为的道德意识。责任心和责任感是构成大学生责任意识的两种要素,责任心是责任意识的认知因素,是大学生作为责任主体对自己所要承担责任的一种认识,也称责任观。责任感是责任意识的情感因素,是大学生在承担责任履行义务的过程中产生的情绪体验。责任心是产生责任感的基础,责任心必须在责任感的激励下,才能成为激发和指导大学生责任意识的强大动力。

(二)敬业精神

在现代社会,敬业精神已被视为企业遴选人才时的重要标准。国外的一项调查显示:如今学历资格已经不是企业招聘员工首先考虑的条件,员工的敬业精神是他们最优先考虑的,其次才是职业技能,接着是工作经验。敬业既是企业发展的需求,同时也是自我发展的需要,大学生只有敬业才能立业。

1. 敬业的含义

古代思想家朱熹将"敬业"诠释为"专心致志,以事其业也"。简言之,敬业就是要敬重自己从事的事业,千方百计将事情作好。敬业包含两层含义:一种是以谋生为目的的低层次的功利化的敬业,这种敬业由外在压力产生,道德因素较少,个人利益色彩较多,有时会因为个人得失而影响工作。另外一种是因为真正认识到自己工作的意义而敬业，这是高层次的即发自内心的敬业。

2. 敬业精神的含义

敬业精神是人们基于对职业的热爱而产生的一种全身心投入的精神，是社会对人们工作态度的一种道德要求。敬业精神古已有之，孔子称之为"执事敬"，"敬"即"尊敬"、"尊重"之意，即以尊敬、敬重的态度对待事业。

3. 敬业精神的作用

（1）敬业精神是责任的一种延续和升华。应该说，责任在某种程度上还有一种强制性，因为有自己的工作范围就有责任。但是敬业精神则是一种主动精神，不仅要完成自己的工作，而且是以一种严肃的、高度负责的态度对待自己的工作，勤勤恳恳、兢兢业业、终于职守、尽职尽责地从事工作。

（2）敬业精神是一种优秀的职业品质。敬业精神是职场人士的基本价值观和信条。在经济社会中，每个人要想获得成功或得到他人的尊重，就必须对自己所从事的职业和工作保持敬仰之心，视职业、工作为天职。只有敬畏自己的职业和工作，你才会有神圣感和使命感，你才会不甘平庸、不甘落后，你才敢在逆境中拼搏，在奋斗中成功，你的生活才会过得更充实，你的人格才会变得更完美，你的生命才会变得更有意义！

（三）自信心

古今中外的成功者，其成功都与自信密不可分。当代最伟大的科学家，相对论的发明者爱因斯坦，当他刚大学毕业，尚未被世人赏识之前，有三年时间找不到正式职业，他对"信心"的体会是："在我的一生中，只是由于一种信心，才使我在研究遭到困难时，没有感到灰心。"

1. 自信的含义

自信是一个人对自己的积极感受，代表着一种优秀的生活品质和积极的人生态度。缺乏自信，人生便失去成功的可能；没有自信，人生便失去意义。许多人的失败不是因为他们不能成功，而是因为他们不敢争取，或不敢不断争取。

2. 自信的作用

（1）自信是一个人事业发展的动力源泉。自信使一个人精力充沛，相信自己，以强者的身份来面对问题，给自己尝试的机会。人本身就是个矛盾统一体，有坚强勇敢的一面，也有软弱怯懦的一面，而软弱怯懦的一面往往在遇到挫折的时候会表现得更为强烈。如果这时候自信战胜了软弱，那么，人就会以一种积极的态度来对待困难，自我否定的负面情绪就会减少。

（2）自信使一个人能尽量发挥自己的潜能。实践证明，人在遇到重大危机，没有退路的时候，就会做出惊人的举动，发挥出平常无法表现的能力。比如领导下令完成某个任务,如果完不成,将有很大的处罚时,你往往会不顾一切的为了达到这个目标而做许多工作,发挥超常的水平,等最后完成时,再回头想想其实也没有什么大不了的。

(3)自信能使自己得到别人的认可。自信是来自心灵深处的自我认可,是一种独特的人格魅力,而拥有这种魅力的人,知道如何藏拙和改变自己的弱点,如何吸取他人长处,从而使自己得到别人的认可。现代社会给我们一个表现自己的舞台,有些人可以如鱼得水,有些人却举步维艰。在知识、素质相当的人群中,差异往往表现在能力方面,怎样发掘和展示自己的能力显得尤为重要。而这种发挥、展示能力的重要因素就是自信心。例如,海尔集团总裁张瑞敏自信海尔的质量,在产品选择出口市场时,先期放过第三世界市场,把海尔冰箱摆到了德国市场上,而且价格还挺高,开始没人接受,后来,产品质量在德国检测机构进行的五个项目检测中拿了第一,海尔创出了自己的国际品牌,并在欧洲、美洲和亚洲等国家和地区建立了自己的工厂。海尔的成功启示了我们,自信才能使自己得到别人的认可。

(四)团队精神

在现代社会,个人的力量显得非常渺小,单靠个人能力来解决重大问题的可能性已微乎其微,时代要求个体在具备必要的自身能力之外还必须具备与他人合作的协作能力。为此,是否具有团队精神已经成为社会录用人员的重要指标。

1. 团队精神的含义

所谓团队精神,就是团队成员共同认可的一种集体意识,是显现团队所有成员的工作心理状态和士气,是团队成员共同价值观和理想信念的体现,是凝聚团队,推动团队发展的精神力量。团队精神包含三个层面的内容:首先是团队的凝聚力。团队精神表现为团队强烈的归属感和一体性,每个成员都能强烈感受到自己是团队当中的一分子,自觉地把个人与团队目标联系在一起。其次是团队的合作意识。表现为团队成员间相互帮助、互相关怀,大家彼此共同提高,在一个团队中,只有每个成员都能最大限度地发挥自己的潜力,并在共同目标的基础上协调一致,才能发挥团队的整体威力,产生整体大于各部分之和的协同效应。再次是团队的高昂士气,它体现了团队成员对团队事务的态度,表现为团队成员对团队事务的尽心尽力及全面投入。

2. 团队精神的作用

中国千年的儒家文化,传承了合作的精神。所以在任何空间里,以团队为重的姿态是最受推崇和欢迎的。

(1)团队精神能够增强团队成员的责任感。在团队精神的作用下,团队成员能够主动意识到学会与他人合作是基本能力。如在各种体育活动中、在采取团队形式的各种教学活动和竞赛活动中，团队成员能充分体感受到团队协作基础上的团队竞争力，认识到合作比竞争更重要，为此，团队成员产生了互相关心、互相帮助的交互行为，并努力自觉地维护团队的集体荣誉，自觉地以团队的整体声誉为重来约束自己的行为，显现了关心团队的主人翁责任感。

(2)团队精神能够营造团队成员的归属感。一个具有团队精神的团队，能使每个团队成员显示高涨的士气，有利于激发成员工作、学习的主动性。团队成员一旦形成了集体意识和共同的价值观，便能够团结友爱，并自愿将聪明才智贡献给团队，同时也使自己得到更全面的发展。这样，团队成员就会有很好的归属感。

(3)团队精神有利于提高集体整体效能。我国多竞争、少合作的教育环境容易促使人们形成狭隘的、生怕别人超过自己的病态心理，使人们缺乏宽容大度的心胸。在团队精神的影响下，团队成员的人际关系必然是互相协作并互通有无，所形成的心态则是宽宏大量，每个人不仅能对自己的长处自信，同时也能欣赏他人的优势，这样，在加强团队建设时能进一步减少内耗，充分发挥每个成员的优势，提升团队的合作成效。

二、大学生通用能力

(一)沟通能力

事实证明，良好的沟通能力是大学生走向成功的通行证。沟通能力强的大学生，在学校学习期间很容易当学生干部和各项活动积极分子，也很容易引人注目，并能获得多项兼职。参加工作以后，能很快融入一定的生活圈和交际圈，很快将所学知识应用到自己的工作系统中，迅速适应工作环境，并在工作中与他人愉快合作和得到帮助，事业上很快取得成就。

1. 沟通的含义

从心理学的角度来说，沟通是一个信息被两个或两个以上的人所享用，满足彼此需要的过程。从人际关系的角度来说，沟通是一个信息交流的过程，有效的人际沟通可以实现信息的准确传递，达到与他人建立良好的人际关系、借助外界的力量和信息解决问题的目的。沟通是一种过程，除了信息的交流与互动外，部分学者将缺乏信息回馈的交流或者信息的单向传递也视为一种沟通。例如：独白是一种沟通，古人的“吾日三省吾身”是一种反省式的自我沟通，身穿警服的人在身边，虽然彼此没有谈话，你也会觉得有安全感等。所以，沟通不是简单的你 + 我 = 你 + 我，沟通是一门学问、一门艺术，良好的沟通技巧能让你与对方产生很好的共情，让你得到你想要的信息，增进双方的了解，让双方在心情舒畅中达成共识。

2. 沟通能力的含义

沟通能力指沟通者所具备的能胜任沟通工作的优良主观条件。简言之,指一个人与他人有效地进行沟通信息的能力,包括外在技巧和内在动因。其中,恰如其分和沟通效益是人们判断沟通能力的基本尺度。恰如其分,指沟通行为符合沟通情境和彼此相互关系的标准或期望;沟通效益,则指沟通活动在功能上达到了预期的目标,或者满足了沟通者的需要。沟通能力主要包含表达能力、争辩能力、倾听能力和设计能力(形象设计、动作设计、环境设计)四个方面,它关系着一个人的知识、能力和品德,是一个人素质的重要体现。表面上看,沟通能力似乎就是一种能说会道的能力,实际上它包罗了一个从穿衣打扮到言谈举止等一切行为的能力。一个具有良好沟通能力的人,可以将自己所拥有的专业知识及专业能力进行充分的发挥,并能给对方留下"我最棒""我能行"的深刻印象。

(二)学习能力

19 世纪 70 年代,美国预言家阿尔涅.托夫勤就指出"未来的文盲不再是目不识丁的人,而是那些没有学习能力的人"。学习能力是未来社会的基本能力。

1. 学习的含义

学习就是在阅读、听讲、研究、实践中获得知识和技能。学习是人类生存和发展的力量源泉,是一种高尚的人生境界。人类通过学习自然与社会的知识,滋养心灵,启迪心智,修炼心性,完善自身对世界和人生的理解,丰富充实精神世界,使人性得到更大的升华。

2. 学习能力的含义

学习能力一般是指人们在正式学习或非正式学习环境下,自我求知、做事、发展的能力。即以快捷、简便、有效的方式获取准确知识、信息,并将它转化为自身的能力。其结构大致可以划分为五个层次:即学习动力、思维能力、表现能力、基础技能、适应能力,这几个方面呈交错递进关系。

(1)学习动力。表现为学习者在学习过程中所具有的动机、好奇心、兴趣、热情、耐心和责任感、毅力等。这一层次强调学习者态度的重要性,积极的态度是一切学习能力形成的基础和前提。

(2)思维能力。包括观察力、识别力、思考力、评价力等。观察是任何思维活动的开始,适时地、准确地观察是学习者做出判断的前提。识别力是对自己所需学习知识的一种洞察、辨别及确认能力。思考和评价则是紧随其后的又一重要环节,它是分析问题、认识问题、解决问题的综合性智力活动,是一个人思维水平提高的锤炼过程,更是创新能力培养的先决条件。

(3)表现能力。包括表达能力、想像力、胆魄、竞争意识和自信心等。它是使自己的创新活动运动起来，将自己的个性化思维物化的过程。其中个体的想像以及由之而形成的创造能力成为一个含金量最高，也最受推崇的能力。同时，还要求学习者要有足够的竞争意识和胆魄，在学习过程中不畏惧他人，敢于向任何人或者"权威"挑战，敢于用独创的东西与别人竞争，不怕失败。在这样乐趣十足的学习过程中，学习者可以不断发现自我、发展自我、实现自我，使自己得到心理的最大满足，自信心得到很大程度的提高，学习热情会更加浓烈，创造性思维便可以更充分的发挥。

(4)基本技能。现代社会更重视在掌握基本技能的基础上发展起来的学习能力，包含写作能力、记忆能力、知识基础、外语和计算机操作水平等。"读、写、算"能力是基本技能的核心，是提高学习能力的基本武器。随着社会的进步，先进技术的出现，学习者不仅要有宽厚的知识基础，如文学、史学、哲学以及政治、经济、法律和自然科学的一般知识，还应熟练地使用一些辅助工具，例如：计算机、网络、外语等，这些是提高学习能力的重要武器。

(5)适应能力。指一个人在社会中与他人相处、进行工作、继续学习的能力。包括：身体健康水平、心理健康水平、交际能力、抗压能力和灵活应变能力。任何学习者最终都是要融入社会的，只有为社会做出贡献才能最终实现一个人学习的价值。可是随着生活节奏的加快，社会竞争的日益严峻，很多人已经承受不起社会发展带来的巨大压力，无法建立和谐的人际关系，对学习失去耐心，对生活失去信心。其中，轻者选择逃避，重者则出现各种病态，甚至生命不保。可见，如何适应社会也已成为学习能力的重要因素。

(三)时间管理能力

在信息发达的现代经济社会里，竞争的焦点是速度的竞争，谁学习的速度快，谁的创新能力强，谁就能够取得竞争的优势。现代人明显感觉精力不够用，时间不够用。所以，善于管理时间是大学生取得职业成功所必备的职业技能。

1. 时间管理的含义

简单讲，"时间管理"就是对事件进行计划、监督、评估的过程。具体说来，就是在日常事务中有目标地应用工作技巧，引导并安排管理自己及个人的生活，合理有效地利用可以支配的时间。

2. 时间管理的目的

时间管理的目的在于提高时间资源的使用效率，即懂得如何将有限时间投入到与你的目标相关的工作，按照预计的时间，达到预计的效果，产生预计的效率或产生最佳的效能。即用最少的时间做最多的事或最好的事。

(四)情绪管理能力

情绪是一种心理活动,也是一种生理活动。情绪的变化会引起生理上的变化,大量事实表明,良好的情绪是生理机能正常运行的前提,是防病治病的重要因素。

1. 情绪的含义

情绪是内在的心理反应和外界刺激共同作用的结果。心理学家把情绪分为积极情绪和消极情绪,积极情绪包括热情、活泼、愉悦、快乐、自信、高兴、活力、热诚、振奋、毅力、好奇、体贴、宽容、进取、努力、挑战、灵活等。消极情绪包括暴躁、悲伤、挫折、消沉、懊恼、沮丧、孤独、无力、忧虑、恐惧、痛苦、不安、自卑、烦躁、畏缩、愤怒、无赖等。

2. 情绪的影响

(1)情绪影响智力。积极的情绪有助于智力的发展,消极的情绪会抑制智力水平的提高。智力水平不只体现在智商(IQ)上,而且体现在记忆、思维、创造、想像等众多方面。在学习中,积极良好的情绪有利于人的智力的发展,有助于人取得好成绩。

(2)情绪影响情商。实践证明成功的因素有85%取决于情商,而情绪是情商的重要组成部分。"所有人都会将个人情感带到工作中去"。工作中,人们不但会用上他们理性的头脑,还会用上情感,情感会提高工作业绩。职场中成熟的职业人,情感应是富于理性的,如果经常由于一些事情控制不了自己的情绪,会给同事造成不好的印象,并影响到与同事的关系,会给工作带来不应有的损失,也可能会影响到团队的工作效率。

(3)情绪影响行为。我们将人视为情感导体,越来越多的学者和管理者们逐渐意识到员工情感是组织不可分割的一部分,它们会影响到人的行为。积极的情绪产生正面的作用,令人精神焕发、信心十足、思维敏捷、激情昂扬、激发潜能。消极的情绪产生负面作用,使人委靡不振、情绪低落。长期的情绪低落,不仅影响工作,还可能诱发各种身心疾病。

(4)情绪影响他人。尤其是对一些特别敏感的人,有人说"情绪会像病毒一样,由一个人传染给另外一个人",人们并非相互独立的'情感孤岛',他们投入工作时会带着各自的情感因素,包括性格特点、心情和情绪,乃至情感经验。这些情绪表现出来,会影响到其他人,所以,应尽可能将积极情绪带给别人,让大家从你身上感染更多积极快乐的情绪,会使你成为大家喜欢接近的人,从而营造健康和谐的人际关系。

情绪对人们的心理健康,对人们的生活、学习、和工作有重要影响。"心宁则智生,智生则事成。"我国四书之一的《大学》说:"知止而后有定,定而后能静,静而后能安,安而后能虑,虑而后能得。”

3. 情绪管理的含义

情绪是指个体对本身需要和客观事物之间关系的短暂而强烈的反应。是一种主观感受、生理的反应、认知的互动,并表达出一些特定行为。情绪管理是将这些感受、反应、评估和特定行为挖掘并驾驭的一种手段。

情绪管理(Emotion Management)是指通过研究个体和群体对自身情绪和他人情绪的认识、协调、引导、互动和控制,充分挖掘和培植个体和群体的情绪智商、培养驾驭情绪的能力,从而确保个体和群体保持良好的情绪状态,并由此产生良好管理效果的一种管理手段。简单地说,情绪管理是对个体和群体的情绪感知、控制、调节的过程。

三、大学生专业技能

(一)通用技能

大学生的通用技能一般可以通过各种学历证书或者通过专业考试来验证。对于一般本科大学生来说,学历证书主要是“四证”,即毕业证、学位证、外语等级证和计算机等级证。

(二)专业技能

专业技能是指对某一专业领域相关技能运用和驾驭的能力。例如会计专业技能指:熟悉会计相关操作流程、银行业务及税务常识;有会计从业资格证书;可以熟练应用各种办工软件、财会软件进行成本核算及账务处理等。机械专业技能指:熟悉所有工序机台的性能,精通各种材料的“开方”、“切片”、“清洗”等所有工序的加工工艺,可处理现场有关的异常;可以熟练使用 Office、AutoCAD, Photoshop, ACD-see, Flash, Dreamweaver, Fireworks 等办公、制图、网页设计等软件。

专业技能一般可以通过专业技能证书和职业资格证书来体现。鉴于就业市场上专业技能型应用人才的短缺情况,国家提出了“在全社会实行学历证书和职业资格证书并重制度”的重要举措,推动就业准入制度的实施等,本节从就业的角度,重点介绍职业资格证书,主要引导学生在大学学习期间报考国家认可的职业资格证书,使其在提高职业素质和能力的同时,为用人单位选聘人才提供职业技能凭证,从而提高大学生的就业率和就业质量。

1. 职业资格的含义

职业资格是指社会经济部门或行业根据某一职业的工作目标和任务,对从事这 职业的人员提出必备的专业知识、职业技能和工作能力的基本要求。包括从业资格和执业资格。从业资格是指从事某一专业(职业)学识、技术和能力的起点标准。执业资格是指政府对某些责任较大,社会通用性强,关系公共利益的专业(职业)实行准入控制,是依法独立开业或从事某一特定专业(职业)学识、技术和能力的必备标准。

2. 就业准入的含义

就业准入是指根据《劳动法》和《职业教育法》的有关规定,对从事技术复杂、通用性广、涉及国家财产、人民生命安全和消费者利益的职业(工种)的劳动者,必须经过培训,并取得职业资格证书后,方可就业上岗。

目前,按照《中华人民共和国职业分类大典》(1995 年版),我国职业划分为 8 个大类,66 个中类,413 个小类,1838 个细类(职业)。劳动和社会保障部依据《职业分类大典》,确定了实行就业准入的 87 个职业目录。律师、会计师、心理咨询师等行业已率先实行了就业准入制度。大学生就业涉及的职业有秘书(涉外)、推销员、公关员、物业管理员、物流师、电子商务师、人力资源管理师、项目管理师、企业信息管理师、计算机、机械、电子、建筑、金融等近 300 个。

3. 职业资格证书的含义

我国《劳动法》规定:国家确定职业分类,对规定的职业制定职业技能标准,实行职业资格证书制度。职业资格证书反映特定职业的实际工作标准和规范,是劳动者具备职业资格的具体形式,表明劳动者具有从事某一职业所必备的学识和技能。它是劳动者求职、任职、开业的资格凭证,是用人单位招聘、录用劳动者的依据之一,也是境外就业、对外劳务合作人员办理技能水平公证的有效证件。

4. 职业资格证书的作用

(1)职业资格证书制度是社会发展进步的一个标志。职业资格证书制度是劳动就业制度的一项重要内容,是国家对某些承担较大责任、关系国家、社会和公众利益的重要专业岗位实行的一项管理制度。这项制度在发达国家已实行了近百年,对保证执业人员素质、促进市场经济有序发展具有重要作用。我国在学习和借鉴欧美发达国家职业资格证书制度的基础上,建立了我国职业资格认证体系,从而实现了我国职业资格证书与国际接轨和多边互认,实现了参与国际经济竞争,最终走向国际化。因此职业资格证书制度是一项社会进步的标志。

(2)职业资格证书发挥了就业的桥梁作用。职业资格证书是大学生顺利步入社会,走上理想职业的途径之一。由于高校专业设置、人才培养与市场需求出现一定的“错位”,国家职业资格证书认证体系的建设,架起了“专业”与“职业”之间的桥梁,实现了高学历层次向宽职业能力的拓展。大学生通过必要的培训、考核,获得相应的职业资格证书,拓展与自己专业相似或相近的“职业”,便可纠正“专业”与“职业”的“错位”现象,从而为自己架起通向理想职业的就业桥梁。

(3)职业资格证书发挥了就业的窗口信息作用。“职业资格证书”是一个“窗口”,大学生通过这一窗口,向社会展示自己的学识才能,而社会通过这一窗口获取求职者的自身技术和技能水平等信息。职业资格证书使就业更容易成功,是大学生就业的有效途径。据说,同济大学高等技术学院的84名应届毕业生拿到国家职业资格证书后,即被英特尔公司、中国银行上海分行、宝钢集团等14家企业相中,这些获得职业资格证书的大学生的就业签约率为100%。

国家职业资格证书首先是种能力的象征,国家对取得国家1级和2级证书的高端人才是相当重视并有补助的,最直接的方式就是涨工资,退休后国家也有经济补贴。

5.职业资格证书的种类

(1)按照行业性质可分为两大类:一类为特殊行业的,如:司法人员资格证书(以前的律师证)、会计证;另一类为大众行业的,目前主要就是人力资源和社会保障部颁发的国家职业资格证书,两类证书的法律效力是同等的。

(2)按照颁发部门划分,可分为六类:第一,劳动部证书(包括人力资源管理师、营销师、电子商务师、物流师、物业管理师、经营师、策划师、营养师、秘书、项目管理师、心理咨询师、公关员、企业培训师、职业经理人、理财规划师、园艺师、景观设计师等);第二,人事部证书(包括一级建造师、二级建造师、造价工程师、注册咨询工程师<投资>、质量专业技术资格、监理工程师、经济师、一级注册建筑师、二级注册建筑师、投资建设项目管理师、环境影响评价工程师、房地产经纪人、房地产估价师、会计职称、企业法律顾问等);第三,建设部证书(包括造价员、建筑预算员、建筑质检员、建筑材料员、建筑施工员、建筑安全员、建筑五大员年审继教、装饰预算员、装饰施工员、物业管理企业经理等);第四,旅游局证书(包括导游资格、中级导游);第五,财政部证书(包括会计从业资格证、会计职称);第六,教育部证书:即教师资格证等。

(3)按照专业类型划分,可分为七类:第一,认证类证书:ISO9000内审员/外审员、ISO14000;第二,保险类证书:保险经纪人、保险代理人;第三,全国人事人才培训认证类(包括国际商务单证员、国际商务跟单员、国际货运代理师、营销师、物流管理师、信用管理师、会展管理师、房地产职业经理人、理财规划师、汽车营销师、职业经理人、人力资源管理师、项目管理师、营养(保健)师、心理咨询师等);第四,工程类(包括监理工程师、咨询工程师、安全评价师、设备监理师、造价工程师、岩土工程师、房地产估价师、土地估价师、建造师、结构工程师、质量资格、投资项目管理师、安全工程师、房地产经纪人、土地登记代理人、境影响评价师等);第五,经济类(包括经济师、注册税务师、资产评估师、会计职称、报关员、报检员、外销员、单证

员、注册会计师、统计师、审计师、企业法律顾问、国际商务师等);第六,语言类(包括BEC、公共英语、自考英语、英语四级、日语等级、在职申硕英语、攻硕英语、零起点英日德法语、职称英语、日语等);第七,医学类(包括执业药师、临床执业、助理医师、口腔执业药师、中医师、卫生职称等)。

6. 国家职业资格证书的等级与标准

根据劳动和社会保障部制定的《国家职业标准制定技术规程》的规定,国家职业资格证书分为五个等级,各等级的具体标准为:

国家职业资格五级(初级技能):能够运用基本技能独立完成本职业的常规工作。

国家职业资格四级(中级技能):能够熟练运用基本技能独立完成本职业的常规工作;并在特定情况下,能够运用专门技能完成较为复杂的工作;能够与他人进行合作。

国家职业资格三级(高级技能):能够熟练运用基本技能和专门技能完成较为复杂的工作;包括完成部分非常规性工作;能够独立处理工作中出现的问题;能指导他人进行工作或协助培训一般操作人员。

国家职业资格二级(技师):能够熟练运用基本技能和专门技能完成较为复杂的、非常规性的工作;掌握本职业的关键操作技能技术;能够独立处理和解决技术或工艺问题;在操作技能技术方面有创新;能组织指导他人进行工作;能培训一般操作人员;具有一定的管理能力。

国家职业资格一级(高级技师):能够熟练运用基本技能和特殊技能在本职业的各个领域完成复杂的、非常规性的工作;熟练掌握本职业的关键操作技能技术;能够独立处理和解决高难度的技术或工艺问题;在技术攻关、工艺革新和技术改革方面有创新;能组织开展技术改造、技术革新和进行专业技术培训;具有管理能力。

7. 大学生应理性选择报考职业资格证书

(1)大学生报考职业资格证书的误区。如今,通过考证来提升就业能力、增加就业砝码,是许多大学生的心理期待,很多学生认为证书越多、效果越好,这是一个误区。目前在全国已经考取各类资格证书的在校大学生人数很多,但其中大部分人的证书在求职过程中并没起到应有的作用。例如,如果计算机专业学生拿着物流职业资格证、导游证等多张证书去应聘,会给用人单位盲目考证的感觉,或给用人单位留下考证过多分散学习精力的印象,有的用人单位还会因其职业定位不清晰而拒绝录用。

(2)选择报考适合自己的职业资格证书。职业资格证书是国家人事和社会劳动保障部未来大力倡导的上岗证书,也是大学生面对激烈竞争必要持有的证件和有力辅助。因此，在校大学生应未雨绸缪，根据自己的专业以及兴趣爱好及早规划自己的职业人生，报考适合自己的职业资格证书。选择报考职业资格证书时要坚持“专业相关，志向趋同，层次相符”的原则。首先是专业相关，所选择的证书要和自己的专业有所关联，如财会专业学生，除了考取会计从业资格证书，还可考取计算机等级证书；中文专业学生可选择行政管理、公务员、人力资源和外语方面的证书；经贸专业的学生可考虑选择商务英语等；计算机专业的学生可考虑网络商务、网络实务管理、软件考试等。其次是志向趋同，就是说所考取的证书要和自己将来的职业取向一致，但前提是在校期间要努力提高职业取向方面的专业知识，再拿证书作为自己的专业证明。最后是层次相符，就是不要考那些虽然听起来比较高级、实际上和自身情况差距很大的证书，如大学生考什么“某某职业经理人”证书，就没有太多意义。

总之，职业能力虽然可以通过职业资格证书来体现，但证书绝非等同于能力。只有能力提高了，才会名副其实、相得益彰。所以，不管报考哪种证书，首先要弄清楚自己的目的，不要单纯地为了考证而考证。

第二节　大学生职业素质拓展

一、制订职业素质拓展计划

大学生职业素质计划是一个融合了素质测评、辅导、培训等多种拓展工具的素质提升活动。

(一)目的

主要是通过素质测评、学习培训，参与各种竞赛和社会实践等一系列有组织的活动，提高大学生对职业素质拓展重要性的认识，使大学生有意识、有计划地提高自己的个人素质、通用能力和专业技能，从而提高自己的就业竞争力。

(二)职业素质拓展计划内容

(1)选修《大学生职业生涯规划》课程。各年级学生均可参加，最好是一年级就选修。通过该课程的学习，初步了解自己的性格、爱好等，明确职业发展目标，制定大学四年的学习规划，提高学习的效率。

(2)参加职业生涯规划设计大赛。各年级学生均可参加，主要通过大学生职业生涯规划设计大赛来制定自己的职业生涯规划，并按照规划的目标制订个人素质和通用能力提升计划。

(3)个人素质和通用能力训练。各年级学生均可参加,主要通过现场培训、网络培训、训练营和在线指导等方式训练大学生的个人素质和通用能力。现场培训可由学校邀请企业家、人力资源经理、职业生涯规划专家、就业创业指导专家、成功人士到学校面授职业规划、个人素质、职业能力、职业发展等。网络培训和在线指导可通过中国海峡人才网、海峡大学生网进行。

(4)职业技能培训。三、四年级学生均可参加,主要通过现场与网络相结合的方式。现场授课由学校组织多种形式的职业技能培训,引导学生报考适合自己的职业资格证书。网络授课可登陆中国海峡人才网、海峡大学生网进行。

(5)职业见习计划。各年级学生均可参加,对已制定个人职业生涯规划的大学生,学校可联合各著名企业,从中选择优秀人才实施职业见习,为大学生就业培养更完善的职业素质和职业能力,创造更多的就业机会。例如参加中交二航局海外部培训班等。

(6)就业创业培训辅导。三、四年级学生为主,参加学校开设的《大学生就业与创业指导》课程学习,接受学校邀请的企业家、人力资源经理、职业生涯规划专家、就业创业指导专家、成功人士、礼仪专家的求职面试理论和实战经验讲座,以及他们所提供的就业、创业可行性建议和成功经验介绍。

(7)大学生模拟竞聘大赛。三、四年级学生均可参加,通过举办模拟竞聘大赛活动,提升大学生应聘面试能力,检验职业素质拓展计划效果。

(8)参加人才招聘会。二年级至毕业年级学生均可参加,主要通过人才招聘会或毕业生供需见面双向选择大会,让大学生感受招聘求职氛围,了解用人单位对人才的需求,以便进一步改进个人职业素质拓展计划。

(9)提供兼职职位。各年级学生均可参加,主要通过举办兼职招聘会、网上寻找兼职职位信息、学校帮助推荐兼职工作等来实现。例如参加大中型国资企业、市直机关等对口单位社会实习实践等。

(10)建立职业素质提升档案。各年级学生均可参加,可以通过学校生涯工作坊或网络方式,让大学生对在校期间的学习成绩、社会实践活动、职业能力提升状况、职业见习实习情况、接受的培训课程、发布个人作品等实践内容进行翔实记录。

二、提升职业素质的方法

大学生的职业素质包括隐性职业素质和显性职业素质两大部分。其中1/8是显性的职业素质,可以通过各种学历证书、职业证书和专业学习来提升。本段主要介绍隐性职业素质的提升方法。

（一）责任意识的培养

培养大学生责任意识的目的就是使大学生树立对他人、对集体、对社会、对国家负责的意识。主要方法有：

（1）培养大学生坚持做好分内应做之事的责任意识。大学生的主要任务是学习，只有把学业搞好，才能谈得上未来对国家、对社会的责任，否则不但不能承担社会责任，反而成为社会的负担。因此，大学生必须集中精力学好理论知识，并紧密地与实践结合，真正做到学有所成、学有所为。

（2）培养大学生将来担当某种职务和职责的责任意识。大学生是青年人中的优秀分子，尽管目前在校是以学为主，但是必须认识将来在国家建设中主力军的作用，努力将自己培养成为"有理想、有道德、有文化、有纪律"的社会主义建设者，自觉加强责任心和责任感培养。要树立全面正确的责任观，既要对自己的学业和家庭负责，也要对他人、集体和自己的祖国负责。

（3）培养大学生勇于承担过失的责任意识。大学生是社会的人才，应该比同龄人承担更多更重的职责，更好的履行自己的职责。有些大学生做错事时，往往缺乏承担过失的勇气，这是责任意识不强的体现。应让大学生明白，只要做事，就不可避免犯错误，只有什么都不做的人才会不犯错误，因此，大学生既要勇于承担责任，又要大胆改正错误。

（4）加强对自己生活自理能力培养的责任意识。现在大学生大都是独生子女，在家里深受父母溺爱，力所能及的事也由父母包办，造成自己生活自理能力较差。例如，央视《新闻调查》栏目播发了"神童"魏永康独特的成长经历。1983 年出生的魏永康两岁就认识 1000 多个汉字，4 岁掌握初中文化，8 岁上县属重点中学，13 岁以高分考上重点大学，17 岁考上中国科学院的硕博连读。19 岁时，因生活自理能力太差，知识结构不适应中科院的研究模式被退学。所以大学生首先要生活自理才有助于顺利完成学业，才能承担责任。大学生应该明白凡事依赖父母，是对自己不负责任的一种表现。

（5）在社会实践中培养大学生的社会责任感。社会实践是大学生了解社会、增长才干，明晰社会责任感的绝佳舞台。大学生要通过组织、参与各种各样的有益活动，努力培养自己承担责任的勇气和履行职责的能力。要注意从小事做起，从点滴做起，注重行为习惯的养成。日常生活中，不要事事先替自己打算，而要自觉地把个人利益与他人利益、社会利益、国家利益统一起来，个人利益服从整体利益。

（二）敬业精神的培养

敬业是最完美的工作态度。敬业精神的培养应该坚持从思想和行为入手。

（1）树立正确的人生观价值观。一个人的价值在于对社会的贡献，这种贡献

要通过我们从事的职业来体现。如果我们把职业只当成谋生的手段,就会以追求高收入为目标而斤斤计较或随意“跳槽”,这样既损害到组织的利益,也不能很好地积累经验,为自己搭建平台,成就事业。因此,不管从事什么工作,都要正确认识工作对人的价值。不能只想着个人的眼前利益,要淡泊名利,多做贡献,从长计议。

(2)保持积极进取的工作态度。现在企业中普遍存在着三种人:得过且过之人、牢骚满腹之人、积极进取之人。其主要区别在于对工作的态度。一个人的态度直接决定了他的行为,决定了他对待工作是尽心尽力还是敷衍了事,是安于现状还是积极进取,可以说,态度也是竞争力。因此,我们要做积极进取之人,敬重自己的职业,要付出热情和努力,尽职尽责地去完成工作。

(3)全身心地投入到工作中去。“业精于勤,而荒于嬉”。一个全身心投入到工作中的人,为了能胜任工作,出色完成任务,会调动自己的聪明才智,补基础、查资料、练技术、攻难关,这样的人学识和业务必定会与日俱增,其职称和职务也将持续晋升,这是水到渠成的必然规律。而有些人靠投机取巧和运气巧合而获得的晋升只能是短暂和不连续的。

(4)养成“工作中无小事”的处事习惯。“把每一件简单的事做好就是不简单,把每一件平凡的事做好就是不平凡。”这句看似简单的话蕴涵了一定的哲理。据统计,我们日常从事的工作90%是一些重复性、事务性、琐碎的简单工作,但没有任何一件事情,小到可以被抛弃;没有任何一个细节,细到应该被忽略。大事是由众多的小事积累而成的,忽略了小事就难成大事。所谓“不积跬步,无以至千里”。

(5)努力做到“干一行,爱一行”。现实生活中只有少数人能够找到理想工作,而“爱一行,干一行”。大多数人必须面对现实,去从事社会需要而自己内心并不太愿意干的工作,此时如果没有“干一行,爱一行”的精神,就会一事无成。因此,当我们不得不从事自己不太感兴趣的工作时,应该从整个社会需要的角度出发,培养兴趣,热爱这一工作,这是每一个职业人基本觉悟和社会责任感的体现。况且,通过积极努力从事本职工作,不断增长知识,增长才干,在一定程度和范围内做到全面发展,可以拓展更宽广的发展空间,最后选择“爱一行,干一行”。

(6)对工作心怀感激之情。感恩已经成为一种普遍的社会道德。对工作也应怀有一颗感恩之心,工作为你提供了施展才华的平台,工作保证你丰衣足食。每个人对工作为自己所带来的一切,都要心存感激,并力图通过努力工作以表达自己的感激之情。当你以一种知恩图报的心情工作时,你才能认真履责,尽职尽责,你才会工作得更出色,才会真正达到“工作快乐,快乐工作”的状态。

(三)自信心的培养

(1)认清自己。每个人都会有他特有的优点、特长,关键是自己能否认识到和把他们发挥出来。这就需要学会从多方位认识自己,把自己各方面的优点一一罗列出来。

(2)充分准备。万全的准备是带来自信的重要源泉。例如,当你向别人推销商品时,除了随时准备特别的东西,还要思考对方能接受的方法,另外,为了不使对方感觉浪费时间,用什么样的话题、方式适当地表达出重点,也必须在事前做深刻的了解。这样在推销时你一定很自信,且能成功。

(3)前排就座。无论什么样的集会,许多人愿意坐到后排,因为自己不想引人注目,这多是缺乏自信的缘故。坐前面会比较显眼,但能建立自信,因为有关成功的一切都是显眼的。

(4)正视对方。正视对方等于告诉他,我很诚实,且光明正大,敢作敢为,我们是平等的。不敢正视对方意味着:我做了亏心事,犯了错误。

(5)昂首阔步。心理学家研究发现,身体的动作是心灵活动的结果。那些遭受打击,被排斥的人,走路都拖拖拉拉;那些情绪低迷,伤感伤心的人,走路就无精打采;那些无所作为,没有奋斗目标的人,走路都慢慢吞吞。而那些事业心强,充满自信的人,走路的速度比较快,似乎在分秒必争,有极为重要的事等自己去做,自己扮演着一个重要的角色,自信心也就由此而生。

(6)当众发言。当众发言是增强自信心的一个重要手段,有些人在众人面前,特别是一些会议上认为:“其他人可能比我懂得多,我的意见可能没有价值,如果说出来,别人会觉得我很愚蠢,我不想让他们知道我是这么无知。”这样越不发言,就越不敢发言,自信心就越低。

(7)默念谚语。默念一些增强自信的谚语,并对其深信不疑,自信心就会倍增。诸如:“有志者事竟成”“积少成多,聚沙成塔”“黑暗中总有一丝光明”“错误是难免的”“说不行的人永远不会成功”等等。

(8)放声大笑。实践证明,笑能给人增加信心。放声大笑,表明“我有信心,我一定能行。”这是一种自信的表现。

(9)积极理解。事物都有两面性,看到他的消极面和积极面后果大不一样,消极面很容易使人产生沮丧的心理,积极面有利于提高自信心,此外,积极理解可以使你争取到更多的支持和资源,从而取得成功。

(10)分解目标。八大目标分解成几个小目标,每达成一个阶段,就会产生新的动力,然后就会激发达成终极目标的信心和动力。

(四)团队精神的培养

团队精神是可以通过学习培养的。在日常学习、工作中,我们要充分认识团结就是力量,通过借力出力,既能赢得人心,又能驾轻就熟地工作,主要方法:

1. 认清形势,主动培养团队精神

当前大学生总体上是积极向上的,但由于缺乏培养,团队精神不足。部分大学生,要么仅仅注重个人的发展,忽视团队的作用,要么缺乏个性,随波逐流,在竞争中被淘汰。而现代社会知识经济步伐加快,科技发展日新月异,各种学科、知识、信息、文化的交叉,决定任何一个项目的完成单靠个人的力量是不可能实现的,它需要发挥团队的智慧。所以,大学生要根据形势的发展变化,辩证地处理好合作与竞争、个体与团队的关系,主动培养团队精神。

2. 融入集体,注重培养团队精神

(1)参加集体活动,凝聚团队精神。一项集体活动从发起到结束的过程,往往是亲密人际关系的过程,在集体活动中,同学之间得以经常交换思想、交流情感、相互关心,在交往中共同体验合作的快乐,深刻领悟"我为人人,人人为我"的集体主义内涵,使得集体成员之间在心理上彼此认同,产生一体感和归属感,从而自觉摒弃自私自利、唯我独尊的个人主义作风。同时,也易促进全体成员迸发行动的力量,最大限度地为集体目标共同努力,从而有效凝聚团队精神。

(2)通过校园文化活动,锻炼团队精神。校园文化活动能产生一种生气勃勃的力量,是培养大学生团队精神的载体。大学生渴望精神生活的丰富多彩,而且不同的人有不同的兴趣爱好。丰富多彩的校园文化活动,一方面可以使大学生在各种活动中发现、培养、提高自身的特长,使那些个性特长较突出的学生找到适合自己的内容和形式,并在活动中看到自己的价值,从而激发他们的自主性、自尊心和自豪感,从而树立一个真实、完整、积极的自我意象,形成积极向上的生活学习态度。另一方面可以扩大学生的交往圈,使学生在活动中找到知心朋友,扩大胸怀,增强团队意识、锻炼合作能力。

3. 加强学习,积极培养团队精神

(1)将工作视为团队的工作。现代社会,任何工作早已是系统控制中的一部分,最清醒的工作态度就是视工作为团队的工作,好处在于:首先,可以减少自己的心理压力,不用一个人扛住沉重的工作责任;其次,会在不知不觉中调节与其他同学的关系,以求得稳妥的平衡状态;第三,会更专注自己的强项,并可随心采取最有效的方法去完成工作;第四,将工作简单化、程序化。

(2)礼让但也适当顶位。懂礼仪讲技巧的人最容易很快融入团队,好比一场足球比赛,每个球员都有自己的职责和位子,有时为了让其他队员完成进攻,还必须适时的礼让,把相应的空缺让出来。但有时又要眼观八路,一旦发现同伴离开了自己的岗位,就必须在第一时间奋不顾身地去顶一下。这种默契需要时间来培养,但是必须有这样的意思:我帮人人,人人帮我。这不仅反映在工作上的相互支持,有时还能表现在生活中。比如生病时,同伴们的无私帮助,会给自己带来很大的动力和欣慰,但是前提必须是自己也是一个懂得帮人的人。

(3)享受团队成功的喜悦。团结最简单的表现就是齐心协力,好比划船队中的8个队员行动整齐、节奏统一,那是最省时省力的方法,如果再加上适当的技能,离成功就不会太远。当船跃过终点线的时候,所有的队员都会情不自禁地击掌欢呼,这是因为他们一起承受了压力,一起付出了汗水,当胜利来临的时候,他们彼此要传递那种惺惺相惜的情感。所以一个团结的队伍,首先要有享受团队成功的愿望和勇气,并愿意为此付出。

(4)赞赏别人的长处。赞赏是认同的一种表现形式,赞赏也是同伴之间的润滑油。要想在团队中得到认同和赞赏,一定要用心发现同伴的长处,学会用赞赏的眼光看待同伴,赞赏一个点子,赞赏一次出力等。如果每一个人严以律己,宽以待人,平时多用建议替代批评,用赞美替代奉承,那么团队的凝聚力、合作意识和高昂士气就会越来越浓烈。

(五)沟通能力的培养

大学生要加强沟通能力的培养,就必须积极激发自己的主观能动性,认识沟通能力的重要性,走出自我,敢于表达、善于争辩、学会倾听和恰当的设计,培养自己沟通的能力和技巧。

1. 用言辞修饰沟通

语言表达恰当与否的真谛是:你能否在恰当的时候和适当的场合用得体的方式表达你的观点。当你在表述自己的观点、维护自己的立场或听到一种令人生气的言语时,使用一种委婉幽默的词语将能使表达效果更好。使用委婉幽默的言辞、要求我们博览群书,建立自身的语言词库,在言语沟通中提高言辞智商。用言辞修饰沟通时,注意"占理不讲理"是不好的沟通,"有理又有礼"是好的沟通。

2. 用身体语言强化沟通

研究表明,人的情感沟通能力只有7%是通过语言来表现的,37%在于你在沟通中所强调的词,56%完全是身体语言所引起的效果。这56%的沟通方式统称为"身体语言沟通",包括身体动作、姿态、仪容仪表等方面。

(1)用文雅的举止表现沟通魅力。大学生在学习、工作、生活中要以规范的标准来要求自身的身体动作和姿态形式(如站姿、坐姿、走姿、手势等),从中反映出自信心、庄重稳定、优良的道德修养和深厚的文化水平。

(2)用微笑的表情装点沟通魅力。"微笑"是一种非常行之有效的艺术。真切和诚实的微笑就像一个"魔力开关",能立即开启与他人沟通感情的门窗。微笑使沟通在一个轻松的氛围中展开,可以消除由于陌生、紧张带来的障碍。微笑可表示

出对对方的尊重和真诚，有利于建立大学生的可信度。

(3)用得体的服饰修饰沟通魅力。郭沫若先生说过，“衣裳是文化的表征，是思想的形象。”服饰反映一个人的精神面貌、文化素养和审美水平，大学生们要清醒地认识到自己不仅仅是一位大学生，而是富有深刻素养内涵的被公众所称赞的审美对象，整齐、得体的服饰可以给大学生的形象增添不少迷人的风采。因此，大学生要根据不同的时间、地点、场合、对象选择不同的服饰，这样可使自己端庄宜人、外在形象更趋完美。

3. 在实践中锻炼沟通能力

(1)参加社团活动。学校社团是培养沟通能力的最佳舞台。大学生可以尝试活动组织、节目主持、广告宣传等多种角色，小到借一间教室，大到去企业拉赞助，和学校内外各个层面的人打交道，都要亲力亲为，在角色扮演、角色交往、人际冲突中获得丰富的社会体验。同时要在社团中多观察沟通能力特别强的同学，看他们如何与人相处，如何处理交往中的冲突，如何说服他人和影响他人、如何发挥自己的合作和协调能力，如何表示赞许或反对，如何在不冒犯他人的情况下充分展示个性等等，使沟通能力得到全方位的锻炼。

(2)勤工俭学。越来越多的在校大学生利用课余时间外出勤工俭学，大多数人会选择家教以及麦当劳或肯德基的服务员等类型的工作。这些工作都需要与服务对象进行大量的语言交流与身体接触，是一份难得的人生阅历，在待人接物过程中可以充分培养学生的沟通能力。例如，做家教时，如何让学生听懂你讲的课？如何让家长认同你等？在实现这些目标的过程中，学生能发现自己的不足，也懂得自己应该朝哪一个方向努力，才能让自己的沟通能力得到进一步的提高。

(3)当志愿者。当志愿者是大学生锻炼沟通能力的又一途径。志愿者可以广泛接触世界各地的文化，在工作时主动扮演不同的角色，学会为不同对象服务，学会和不同语言、不同国籍、不同行业、不同职业的人士沟通交流，以此锻炼自己的沟通能力。

(4)公司实习。大学生利用寒暑假去企业实习，是培养沟通能力的传统方式。实习能使大学生熟悉公司文化，知道如何与上级、同事相处，了解和掌握每个人的行为方式和管理风格等，提前补上了社会大学的课程，有未雨绸缪的功效。

(六)学习能力的培养

大学生是具有学习潜能的，只要采取适当的方式方法，以创新的意识、科学的态度，不断去探索，其学习能力是可以大幅度提高的。

(1)转变学习观念。学习观有高低层次之分，仅仅把学习视作“增加知识”及“记忆和再现”，属于较低层次的学习观，而把学习视作“应用”、“个体的改革与发展”及“创造新知”则属于较高层次的学习观。大学生只有树立高层次的学习价值观,才能产生强大而持久的学习动力,提高学习能力。

(2)培养信息素养。大学生的信息素养是指有效的确定信息、批判性的评价信息,以及创造性的利用信息的能力。信息素养作为一种高级的认知技能,同批判性思维、解决问题的能力一起,构成了学生进行知识创新和学会如何学习的基础。

培养信息素养,就是要充分发挥学生在学习过程中的主动性、积极性与创造性,使自己真正成为信息加工的主体和知识意义的主动建构者,而不是外部刺激的被动接受器和知识灌输的对象,对于有价值的重要信息,要建立一套自己的信息储存方式。例如,书籍是信息载体的主要形式之一,系统实用的个人图书馆是必不可少的;报纸杂志中有用的信息,可以采用传统的剪报的方式储存;利用计算机的录入与扫描等方式存储信息,应该越来越引起注意。无论哪种存储方式都要设计一种分类检索的方式,便于及时找到所需的信息。

(3)提倡反思性与合作性学习。大力提倡真正意义上的讨论法、实验法、实践法等,促进各种形式的质疑、对话、交流与合作,让学生形成对知识进行独特理解、质疑和批判的习惯,有利于激发学生的想像力与创造力。

(4)学会自主性学习。自主性学习,就是要充分发挥自己的潜能和想像力,按照自身的具体情况,选择探究式、讨论式、尝试式等最适合自己的方式去学习,在学习过程中要意识到自我的存在,使自己真正成为学习的主体,科学合理的安排时间,发挥自我管理的效力,养成良好的学习习惯,磨炼自己的意志,以达到最佳的学习效果。善于自学的人,往往都是意志坚强且具有很强学习主动性的人。

(5)学会创造性学习。创造性学习的功能在于通过学习,提高一个人发现、吸收新信息和提出新问题的能力,使其适应社会的飞速发展和日新月异的变化。传统的学习大多属于继承性的学习,这种学习方式虽然保持了知识的积累和延续,但是难以适应现代社会的学习要求。因此,大学生既要有选择地学习传统的知识和经验,更要注重创造性的学习,要着眼于未来的发展,重在对未知领域的探索,以适应知识型社会的要求。

(6)探索适合自身的学习方法。学习方法不仅是一种知识,更是一种能力。学习方法不仅因学习对象而异,也因学生不同而异。学习方法的知识向学习能力转化的最重要的条件就是“应用”。因此,大学生既要参考和借鉴书本及他人的学习方法,也要在自身的学习实践中不断地摸索、探讨新的学习方法。这样才能真正掌握科学的学习方法而提高自己的学习能力。

(7)培养学习兴趣。孔子说:“知之者不如好之者,好之者不如乐之者。”当你对某种学习产生兴趣时,你总会积极而愉快甚至废寝忘食地投入其中,去自觉地思

考和探索，能够想办法去解决遇到的困难，形成一条：主动学习——发现问题——自我思考——解决问题——继续学习的良性循环的学习链。通过这样一种体验式的学习过程，能够培养自觉学习的习惯和责任，形成学习动力，进而提高自己的学习能力。

（七）时间管理能力的培养

对个人而言，时间管理主要包括：加强时间的计划性；统筹安排事务性工作；分析基础事务工作过程，提高工作技能；消除时间浪费现象等。

1. 制定目标

（1）确定人生目标，分割和量化人生各阶段目标。

（2）制订详细的计划。据统计，由于人们不进行计划而浪费的时间，时间计划占被浪费总时间的40%以上。一个没做计划的人，必然是一个浪费时间的人，很多知名企业如宝洁、西门子都有严格的时间管理技能培训。计划按照时间和内容可分为：日计划、周计划、月计划、季度计划、年计划、专项计划等，不管什么计划，不要一次做得太多，计划的目标也不要太笼统。

（3）永远对准目标。

2. 优先次序

（1）遵循目标 ABC 管理原则。即将不同的学习或工作任务，依照它们对实现目标的重要性或紧急情况分成 A、B、C 三个等级：A、最有价值的，必须做的；B、稍低价值的，应该做的；C、价值最低的，不值得做的。

根据对工作事项所分等级的价值程度进行工作时间的投入。例如，标 A 的是最有价值的，因此要尽量优先去做。把标明 B、C 的留在后面去做，还可根据时间把 A 项分列出为："A－1"、"A－2"等等。

（2）时间管理的优先原则。即按照事情的紧急程度和重要程度两个维度来确定优先顺序：就是紧急在前，不紧急在后；重要的在前，不重要的在后。为此我们可以将工作分成四类：

第一类：既重要又紧急的事情（位于第一象限），必须马上处理。

第二类：重要但不紧急的事情（位于第二象限），可以在一定的时间内完成。若重要的事情没有在规定的时间内完成，就容易将这一象限的事情变成第一象限。

第三类：不重要但是很紧急的事情（位于第三象限），比如说，电话、会议、来访等基本上属于这一象限。一般要尽量减少这类事情的发生，若是发生了要尽快处理好。

第四类：非重要又非紧急的事情（位于第四象限），这类事情就不去做好了。

以上四种类型的事情有一个规律：就是要把时间尽量投入到重要但不紧急的

事情中，即大家常说的第二象限工作法。

3. 集中精力

遵循时间管理的 80\20 原则。即集中 80% 的精力做 20% 重要的有价值的工作；投入 20% 精力做另外 80% 琐碎的价值低些的工作（表 6-1）。这一原则要求我们分辨清楚事情的轻重缓急，要在精力最好的时候把重要的有价值的事情办好。

时间和精力的分配　　表 6-1

价值 80% 的工作	价值 80% 的工作分配	价值 20% 的工作	价值 20% 的工作分配
事项一	需 2 小时集中精力	事项四	可往后推
事项二	需 1 小时不受干扰	事项五	没时间就不做
事项三	需 2 小时高效时间	事项六	可委托下属或他人

4. 总结调整

《高效能人士的七个习惯》一书提出，"重要事"和"紧急事"的差别是人们浪费时间的最大理由之一。因为人的惯性是先做最紧急的事，但这么做会导致一些重要的事被荒废掉。因此，每天管理时间的一种好方法是，早上确定今天要做的紧急事和重要事，开始就做重要事，睡前回顾一下，这一天有没有做到两者的平衡。

5. 列出清单

就是将每日或最近三天要做的事列一份清单，排出优先次序，确认完成时间，以突出工作重点，保证重要事项能按期保质完成，具体格式见表 6-2。

待　办　单　　表 6-2

年　月　日

序号	代办事项	优先顺序	计划时间	完成人	完成确认	备注
1						
2						
……						
预留时间事项处理记录：						

6. 养成习惯

(1) 养成随时记录的习惯。俗话说"好记性不如烂笔头"。

(2) 日前计划，事前计划。计划是为即将实施的工作做准备，日前计划，事前计划，做事时才能正确实施计划。

(3) 日事日清，日事日毕。每天的目标必须完成。

7. 做好加、减、乘、除

(1) 加法就是要找出隐藏时间。即善用等候和空当时间；创造高效时间；错过高峰时间等。

(2)减法就是要减少时间浪费。即计划和行动要快。做事不要过多的犹豫和反复,拖延采取行动的时间。要避免习惯性拖拉、过分的追求完美而拖拉、思想上不重视而拖延以及受别人影响而拖延等浪费时间现象。

(3)乘法就是提高工作的效率。一是保持学习和办公桌面清洁,物品摆放整齐;二是建立有效的学习和工作环境,将办公和学习用品放在固定和方便使用的地方;三是进行有效的文件处理,电脑文件和纸质文件分类存放,查找方便;一次把事情作对,坚持专注的意识。

(4)除法就是要根除浪费时间的习惯。办事不要拖拉和推迟。

(八)情绪管理的培养

卡耐基说:“在我们生命中的每一天,每个人首先面临的就是情绪管理,情绪管理是整个人生的第一管理”。情绪往往是在沟通过程中表现出来的,大学生要通过情绪敏感、情绪调适、情绪控制、情绪宣泄等方式来培养情绪管理的能力,使自己情绪健康,心胸开阔,个性得到全面和谐的发展。

(1)情绪敏感。在沟通交流过程中,一方面对自己的情绪要敏感,发现情绪不对,影响自己的精神状态时,应即时调整以免造成别人的误解。另一方面也要对他人的情绪保持敏感,发现他人情绪不好时,要真诚的关心,如果是因为自己的原因造成的,反省一下自己的行为,是否有什么不妥之处,取得别人的谅解,千万不能留下阴影。

(2)情绪调适。当面对一种外界刺激时,采用什么样的情绪回应,是与思维方式有密切关系的。美国心理学家艾里斯认为,人们对挫折的反应不在情绪本身,而在于对挫折的不合理认识。以合理的思维方式代替不合理的思维方式,就能减少不合理的信念给人们情绪带来的不良影响。面对问题和困难时,多从合理与积极的方向考虑,少从消极负面的影响来考虑,就能使心理得到一定的平衡,从而减少激烈情绪,缓和气氛,以免对自己和别人的心理造成不利的影响。

(3)情绪控制。情绪控制是情绪管理的关键环节,能练就“喜怒不形于色”的功夫,靠的就是情绪控制的能力。无论是高兴还是愤怒的情绪。都要根据当时的环境来控制。在不合时宜的场合里,错误地表达了情绪,就会影响现场气氛和别人的感受。同时,也会被别人认为是不深沉,不成熟的表现。

“你不能改变天气,但可以控制心情”是控制情绪很好的格言。面对各种各样的外界刺激,保持平静的心态,不为外物所动,把持自己情绪的方向盘,才能很好的控制情绪。

(4)情绪宣泄。无论是积极还是消极的情绪,都不能压抑过多,情绪积压太重,会造成巨大的心理压力,不利于身心健康。因此,要在适当的时机为情绪找到合适的宣泄方式。比如与朋友聚会畅谈一下形势，从事一些激烈的健身活动，或暂时逃避一下周围的环境等。

【案例一】

刘栗杉，女，中共党员，重庆交通大学人文学院2007级广播电视新闻专业学生。大学期间，刘栗杉参加了许多志愿者服务，获得国家级奖励5项，省部级奖励11项，校级奖励20项和各类奖学金，并于2009年获评全国优秀共青团员，2010年获评重庆交通大学最具影响力的十佳学子。

【案例分析】

刘栗杉的职业目标是成为有传媒专业背景的外语翻译人才。大学期间，她主要从三个方面拓展自己的职业素质：

（一）兴趣为师，自主学习（注重学习能力培养，勇敢面对困难）

刘栗杉从小就喜爱外语，立志从事与外语有关的职业，她希望自己能成为一名优秀的外语翻译人才，并且渴望能有机会站上三尺讲台，将自己所学教给学生，促进不同文化之间的交流。从中学到大学，她一直努力学习外语，高中刚毕业就以6.5分的成绩通过国际剑桥雅思考试。上了大学后，刘栗杉在学校组织的英语口语班选拔考试中脱颖而出，成为口语班的学生，在老师的指导下坚持练习自己的英语口语，最终被选为各类英语演讲比赛的种子选手，分别于2008年和2009年两次参加CCTV杯全国英语演讲大赛，首届昆士兰杯英语演讲比赛，中央电视台希望之星英语风采大赛，均获得佳绩，另外她还连续三年参加了全国大学生英语竞赛，获得一次一等奖和两次特等奖。

大学与中学不同，大学的学习需要个人自主完成。进了大学的刘栗杉，很快为自己设定了学习的计划，除了完成本专业的学习外，她还将自己的课余时间也充分利用了起来，在校内主动向外语学院的老师请教，学习了德语；还在校外参加培训班，学习了日语，在短暂的两年学习之后，以优异的成绩通过了国际日本语能力测试。

刘栗杉如此强的学习能力来源于她对学习的兴趣和坚持不懈的努力。然而，即使是爱好，学习的枯燥也有让她感到困难的时候。演讲台上的刘栗杉自信满满，英姿飒爽，而在平时的训练中，刘栗杉也经常遇到瓶颈，时常为了一场比赛多次修改甚至更换演讲稿，为了准备即兴演讲和英语辩论，她时常需要记忆很多资料，常在放学之后利用晚上的时间进行训练，但是刘栗杉很快调整好心态，在老师的帮助下，用努力克服了困难，最终取得了成功。

在专业课的学习上，刘栗杉也十分刻苦，喜欢钻研。在专业课学习中，老师要求拍摄电视短片，为了提高自己对影视编辑软件的使用能力，刘栗杉在自己的电脑上安装了非编软件，在课余时间寻找各种素材，自己编辑视频，在专业实践课中，能够独立完成影视短片的编辑工作，其专业课成绩在全系一直名列前茅。

(二)掌控时间，踏实敬业(注重敬业精神、团队精神、责任意识、时间管理能力、沟通能力等的培养)

读万卷书，行万里路。学习并不只是汲取书本中的知识，而更需要在实践中获得真知。刘栗杉在大学期间，参加了各种各样的实践活动。

在校内，刘栗杉用心扮演好学生干部等角色。大一时，刘栗杉在校学生会文艺部担任干事，参与了学校十佳歌手比赛、学校新年晚会等活动的筹办。刘栗杉多年学习小提琴演奏，在各种文艺活动中也积极演出，展现了自己的特长。对实践活动的热情还鼓舞着刘栗杉参加了学校的导游大赛、主持人大赛，并且都获得了第一名的好成绩。大二的刘栗杉担任班长，工作中认真踏实，为人正直。刘栗杉总在第一时间向同学传达各种重要信息，并及时向辅导员反馈班级的各种情况，遇到重要事项需要通知时，刘栗杉总是先当面通知后，还要通过邮件和手机短息等方式及时提醒同学。在评奖等方面，刘栗杉总是公正不阿地组织同学进行讨论，在同学中享有威信，也得到了老师的认可，被评为学校优秀学生干部。

在校外，刘栗杉积极把握各种社会实践的机会。2008 年初，刘栗杉加入了家乡贵州抗凝冻灾害志愿者的队伍，和工作同伴一起为农民工送去各种物资，到福利院探望了孤儿和老人，和他们一起庆祝新年。2008 年 8 月，刘栗杉成为代表贵州省的 80 名奥运志愿者之一，奔赴北京为奥运会服务，在首都体育馆的工作期间，刘栗杉每天只有 4 个小时的睡眠时间，高强度的工作并没有让刘栗杉退缩，她凭借着对志愿服务的激情和对工作高度的责任心，坚持完成了志愿者服务的工作，最终获得首都体育馆运行团队的表彰并被评为贵州省优秀志愿者。在各种志愿者的服务中，刘栗杉与同伴互相帮助，顺利完成各种工作任务，也培养了自己的责任意识，以真诚的心收获了珍贵的友谊。

除了学生干部和志愿服务以外，刘栗杉在每个周末还扮演着另一个角色。从大一下学期开始，刘栗杉就在一家英语培训企业工作。她把周末的时间投入到工作中，并不是为了赚一点零用钱，而是让自己更多地接触社会，让自己更职业化。在她看来，学生的成功，才是一个老师的真正成功。两年的工作时间，刘栗杉写下了厚厚的备课笔记，亲手制作了许多教具，还利用自己广播电视新闻专业的知识和技能，为企业制作了招生宣传的视频资料。刘栗杉对工作尽职尽责，时常在规定的工作时间之外给学生免费补习，让那些因为请假而落下课程的学生也能跟上进度。

周末为了工作，刘栗杉总是早出晚归，时常因为额外的会议或课程需要加班。然而这种工作的辛苦也没有吓退她，她以坚强的毅力，一干就是两年。初涉职场时，刘栗杉还带着一丝青涩，但是在同事的帮助下，授课技巧进步很快，也克服了站上讲台的胆怯，她以亲和的形象，扎实的英语功底，耐心严谨的工作态度赢得了学生和同事的喜爱，最终成为最受欢迎的老师。

学生干部职责、志愿者服务和兼职的工作填满了刘栗杉所有的课余时间，如何权衡每一件事，对刘栗杉来说是急需解决的问题。刘栗杉总是随身携带一个记事本，把自己要做的事根据时间紧急程度和重要程度提前安排好，再一件件地去完成，所以面对繁重的学习任务和繁多的实践活动，刘栗杉也能处理得得心应手。然而这种高效的时间管理能力，也是刘栗杉在自己的实践中逐渐摸索出来的。

（三）阳光心态，知行合一（注重情绪管理能力培养，在实践中让自己成长）

认识刘栗杉的人都知道，刘栗杉是一个乐观、豁达的女孩，她有一个标志性的表情，那就是露出八颗牙齿的微笑。刘栗杉说自己其实也是一个情绪化的人，但是她相信，情绪是会传染的，很多时候，负面的情绪其实都只是根源于生活中琐碎的小事，自己要学会用平常的心态去面对，保持对他人的微笑，最终也能让自己开心起来。刘栗杉是个热爱生活的人，空闲的时候，她会和朋友一起看电影、打球或者喝茶聊天，也会带上相机和朋友出去旅行，拍下美丽的风景。乐观的生活态度，让刘栗杉在奋斗的过程中充满动力。

刘栗杉所学的专业是广播电视新闻学，这也是她根据自己的兴趣为自己选择的专业。广播电视新闻专业是实践性非常强的专业，在学校里学到的理论知识并不能让自己成为一个真正合格甚至优秀的记者。刘栗杉便通过自己的努力，获得了在贵州电视台《百姓关注》这档收视王牌的民生新闻栏目的实习机会。刘栗杉在电视台实习的一个月里，主动向老记者请教，用短短的几天的时间，就能熟练编辑新闻视频，每次采访都会主动写稿子让实习指导老师进行修改，总共参与采编了20条新闻，让自己的实践动手能力有了很大的提高。通过与专业相关的实习，刘栗杉对自己的知识和实践能力有了更深刻的认识，也更明确了自己的努力方向。

进入大四，刘栗杉告别兼职工作了两年的企业，毅然加入了考研的队伍。考研前夕，刘栗杉还收到了一家大公司的Offer，但是她毅然放弃了优越的工作环境和不错的薪水。刘栗杉希望能继续深造，更进一步提高自己的知识内涵，在外语的学术上有所建树，从而实现自己最终的目标，成为有传媒专业背景的外语翻译人才。经过几个月紧张复习后，刘栗杉满怀信心地走上了考场。

刘栗杉说，人生有无数种可能，在一个阶段的目标，就在这个阶段内去实现，抱着平常心去接受努力的结果，功夫总是不会辜负有心人的。

【案例二】

陈增顺,男,中共党员,重庆交通大学土木建筑学院2007级桥梁工程专业学生,大学期间他发表学术论文两篇,获得国家级奖励5项,省部级奖励7项,校级奖励22项及各类奖学金。2010年,荣获第七届挑战杯中国大学生创业计划竞赛全国金奖,并获评重庆交通大学最具影响力的十佳学子。

【案例分析】

陈增顺的职业目标是成为桥梁设计加固等领域的土木建设精英。大学期间,他注重生涯规划,拓展职业素质,创造了精彩而充实的大学生活。

(一)注重生涯规划

陈增顺注重对自己的学习和生活进行短期和中期规划。刚进入大学时,通过学院知名教授对《土木工程概论》课程的讲授,他就深深地喜欢上自己的专业,并对大学四年作了一个短期的规划,同时制订了每个学期详细的学习和生活计划,三年多的时间里,他按照规划和计划学习和生活,合理分配时间,协调处理着学习、工作、实践、生活各方面的关系并不断进行总结调整。如今,短期目标不但实现,并且在很多方面都有突破,专业学习成绩优异,科技竞赛活动成绩斐然,校内外各种兼职收获不浅。他的中期目标是继续读研深造,为成为土木建设精英打下更为坚实的基础。他说:"职业生涯规划,就像茫茫大海的航标,使你不断的认清自己的位置,指引你走向成功的彼岸"。

(二)拓展职业素质

职业生涯规划之后,陈增顺同学主要从学习、学术(竞赛)、工作、实践、生活等五个方面拓展自己的职业素质,从而实现制定的目标。

(1)责任为重,主动学习(注重学习能力和基本技能的培养)。陈增顺深知学生的主要任务是学习,只有不断地学习,将来才能更好地回报社会,才能做一个对社会更有用的人,三年多以来,他经常在早上六点多背着书包上自习,也经常挑灯夜战到深夜。父母的期盼、老师的培养、社会的责任,是他不断前进的动力。除课堂上的学习,他还通过图书馆、网络视频、实习实践等方式来多方面提高学习的效率。在四川省交通厅公路规划勘察设计院、山东省威海得力装潢有限公司等单位的实习,他学习和掌握专业相关的软件,达到了学以致用的目的。

(2)兴趣所在,开拓创新(注重团队精神和专业技能的培养)。陈增顺在学习之余,多次参加专业相关的各类竞赛,注重科技创新。2009年9月至2010年9月,作为"安恒(Bes)"桥梁加固创业项目的负责人,带领团队获得了第七届挑战杯中国大学创业计划竞赛重庆市及全国金奖;2009 年 7 月至 9 月,积极准备全国数学建模竞赛,写了《汽车保有量问题分析》、《职位应聘问题分析》、《玫瑰有约问题分析》等学术论文,其中,《制动器的试验台模拟》论文,荣获全国数学建模竞赛二等奖;2009 年 10 月至 11 月,积极准备"风力发电塔"模型,最终荣获全国结构设计大赛三等奖,为重庆市唯一获奖项目,其"风中幻影"作品被《"金风杯"第三届全国大学生结构设计大赛作品集锦》一书录用(同济大学出版社,顾祥林主编),发表学术论文两篇。

(3)认真工作,无私奉献(注重敬业精神和责任感的培养)。陈增顺同学高中已是一名共产党员,大学期间,他先后担任辅导员助理、党建协会会长、党支部副书记等职务,虽然其学生干部的职务一直发生着改变,但他全心为同学服务的宗旨一直没有改变,工作中的每一件小事,他都踏实、认真地做好。他一直协助辅导员妥善处理汶川地震、甲流、大学生涉日游行等敏感时期的安稳工作,先后组织过"春之律"文化节、"弘扬五四精神,展我青春风采"演讲赛、党建知识竞赛、社区分党校培训等大型活动;独立组织党员和团支书开展党团工作,培养和发展了大批的学生党员,经常工作到深夜,当感觉肚子很饿时,才意识到忘记了吃饭。周围有些同学对他的工作不以为然,甚至嗤之以鼻,但他认为:学生干部工作可以培养自己的责任意识和敬业精神,可以借这个平台交到很多好的朋友,可以锻炼自己的很多能力以便更好的适应和服务社会。

(4)抓住机会,积极实践(注重沟通能力和责任心的培养)。陈增顺在大学期间,每年都参加学校组织的暑期大学生"三下乡"社会实践活动和"寒假招生宣传"活动,组织党员开展"关爱万盛留守儿童"、"帮扶遵义贫困学校"、"到重庆少管所送温暖"等活动,平时他都会积极联系弱势群体同学,加强与他们的沟通和交流,主动帮助他们,他认为同学之间的交流沟通,会在不经意间相互启发,且同学之间的感情也会在交流中不断加深。通过深入山村、学校、社会进行社会实践,通过与同学的交流和沟通,陈增顺更加坚定了关爱他人、服务社会的决心,同时,也更加珍惜学习机会,激励自己发奋努力,以期更好的服务社会。

(5)独立自主,生活乐观(注重生活能力和情趣管理能力的培养)。生活中的陈增顺积极乐观,闲暇时间喜欢游泳、下象棋、羽毛球、爬山等体育活动,也喜欢一个人听听音乐、看看电影。他也会情绪低落,在心情不好时,他会用听音乐、看电影、跟朋友聊天或体育锻炼等方式调节或宣泄情绪。另外,陈增顺养成独立自主的习惯,平时的衣食住行大多是自己解决。

(三)感悟

陈增顺同学刚进入大学时,自信心并不是很强,语言表达能力以及组织协调能

力平平，在很多场合发言都断断续续、面红耳赤，一个简单的想法半天都表达不清楚，他甚至不知道什么叫团队合作，但通过以上五个方面职业素质的拓展，经过三年多的坚持，他在各方面都有了出色的表现。陈增顺同学以专业综合排名第一的成绩获得了推免研究生的资格，他回顾自己的大学生活时说："职业生涯规划以及职业素质的拓展对我的大学生活影响很大，今后我还会继续做好，相信会收获更多的精彩"。

思考题

1. 大学职业素质由哪些方面构成？
2. 提升大学生职业素质的方法是什么？
3. 结合职业生涯规划和目标职业要求，制订个人的职业素质拓展计划。

第七章　大学生职业适应与发展

观点导读：

1. 大学毕业上岗前的大学生面临的最大挑战就是从大学生到职业人的社会角色转换。试用期是大学毕业生能否成功迅速融入职业世界的关键时期，也是供职的单位能否最终接纳大学毕业生的关键时期。

2. 主动适应职业世界，积极向他人学习，尽快完成职业化，争做优秀员工，是初入职场的大学毕业生最佳的现实选择。

第一节　完成角色的转换

角色概念源于戏剧舞台用语，指演员按照剧本要求扮演某一特定的人物。每个人在现实生活中都有特定的位置和相应的行为要求，扮演不同的社会角色。所谓角色，也称社会角色，是指个人在特定的社会环境中相应的社会身份和社会地位，并按照一定的社会期望，运用一定权力来履行社会职责的行为。

角色转换是指随着个人在社会环境中身份和地位的变化，所扮演的角色相应变化，其社会角色期望和个人角色意识随之转变，从而产生不同角色行为。大学生从毕业离校到进入就业岗位是一次巨大的角色转变过程，从校园环境到社会工作环境，从学生到劳动者，从主要完成学习任务到主要完成工作任务，从主要为自己负责到为整个工作集体负责，这样的角色转换是未曾经历的全新变化，它和大学生未来的职业生涯顺利发展息息相关。

一、职业人的角色特征

(一)良好的人品和强烈的责任心

很多用人单位在招聘人才时都非常强调“人品”，绝大多数企业家以及管理者们心目中最重视团队成员的要素是人品。可见“人品”应该是对职业人的一个基本要求。而“人品”中最重要的“品”是什么呢？责任心应该是人品的最核心要素，

因为没有责任心的员工,纵使有再多的知识、再大的才华、再坚决的忠诚、再令人称叹的老实,也难以创造价值。到底什么是责任心？对于责任,当前似乎还没有统一的说法。《辞海》中就没有“责任”条目的确切解释。《汉语大词典》对责任的解释是多义的,其含义有:1. 使人担当某种职务和职责;2. 分内应做的事;3. 做不好分内应做的事,因而应该承担的过失。简言之,任职、分内事、因过失而受查处是责任的三层基本含义。可以说,责任心就是个体对责任的感知和感受。它是社会个体从责任赋予者那里接受责任之后,内化于本人内心世界的一种心理状态,这种心理状态是个体履行责任行为的精神内驱力。简单说,责任心就是一个人面对分内职责的心态,这很大程度上就是我们传统语境中的“忠”。

我们在现实中常常发现很多看似平凡甚至愚笨的人升迁很快,而一些很聪明的人却经常感叹怀才不遇,终日抑郁。这种现象产生的原因也有相当一部分可以归因于是否愿意主动去承担自身的责任。责任心是情商的核心。我们对于职业人的成功研究得越深入,就越能理解责任心在职业人士迈向成功的过程中扮演着多么重要的角色。富有责任感的人无论做什么事,都会比那些责任感差的人更容易成功。多年来,管理学家和心理学家都把智商(IQ)看成是决定成功的重要要素。现在,研究者们普遍认为,在影响人们成功的要素中,智商约占20%,而情商(EQ),也就是情绪商数,比智商影响更大,它不仅包括自觉、控制感情、持久力和激励自己的能力,还包括对环境的感知力、对他人情感的感受和熟练应对社会的能力。情商的很大部分影响力来自于自觉和控制感情(或是情绪化行为)的能力。事实上,责任心是情商的核心要素。一个行为上具有责任感的人才能认清自己的处境,然后才能以自己的能力控制自己的反应。一个职业人的责任感体现为积极主动的做事态度,体现为对于所做事情的弃疑心态(将疑惑搞明白,而不是稀里糊涂地工作),体现为对自己事业的忠诚。

如果说智慧和勤奋像金子一样珍贵的话,那么还有一种东西比这两者更为珍贵,那就是责任感。很多人都说犹太人聪明,但是更多的人发现,犹太人最突出的品质还不是聪明,而是责任心。有一位华裔投资银行家讲了一件自己的事情:他从美国洛杉矶到中国内地处理一件案子,公司给他配了一位助理律师,这位助理律师竟然是一位年过60的犹太老律师,是这个公司的创始人之一,也担任过重要的职务。他退休后,公司觉得他对亚太事务比较熟悉,经验非常丰富,因此又把他返聘回来作为年轻经理的助理,以发挥他的经验优势。我这位朋友的心中当时就有些嘀咕:“他行吗？别让我再伺候他。”登上飞机后,我的这位朋友发现,在十多个小时的飞行中,那位犹太老律师基本上一直在电脑前面工作。到了北京的酒店住下后不久,犹太老律师就把谈判需要的文件全都准备好了。这位犹太老律师的敬业精神和充沛精力给我的朋友留下了深刻的印象。犹太人之所以富比全球,恐怕与这种强烈的责任心有直接的关系吧。与其说犹太人的赚钱商数比较高,不如说是他们的责任心无出其右。

（二）合作精神

职业人是企业的合作者,他们总是积极参与企业的运作。职业人的显著特点是合作,总是积极参与企业的运作,提供客户满意的服务能力。职业人在个性特点上要具有合群性,几乎成为各种职业的普遍要求。个性极端或太富理想的人,较难与人和谐相处,即使满腹才学,也难以施展,在职场中不太容易立足。表 7-1 是两类人的比较:

表 7-1

类　别	特　　性				
由别人经营的人	打工的	老板让干什么就干什么	熬年头	个人局限性大,适应力弱	风险大
经营自我的职业人	企业的合作者	干得比老板希望的还要好	有良好的资质	个人空间大,适应性强	风险承受力强

由表 7-1 展示的两种不同类型的人的比较分析中,我们可以发现正是基于强烈的合作精神,职业人在工作岗位中才可能如鱼得水,拥有良好的职业发展前景。这一点对刚刚毕业,初入职场而又相对欠缺合作精神的大学毕业生是很有启迪意义的。

（三）拥有良好的资质

资质是能力被社会认同的证明,如注册会计师、注册律师等就是一种资质。获得一定的资质,必须具有一定标准的能力。作为一个职业人,必须具有良好的资质。比如职业经理人就应具备如下资质:具备为客户提供满意的服务的能力,其行为目标是使客户感觉到比期望值更高的意外惊喜。因此,大学毕业生要有针对性地锤炼自己,使自己拥有胜任岗位职责的良好资质。

（四）优良的综合素质

一般而言,对于一个人素质的判断,可以从以下几个方面进行:

(1)知识。主要是从学校系统学习得来的。我们经常会用教育背景来评价一个人的水平。在职场中,名校或口碑好、办学特色鲜明的高校毕业的学子总是较容易受到关注,更易获得职业发展机会。

(2)技巧。为人处事的技巧,如谈判技巧、沟通技巧等。

(3)理解能力。明白事情的能力、速度。

(4)态度。对客观事物的主观评价。假设一个人评价事物总是尽力地贴近客观事实,这个人就很客观;相反,一个人老是从自己的角度出发来评价事物,就会用"这个人很有看法"、"很偏激"之类的话语来形容。

(5)经验。工作中积累的经验的丰富程度也是评价一个人水平高低的标准之一。

针对以上几个评判标准,职业人的素质表现为以下几个方面:

(1)职业人懂得运用知识做判断。

(2)职业人掌握的是能够让客户满意的技巧。

(3)职业人能够根据他所理解的信息做出合理的反应。假设大米涨价了,一般人的反应是大量购进,因为他理解的是大米紧缺才会涨价;而职业人不会轻易做这种举动,他在"买涨不买落"的心态之余,还持有"家里不存半年闲"的想法。这种对事物的两个方面的考虑就是一种成熟的思维模式。

(4)态度。职业人是敏感的,他们能够灵敏地感知外界的变化。识变、应变、改变是职业人必备的素质。

(5)经验。职业人对于经验讲究的是"借鉴",最忌"生搬硬套"。职业人总是不断总结以往的经验,结合知识,使之不断提升和升华。

总之,职业人的素质应该表现为:全面的知识结构——做判断的工具;必备的技巧——足以让客户满意;较强的理解能力——成熟的反应模式;敏感的职业态度——识变、应变、改变;宝贵的从业经验——借鉴、总结、创造。

(五)了解自我,注重健康

职业人的人生目的明确,不会人云亦云、随波逐流,即使面临挫折,也能努力坚持,对职业发展方向、路径进行切实可行的设计,在工作中充分发挥自己的主观能动性,不断向职业目标靠拢。

职业人非常注重身体健康和心理健康。身体健康,做起事来精力充沛,干劲十足,并能担负较繁重的工作,不会因体力不支无法完成任务。心理健康,才能与人融洽相处,促使职业和谐发展。

二、大学毕业上岗面临的角色变化

大学毕业生走出校门之后面对的是一种角色的转换,从学生到职业人,这两者之间有非常大的区别,学校和企业不同的环境氛围,对大学生的要求是完全不同的。学校的一切工作都是为培养学生服务的,而企业的主要工作是围绕利润而开展的,大学生在校是接受他人服务的,在企业是为他人服务的。最简单的一句话:踏上工作岗位的大学毕业生是要进行资源交换,通过工作换得薪金。但交换过程

中会面临到问题,很多同学是在吃亏中习得经验教训,但这部分内容,在学校里完全是有机会去了解的。

(一)角色权利、义务与规范不同

角色权利、角色义务和角色规范是社会角色的三要素。学生角色是接受教育、储备知识、掌握本领、接受经济供给和资助,逐步完善自己的过程;职业角色则是用自己掌握的本领,通过具体的工作为社会贡献,以自己的付出承担责任的过程。在角色权利上,学生角色主要是享有依法接受教育权,并取得经济生活的保障或资助;职业角色则是依法行使所在职位的职权,开展工作,并在履行义务的同时取得合法报酬。在角色义务上,学生角色的主要义务是努力吸收知识营养,争取德、智、体、美全面发展,掌握为人民服务的本领和在社会主义建设事业中作贡献的知识技能;职业角色则是以特定的身份去履行自己的职责,依靠自己的才华和能力去为社会和人民服务,在获得个人成功的同时体现个人的社会价值。在角色规范上,学生角色的规范主要是从培养、教育的角度出发,引导学生德、智、体、美、劳全面发展,健康顺利地成长为合格人才的行为模式;而社会赋予职业角色的行为规范和行为模式,则因职业的不同而不同,这些模式具体而严格,违背了它就要承担相应的责任,甚至法律责任。比如国家公务人员,玩忽职守、收受贿赂就要受到法律的制裁。

(二)任务不同

在校期间是以学习为主,是培养能力的过程。参加工作后是以工作为主,是发挥和应用能力的过程。任务发生了根本性的变化,角色和身份当然会发生显著的变化,自然要求以不同的心态和意识去适应这种变化。

(三)学校与社会的不同

要真正做好角色的转换,除了要认识角色的不同外,我们还必须深刻认识到社会与学校的不同:社会是一个大熔炉,十分复杂,有各种关系要处理、有各种规章制度要遵守、有规定的生产任务要完成、还有很残酷的竞争要面对等。而学校相对要单纯得多,只有同学关系和师生关系要处理,也自由得多,只需把学习成绩搞好就行。进入社会后,关注更多的将是工作、质量、合作、绩效、效益、工资、职位等等,不再是单纯的上课、学习和成绩。

(四)在社会和在学校要处理的关系不同

在学校只有同学关系和师生关系要处理,但进入社会,更具体一点就是进入工作单位后,最基本的关系就是同事关系,其次是管理者与被管理者之间的关系。同学关系和师生关系都相对单纯,质朴,不存在根本的利害冲突和竞争,而单位作为一种追求盈利的机构,一切均以工作和效益为中心,同事关系相对复杂一些。首先,表现在同事的组成要比同学的组成复杂得多。年龄不同,经历不同,背景不同,

水平和层次不同，专业不同，兴趣爱好不同，志向不同等，使每个人的想法、办事风格、处事态度、工作作风等都不同。那么，我们必须学会用不同的方法与不同的人进行交流和合作。其次，处理同事之间关系的方法也不能像对待同学或朋友一样，单凭兴趣爱好来决定。作为同事，不管你们是否投机、是否合得来，甚至是与你作对的人，都必须一起协同工作，共同将工作做好。如果说同事关系难处理的话，难就难在这里。因此，我们必须学会用宽阔的胸怀，包容的心态来接纳不同类型的同事。另外，同事之间也存在一定的利害冲突和竞争，这也是同事关系难以处理的另一个方面。比如工作安排、工资、奖金、选拔提升、甚至辞退等等，都充满了竞争和利益冲突。初入职场的大学毕业生必须学会处理和平息各种矛盾，必须学会克制、忍耐和等待，学会在竞争中生存和成长。还有一种关系就是管理与被管理的关系。进入社会后，不管你在哪个机构，也不管你处在哪个位置，你都会面对一个人，就是你的上司，即你的管理者。我们还必须学会与上司相处，主动积极地帮助上司克服各种困难，配合上司完成公司的各项工作任务，同时不失时机地表现你的能力和才华。要特别注意的是，很多人在学校自由惯了，一旦进入社会要接受别人的管理，很不习惯。在实际工作中，经常会出现你的想法与上司不一致的时候，这个时候你该怎么办呢？首先，你应该准备充足的理由，与你的上司去沟通这个想法（比较重大的想法应该形成书面建议或报告）。如果不能取得上司的认同，如果你确认这个想法对公司很有益，一般情况下，就应该向更高一级的上司汇报，否则，就只有请你暂时收起你的这个想法，再等待时机。不管怎么样，有一点请你一定注意，任何时候，都应保证目前的工作正常进行。就是说，当你的想法与上司之间存在分歧时，首先执行上司的决定，然后再等待时机沟通。

（五）活动方式不同

学生角色主要活动方式是接受外界给予，职业角色则主要是运用知识能力向外界提供劳动，生产效益，这是一个从接受到付出，从输入到输出的活动方式的转变。这种转变的具体表现为：首先，大学毕业生从消费者变成了劳动者；其次，由原来的别人服务我，别人/社会对自己尽责任和义务变成了我服务别人，自己对别人/社会尽责任和义务；最后，由父母抚养自己，向父母要钱变成自己养活自己，并赡养父母，给父母钱。综合起来，踏上工作岗位的大学毕业生最根本的变化还是责任主体的变化，即从一个责任的被动接受者到责任的主动提供者的转变。简单地说，原来由学校、老师、家庭培养我们十多年了，现在该是我们回报的时候了。那么，大学毕业生还能不能像原来一样，什么事情都由别人为自己着想呢，当然不行。初入职场的大学毕业生必须慢慢地学会替别人想事情了。

（六）独立性要求不同

学生角色中的绝大部分学生的主要经济来源是由家庭无偿提供，在学校过集体生活，有统一的作息制度，有学校统一提出的行为规范，学生按照既定的时间表和要求进行学习和生活，有专人对学生进行教育监督管理，表现出较强的依赖性。在进入职业生活转变为职业角色之后，大学生通过合法劳动获得报酬，取得经济上的独立，而且单位只在工作时间内就工作内容对员工提出要求，其余则由员工自行支配，在国家法律法规允许的范围内，职业角色在生活上享有很大的自由度。

（七）认识社会的内容和途径不同

学生角色是受教育者，对社会的认识了解主要来自于书本知识和课堂学习，认识的途径主要是间接的，认识的内容主要是理论性、理想化的。职业角色对社会的认识了解主要来自于亲身实践，认识的途径是直接的，认识的内容是现实的、具体的。理想与现实之间总是存在着差距的，有的大学生走上社会之后，仍惯用在学校时的思维方式去认识社会，因此，遇到现实矛盾容易产生困惑、迷茫，甚至失望，无法实现角色转换，适应社会；有的大学生则能正确认识这一差距，顺利实现角色转换，通过奋力拼搏最终实现理想。

三、大学毕业上岗前角色转换的准备

由于学生角色与职业角色之间存在明显的差异，实现二者之间的顺利转换是一个较为复杂的过程，在此过程中可能会遇到意想不到的困难和问题，大学毕业生只有做好充分的准备，才可能比较顺利地实现角色转换。

（一）心理准备

大学毕业生一旦进入职场，将会面临理想与现实、期望与实际的矛盾冲突。走上工作岗位后，大学生将会发现现实并非想像中的理想，长期在学校生活中形成的价值观念、生活方式、思维模式、行为规范，都可能遇到新的问题，产生巨大的失落感，出现情绪低落的失望心理。如未做充分的心理准备，就难以适应新的工作岗位，难以顺利实现角色转换。

（二）知识技能准备

一旦进入职业角色，大学毕业生的知识体系、知识结构与专业技能将经受考验。可能出现在校期间学到的理论知识与实际工作要求存在差距、不能学以致用、专业知识和专业技能难以顺利转化成工作能力等问题。因此，大学毕业生要做好及时更新知识、完成知识结构、在工作实践中锻炼实际工作技能等方面的准备，顺利地实现角色转换。

（三）身体素质准备

健康的体魄是完成工作任务的基础。在大学学习期间主要是脑力劳动，对身体条件的要求不太高，身体不适还可以随时请假。但进入职业角色就不一样了，交通行业的工作岗位一般都具有劳动强度大、任务繁重、对身体素质要求高的特点，因此要加强体育锻炼，以良好的身体状态迎接新的工作挑战，尽量避免因为身体不好影响工作、给其他同事增加工作负担。

（四）职业性格准备

不同岗位的工作特点不同，对工作者的性格要求也不同。有的岗位要求从业者性格开朗外向，善于言辞，喜欢交际，否则就难以完成工作任务，比如工程投标人员。有的岗位则要求工作者性格要谨慎稳重，比如工程财务管理人员。因此，大学毕业生要根据自己将要从事的工作岗位特点，有针对性地调整好自己的职业性格，做好相应的准备。

（五）适应工作环境准备

大学生在进入新的工作岗位时，面临着崭新的办公环境、学习环境、生活环境、人际关系环境，一般说来，这些环境是不太可能轻易因人更改的，明智的做法是主动积极地适应新的工作环境，发挥自己的主观能动性，利用环境中的有利因素早日实现角色转换。因此，做好适应环境的准备是十分必要的。

（六）艰苦创业准备

现在的大学毕业生，绝大多数是独生子女，其基本特点是缺乏艰苦奋斗精神，吃苦耐劳度较差。而交通行业又普遍比较艰苦，特别是一线施工工作岗位，更是需要吃苦耐劳、脚踏实地的工作态度和作风。因此，大学毕业生只有作好艰苦创业的准备，才可能顺利实现角色转换，走好职场第一步。

四、大学毕业生角色转换的实现

人的一生中可能会面临多种社会角色转换，而由学生角色到职业角色的转换在大学生的人生中占有非常重要的地位，也是难度很大的一次转换。大学生要顺利并高质量地实现角色转换，应当从如下几个方面着手：

（一）熟悉工作环境，了解角色要求

了解新的工作环境和生活环境情况，熟悉工作对象的特点、规律以及单位对完成工作任务的各种要求，从而对新的工作进行比较全面的认识和把握，这是大学生入职后实现角色转换的关键性一步。

深入了解单位所处的地理环境，准备好衣物等适合环境条件变化的个人用品，避免准备不足带来不必要的麻烦，有利于尽快全身心投入工作；深入了解单位的性质、经营方针、文化氛围、工作方式等，使个人价值取向尽快与单位价值取向相一致，才能成为适应该单位的员工；熟悉单位内部的组织结构、人员结构等，知道完成某项任务可以在某个部门某些人员那里得到协助，这对未来快速优质完成任务大有好处；了解单位的发展历史和发展前景，有利于确定自己的职业发展目标，等等。

总之，大学生初到单位的一段时间要做个有心人，特别是要注意收集相关信息，尽早熟悉环境，了解相关要求，力争在角色转换上领先一步。

（二）建立良好的第一印象

良好的第一印象能使初出茅庐的大学毕业生快速得到单位的初步认可，树立信心和战胜困难的勇气，为角色转换打好基础。可从如下几个方面着手建立自身良好的第一印象。

在约定时间内按时报到。从报到第一天开始就着意树立自身良好的第一印象。在报到时，备齐证件，不要忘记带报到证、学位证、毕业证等证件。在约定好的时间内按时报到，不要未经事先商量就提前报到或请假迟到等。避免给单位留下丢三落四、缺乏自我管理能力、不服从安排、自由散漫，难以管理等印象。

衣着得体，仪表端庄。不同职业角色对衣着打扮有不同的要求，教师、公务员或办公室工作人员一般要求着职业套装，设计人员、演艺职业着装扮相可以独特新潮，现场施工人员着装则应安全耐磨。得体的衣着、端庄的仪表，会为初入职场的大学毕业生赢得良好的第一印象加分。

举止大方，注意细节。初进单位的大学毕业生，说话做事应分场合、讲究分寸，待人接物要彬彬有礼、落落大方、注意细节。比如不迟到早退、工作时间不闲聊、不长时间接打私人电话、注意个人清洁卫生、热情与同事招呼问好等。虽然都是细枝末节的小事情，但非常有助于大学毕业生良好第一印象的建立。

谦虚谨慎，脚踏实地。作为初到单位的新人，其他同事都是你的前辈和领导，经验可能比你丰富、能力可能比你强、工作态度可能比你认真，每个人都有你值得认真学习的地方。虚心学习，脚踏实地地完成每项工作的态度，是大学毕业生树立良好第一印象的关键。

（三）端正心态，服从工作安排

大学毕业生能否顺利实现角色转换，同他们事先对新环境、新岗位的期望密切相关。如果期望过高、不切实际，一旦和现实环境接触，就会感觉现实与理想差距太大，往往产生强烈的失落感。因此，大学生踏上工作岗位后，要及时根据现实环境调整自己的期望值，使之符合客观实际，以健康的心态应对新的角色挑战。

在工作安排上，一般有两种情况，一种是被单位充分信任，一开始就委以重任。另一种是被安排从小事做起，到基层一线锻炼。这都可能对初入职场的大学毕业

生产生较大心理压力，引起心态失衡。前者可能被"捧杀"、后者可能被"棒杀"。其实，大学毕业生应当首先端正心态，自觉接受考验，既不胆小怯懦，也不好高骛远；既要勇挑重担，敢做大事，也要兢兢业业，肯做小事，以实际行动赢得同事与领导的信任和重视。

（四）吃苦耐劳，勤恳工作

面对角色转换期的种种适应性困难，大学毕业生要有吃苦耐劳的准备，要付出更多的时间、精力和努力去适应角色转换带来的种种新变化，勤勤恳恳干好每一项工作，以实际行动克服困难，实现角色转换。

在实际招聘活动中，很多单位都有吃苦耐劳的要求，这是单位在人才使用过程中的经验总结。只有吃苦耐劳、勤恳工作的人，才能更好地胜任工作任务，特别是在困难较大的工作初始阶段，更是需要吃苦肯干，才能更快地适应新的工作环境，顺利成长为合格员工。

（五）真诚热情，建立良好的人际关系

美国著名职业生涯指导专家卡耐基说过："一个人事业上的成功，只有15%是由于他的专业技术，另外85%是人际关系。""一个篱笆三个桩，一个好汉三个帮"，建立和谐的人际关系有利于角色转换的实现。良好的人际关系可以使人尽快消除陌生感，适应新的环境；可以使人工作顺心，生活愉快；可以辅助心理问题的调适，保持心情舒畅，心理健康。建立良好的人际关系，要处理好两个方面的问题，一是如何对待他人，二是如何看待他人对自己的评价。

在对待他人方面，要做到尊重他人、平等待人、热心助人、诚实守信、热情随和、宽于待人和服从领导。在对待他人对自己的评价方面，一定要重视他人的评价，正确认识判别他人的评价。不要只听得进好的评价，排斥忠言逆耳的中肯评价。在工作初期，出于对新人的宽容，一般只提出善意的建议，鼓励多于批评，这时不能沾沾自喜；也可能出于对大学生的高期望，提出高标准严要求，此时也不要产生对立情绪，拒绝接受他人意见。正确的做法是虚心请教，认真自省，积极调整，善于从他人评价中更加清楚地认识自己，加快角色转换的过程。

（六）树立正确的职业观念

大学毕业生根据自己从事的职业的一般要求，应当树立如下正确的职业观念：

（1）专业观念。专业要求每个人在自己的本职工作中，必须具有很强的专业能力和专业水平，甚至是某个方面的专家。

（2）敬业观念。敬业是现代职业人的重要品质，大学毕业生一定要通过勤勉努力的工作来完成职业化。

（3）乐业观念。黄炎培先生创办的中华职业教育社提出的"使无业者有业，使有业者乐业”的观念值得大学毕业生汲取。只有在职业发展中领略、感知快乐,从自己职业中领略人生趣味,才会真正体会到职业化的真谛和乐趣。

(4)创业观念。创业是更高层次的就业。要有勇气去开创新业务,去建立自己职业发展的新目标。

(5)务实观念。讲究实际,实事求是。务实精神作为传统美德,在现代职场仍然熠熠生辉。

(6)诚信观念。如果一个从业人员不能诚实守信,他本人及其所代表的社会团体或经济实体就得不到人们的信任,无法与社会进行经济交往,缺乏号召力和响应力。

(7)发展观念。能准确定位自己的职业发展,在工作转变、职位转换和职位变迁时,快速调整自己,顺利度过职业疲倦和职业倦怠期,在职场中持续发展。

(8)和谐观念。要在家庭、事业、健康、情感、朋友等方面找到平衡点。平衡点就是和谐。

第二节 主动适应职业生活

刚刚走上工作岗位的大学毕业生,由相对宁静单纯的校园步入复杂喧闹的社会,难免会产生种种惶惑和不太适应的感觉。如何克服这些不适应,积极主动融入工作环境,更好更快地适应职业生活,是大学毕业生必须面对的重要课题。顺利渡过试用期,主动适应职业世界,积极向他人学习,尽快完成职业化,争做优秀员工,是初入职场大学毕业生最佳的现实选择。

一、顺利渡过试用期

试用期,顾名思义就是劳动关系的试验阶段,这是每个人正式步入工作岗位要经过的一道门槛,也是用人单位对工作人员的再次考验。每年都有不少人走上工作岗位,迎接他们的是职场的第一关——试用期。面对新的环境、新的同事以及新的生活方式,如何适应,成功跨过试用期这道门槛?试用期是用工单位考察择业者是否称职的手段,也是择业者了解用工单位的工作条件、管理水平和工资福利待遇是否合意的手段。因此,试用期对于用工单位是必要的,而对于择业者则是重要的。因为能否顺利通过试用期,决定着你是在此岗位上就业还是改行再择业的大问题。那么,择业者到底该如何做好呢?

首先,要尽量缩短试用期。对于用工单位来说,试用期内和试用期外的工资福

利待遇是有差别的，因此，它们往往倾向于延长试用期；而择业者，特别是那些高素质的择业者并不需要那么长的试用期就能掌握胜任本职工作的职业技能，因而希望缩短试用期。如果择业者发现试用期过长对自己不利时，可以事先向用工单位提出异议，并在用工合同上写清楚：你将在试用期内尽快掌握有关工作技能，如达到某种量化的指标，用工单位则应提前结束试用期。另外，在面试操作时，你尽可能大胆表露自己的才能，以证明自己无需太长的时间就能胜任工作。事实证明，如果你的职业能力确有长进，那么尽快结束试用期对你是有利的。

其次，不要轻言“离开”。对于择业者来说，试用期内无论有何挫折，只要还没有充分的理由可以放弃这个单位或工作，就必须努力巩固自己在目前已经获得的岗位的立足地。因为争取到试用期，表明你已向成功就业迈出一大步，特别是对于那些热门职业而言就更是如此。所以，择业者在原则上应该珍视初次争取到的试用期。当然，通过一段时间的上岗实践，你发现自己确实不适合从事某一职业，那你就应该果断地转换工作或单位。不过，除非你征得用人单位同意，可以提前结束试用期，一般情况下，应干满试用期再离开，这样对双方都有好处。

最后，在试用期里还要注意：一要尊重领导、师傅，团结同事；二要少说多做，乐于接受领导和师傅的批评和指导，切忌不懂装懂，大胆妄为；三要遵纪守法，在试用期内因违章违纪而被辞退将会影响自己的前途；四要努力培养必备的职业素养能力。包括任务执行、工作方法、时间管理、压力管理等基本的工作能力，这些能力是用人单位衡量毕业生能否快速适应岗位工作，快速进入职业角色，也是用人单位最终决定是否签署劳动合同的关键性因素。

二、主动适应融入队伍

即将结束学校生活走向社会和新的工作岗位的大学应届毕业生，遇到的首要问题就是社会适应问题，要适应社会的规范，也要适应社会的潜规则，尤其要适应中国特色的关系潜规则。大学毕业生怎样调整自我心态，适应社会和新的工作岗位？对他们来说是一个重要的考验。为更好地适应新的工作岗位，主要应从以下几个方面着手：

（一）明白岗位职责，树立角色意识

大学毕业生刚到一个单位，首先要清楚了解自己的岗位工作的性质和日常工作的具体内容，明白自己的职责范围。自己职责范围的事一定要做好，不该做的和不该过问的事，尽量不要做和问，以免给人添乱。一个人的角色意识非常重要，如果你是销售业务员，你就应该将心事放在销售业务的钻研上；如果你做文员，就应该明白文员每天必须做那些事。要将自己的事情做好，不明白的地方要问清楚。

（二）多和领导、同事沟通

大学毕业生刚踏上工作岗位，多和领导、同事沟通非常重要。在大学学的都是理论上的东西，和实际操作有很大的距离，只有通过不断的学习和摸索，才能积累宝贵的经验。领导和工作多年的同事，有丰富的工作经验（包括教训），可以帮助你少走弯路，取得更快的进步。此外，一个单位有自己的规章制度和具体的实际情况，也需要从沟通中了解。加强沟通，还可以增进彼此的了解和感情，帮助你尽快融入这个团队。刚毕业的大学生，要抱着向他人学习的心态，谦虚一点，真诚一点，这样更有利于沟通。

（三）钻研业务，提高工作能力

由于刚毕业，一般都没有什么工作经验，所学的知识一时难以用上，因此毕业生应该把主要的精力放在工作上，刻苦钻研，提高工作能力。实际上，大学表现好的人，不一定工作非常出色，工作态度往往起着至关重要的决定作用。一开始工作，养成一个好的工作习惯和工作态度，对以后事业的发展很有好处。进入新的岗位以后，要马上进入工作状态，全力以赴去工作。随着经验的积累和能力的迅速提升，更好的发展机会也会随之而来。

（四）适应工作需要，主动调整生活节奏和习惯

大学生在学校读书，生活相对安定，许多人养成了自己的生活习惯。进入新的岗位后，一定要根据工作的需要，主动调整自己的生活节奏和习惯，否则无法适应新的工作。去年毕业，现在番禺一家文化传播公司工作的李先生认为，适应工作需要，主动调整自己的生活节奏和习惯非常有必要。他所在的公司，周一至周五，事情不多，一到周末，忙得不可开交，有时一晚要举办七八场演出。他开始时有点不习惯，后来就适应了，因为不适应就只有辞职。

（五）不断学习求教，坚持自我完善

新入职的大学毕业生只有保持虚心向同事学习，积极向身边人求教的良好心态，坚持不断地完善自我，才可能更好更快地适应工作需要。

要勤于思考，善于总结，尽快熟悉并掌握和本职工作有关的业务知识和基本技能；要把握时代的脉搏，不断更新知识、完善知识结构，以开阔的视野瞄准世界科技的前沿，不断用新知识、新理论完善自我，更高层次上适应社会发展的趋势和优质高效完成本职工作的需要。

三、努力实现职业化

对于刚刚进入职场的新人来讲，想在职业上获得发展，就需要具备职业化水准。除了在办公室女孩子不能穿吊带衫，男孩子不能穿拖鞋外，职业化还有更高更

深的要求。

(一)职业化的深层次要求

概括起来,职业化的深层次要求是:

第一,树立成就客户的服务意识。

第二,增强结果导向的规划能力。

第三,注重工作品质追求。

第四,展现创新能力。

更有人用“一个中心、三个基本点”来阐释职业化的内在要求:

1. 一个中心

职业人的核心目标是客户满意。职业人总是准备提供超过客户期望值的服务。职业化的一个中心:提供客户满意的服务。客户指广义上的概念,包括上司、同事、家人、下属和常用意义上的客户。以客户为中心的第一个含义是你能够对客户产生影响。你能够使客户满意,意味着你必须具有一定的能力,使客户接受你为他提供的服务,也就是你有能力产生影响。以客户为中心的第二个含义是互赖,如大洋公司的总经理用人的一个标准是“敬人”,敬上司、敬客户、敬同事,也就是在你的职业圈子里创造互赖的关系,这样才能协调好各个环节,使其功能发挥达到最佳状态。职业化的中心是提供客户满意的服务,从另一种意义来说,就是提升客户的竞争力,使客户的价值得到提升。以客户为中心还意味着你必须关注对整体的把握,而关注整体,意味着你要关注那些限制整体发展的因素。木桶理论说明,限制最大产出的是数量最少的资源。职业人的要务之一就是帮助客户以尽量小的投入获得尽量大的产出。概括起来,为客户提供满意服务的含义:①有能力产生影响;②互相信赖;③不断提升客户的竞争力;④关注对整体的把握。

2. 三个基本点

第一个基本点是职业人要为高标准的产出负责。最主要的是做到两点:①行为思考的出发点是客户最感兴趣的。②有义务保守与客户合作之间的所有秘密。对老板而言,职业人能够帮他做他做不了的事情,他之所以雇佣你,是因为:第一,你是有竞争力的,你具有你的专业优势和你的特殊才能。第二,他认为你的判断是客观的,职业人很重要的一点是用数据说话。首先,你的所有建议案是有数据支持的;其次,你的所有行动方案是可以实现的,有量化指标;另外,结果是可以考量的;最后,你是正直的。职业道德应该是企业用人的重要考核点,商业道德问题对于公司的发展也是致命的。你被雇佣是因为:首先你具有竞争力——专业优势、特殊才能;其次你能够做出客观的判断——用数据说话;最后你是正直的——职业道德。

第二个基本点是团队协作。作为职业人,你必须记住一点,只有团队协作,才能够提供高标准的服务。这里讲述的不是专业人士,而是职业人士,专业人士是学有专精的人,而职业人士则是注重团队合作的专业人士。尤其是在分工越来越细的现代社会,团队协作就更应该被强调。

第三个基本点就是职业人必须为自己的职业生涯负责。要提升客户的竞争力,首先你要提升你自己的竞争力。处在急剧发展的时代,职业人必须不断地学习,否则只能被社会淘汰。所以说,应变的唯一之道是学习。

职业化的三个基本点:

①为高标准的产出负责——为客户考虑;

②团队协作——互相信赖;

③为自己的职业生涯负责——不断学习。

(二)职业化的烦恼

1. 职场中最容易产生职业烦恼的有两类人:

(1)企业新人。新人还不具备全面的技能,遇到问题时,常常会不知所措。

(2)老员工。对变革总是持不好的看法,恨不得一辈子就这样过下去。他们想要稳定,不愿接受新事物的想法,是限制其创造力发挥的主要因素。

2. 职业烦恼人的烦恼:

(1)新人——我不知道我会做什么。——我不知道我能否胜任这个职位。——我对企业运作一点都不了解,怎么办?——我的主管是什么样的人呢?——我不会用电脑,英语说不出口。

(2)老员工——WTO、知识经济、组织变革,我不知道我还能干什么?——又进新人!——什么职业化,换汤不换药。

3. 职业烦恼的根源:

归结起来,他们的烦恼有三个根源。①心态;②不了解职场规则;③缺乏技巧。

四、争做优秀员工

美国前总统肯尼迪在接见美国优秀青年代表时说"作为每一个美国的公民,大家不要问美国能为我做些什么,而应该问问自己,我能为美国做些什么?"大学毕业生是否也可以这样问:"不要问单位能为我做些什么,而应该问问自己,我能为单位做些什么?"因为单位为我做什么,决定权在组织;而我为单位做什么,主动权却在我们自己手中。所以,做一个优秀员工,在于自己的踏实努力。

(一)要进一步敬业爱岗,勤奋工作,以饱满的热情做精本职工作

一个人的态度往往决定着工作的力度,而态度的转变,全在自己。在日本明治维新时期,有两个年轻人雄心勃勃地来到了东京,经过几天的考察以后,一个年轻

人沮丧地说，东京真是个鬼地方，连喝水都要付钱。而另一个年轻人则高兴地说，东京真是个好地方，连水都可以卖钱。这样两个青年，在同一起跑线上，就因为态度不同，10年以后，后者成为企业家，前者仍旧在打工。大学毕业生要十分珍惜自己来之不易的工作岗位，在平凡的岗位上切实努力，做出了良好的成绩，就是一个不平凡的人。如果一个岗位很好，但在这个岗位上工作的人不努力，那么最好的岗位也锻炼不出最好的员工。改变自己，转变观念，努力工作，你才能赢得不一样的人生。

（二）要进一步团结互助，踏实肯干，以优秀的工作实绩来体现人生的价值

《论语》说的“君子和而不同”，充分表明一个人要有团队精神，要善于听取多种意见，才能取得更大的成绩。个人面对集体，就如同一滴水面对大海。我们每一个人，只有工作岗位不同，如果离开了单位这个集体，我们就失去了工作的平台和载体。拳王阿里享誉全球，人们都说阿里是个超人，他自己也以超人自居。有一次，阿里乘飞机，当要起飞时，服务人员提醒他要系好安全带，阿里说，我是超人，不用系安全带的。服务人员笑笑说，超人从来不用乘飞机的。这给拳王阿里一个很大的打击，使他明白了这世界上根本没有超人。当然，工作从来都是靠做出来的，而不是靠说出来的。相传，前美国总统克林顿是个十分喜欢听意见的人，在第二次总统竞选中，他和他的竞选班子会没日没夜地在小石城研究竞选方案。有时候方案已经很完善了，而克林顿还会不断地征询意见，倒是他夫人希拉里往往会拍板而起，“好，那就照这样的办法去做！”有时候，我们确实需要抓紧时间，勤奋工作，要以实际行动、工作业绩来体现个人的价值。一个人的工作，不仅要看他说了什么，更要看他做了什么，孔子之言：君子要讷于言而敏于行，说得很有道理。

（三）要进一步努力学习，善待朋友，以公道正派的秉性来塑造自身形象

在我们这个社会中，生而有涯，而知识无涯，同时，电视、网络、报刊等媒体层出不穷，各种信息鱼龙混杂，有好的营养，也有不好的糟粕。这就需要我们身处其中的人有一个清醒的认识，是非对错，要泾渭分明。坚持什么，反对什么要有鲜明的态度。对朋友和同事也一样，好的做法和观念要积极地学习，不好的思想和言行，要坚决地批评和抵制。有时候，适时的忠告非常重要，它能鼓舞士气，振奋精神，以利于进一步推进工作。而一味的一团和气，往往会损害了集体，耽误了朋友，最后也伤害了自己。每一个大学毕业生都要与公道正派的人做朋友，多交益友，不交损友。同时，也要善待朋友，以博大的胸怀去学习，去工作，你才能收获友情，收获成功。

（四）融入企业团队，争做优秀员工

刚入职的大学毕业生要适时转变角色，尽快融入企业团队，以自己的言行争做

优秀员工。现代企业的竞争不是靠个人英雄主义，而是靠团队。团队力量不是若干个体的简单相加，而是个体有机结合形成一种新的力量。只有优秀的集体，才有优秀的个人。没有优秀的集体，就没有优秀的个人。一个团队的业绩取决于最薄弱环节的改善程度与改善速度。企业的业绩是所有各部门工作结果的累积，一个部门的业绩为零，相乘之后的结果仍为零，不要让你或你的部门成为公司的“0”因子。同时，树立必要的服从意识是尽快融入企业团队的重要条件。美国世界500强企业的总裁不是出自于哈佛大学，而是出自于西点军校。没有服从意识，就没有执行力，中国企业发展过程出问题往往不是战略出问题，而是执行力不够，这就要求我们员工对上级的指令绝对服从。刚毕业的大学生，千万不要认为你比你的领导聪明，有不同意见可通过适当的途径反映，但在没有改变指令以前就是执行。

【案例】

茫茫大海里几只零星的海豚在觅食，忽然，它们欣喜若狂地看到海洋深处游动着一个很大的鱼群。这时，它们并没有因为饥饿冲向鱼群，急于求成。因为如果那样，鱼群就会被冲散。它们游动着尾随在鱼群后面，用特有的声音“吱、吱……”向大海的远方召唤。一只、两只、三只……越来越多的伙伴游了过来，不断地加入到队伍中一起高声呼唤着！哇！已经50多只了，它们还没有停止！当海豚的数量汇聚到一百多只的时候，奇迹发生了！所有的海豚围着鱼群环绕，形成一个球状把鱼群全部围拢在中心。它们分成小组有秩序地冲进球形中央，慌乱的鱼群无路可走，变成这些海豚的腹中佳肴。当中间的海豚吃饱后，它们就会游出来替换在外面的伙伴，让它们进去美餐。就这样不断循环往复，直到最后，每一只海豚都得到了饱餐。

【案例分析】

启示一：没有完美的个人，只有完美的团队！

启示二：团队的力量，无坚不摧！

启示三：没有规矩，不成方圆！

启示四：一个成功的团队，造就无数成功的个人！

思　考　题

1. 大学毕业该如何成功实现角色转变？
2. 走上工作岗位后如何才能顺利渡过试用期？

附录一

霍兰德职业兴趣测验

一、简介

霍兰德职业兴趣测验是美国著名职业指导专家霍兰德编制的，该测验共有四个部分，每部分含六个方面的测验题，共计192道题。该测验经国内学者修订，具有较好的信度和效度，可帮助被试发现和确定自己的职业兴趣和能力专长，从而科学地作出求职择业的决策。霍兰德职业兴趣测验是根据霍兰德的职业选择理论而编制的，以六种不同类型的人物及特性分析为根据：现实型（R）、研究型（I）、艺术型（A）、社会型（S）、企业型（E）、常规型（C）。

霍兰德认为，每个人都是这六种类型的不同组合，只是占主导地位的类型不同。一个人的职业是否成功在很大程度上取决于其个性类型和工作条件之间的适应情况。霍兰德职业兴趣测验就是通过对被试在活动兴趣、职业爱好、职业特长以及职业能力等方面的测验，确定被试上述六种类型的组合情况，并根据个性类型寻找合适被试的职业。

二、霍兰德职业兴趣测验的实施步骤

1.作好测验准备

（1）认真阅读测验手册：了解本测验的测验任务、测验对象、主试须知、测验方法、步骤与指导语。

（2）如果用纸笔测验，按人数准备足够的题本、答题纸、笔。题本的制作有两种，一种是题本与答题纸合二为一，另一种是题本与答题纸分别制作。前者在使用时比较方便，如果将指导语也印上，有阅读能力的被试均可以自行测评，但是成本较高。后者成本较低，题本可以反复使用，消耗的仅是答题纸。但是，主试必须认真交代指导语，特别是提示保护题本的问题；而且被试在答题时也会感到不方便。

（3）检查测验环境，环境要舒适、安静、光线适度。

2. 实施测验

(1)先发答卷纸,让被试填写好个人资料(姓名、性别、出生年月日、单位、通信地址、电话、电子信箱等);

(2)再发题本,向被试说明,题本上不能写任何字或做任何记号;

(3)提示被试,本测验共有4个部分,所有的题目没有正确与错误、好与坏之分,为了正确地测出自己的职业兴趣,必须按自己的真实情况选择相对符合自己实际情况的答案;

(4)提示被试不要填错题号格;

(5)本测验一般不限时间,但可以告知通常完成测验的时间,如20分钟、30分钟等;

(6)告诉被试了解测验结果的时间与办法;

(7)在收齐题本、题纸,审查题纸,评分后,填写好每位被试的测验结果与分析报告,并反馈给被试。

3. 测验资料收集

对以纸笔方式的测验,在测验结束后必须收回题本与答题纸,并一一清点,数量应与发出数量一致,尤其注意防止题本的流失;检查个人资料填写是否完整,以免统计分析时出现困难。

4. 注意事项

(1)主试态度亲切、和蔼、稳重;

(2)讲清测验的目的,使被试消除顾虑,认真对待测验;

(3)讲清测验方法、步骤,使被试不走弯路,少犯错误,增加测验的信度;

(4)对被试提出测验题目中的问题,只解释题目的含义,不说答案;

(5)注意测验材料的如数收集,不遗漏、丢失;

(6)及时正确地将测验结果反馈给被试,必要时进行辅导、咨询。

三、量表

霍兰德职业兴趣测验问卷(中国修订版)

编号______　姓名______　性别______　年龄______　测验日期______

本测验是在美国著名就业指导专家霍兰德的职业倾向能力测验量表的基础上,根据中国的具体国情修订而成的。本测验将帮助您发现和确定自己的职业兴趣和能力特长,从而使您更科学地做出求职择业的选择。

本测验共有四个部分,每部分六个方面测验题,共计192道题,请您按照自己

的实际情况依次对每道测验题做出选择，并将您的选择用“√”号标记在答卷纸上相应的空格内，请不要漏过任何一道题。本测验没有时间限制，但您应尽快按要求完成。

第一部分　您愿意从事下列活动吗

R:现实型活动	是	否
1. 装配修理电器或玩具	□	□
2. 修理自行车	□	□
3. 用木头做东西	□	□
4. 开汽车或摩托车	□	□
5. 用机器做东西	□	□
6. 参加木工技术学习班	□	□
7. 参加制图描图学习班	□	□
8. 驾驶卡车或拖拉机	□	□
9. 参加机械和电气学习	□	□
10. 装配修理机器	□	□

统计“是”一栏得分计——

A:艺术型活动	是	否
11. 素描/制图或绘画	□	□
12. 参加话剧/戏剧	□	□
13. 设计家具/布置室内	□	□
14. 练习乐器/参加乐队	□	□
15. 欣赏音乐或戏剧	□	□
16. 看小说/读剧本	□	□
17. 从事摄影创作	□	□
18. 写诗或吟诗	□	□
19. 进艺术(美术/音乐)培训班	□	□
20. 练习书法	□	□

统计“是”一栏得分计——

I:研究型活动	是	否
21. 读科技图书和杂志	□	□
22. 在实验室工作	□	□
23. 改良水果品种，培育新的水果	□	□

	是	否
24. 调查了解土和金属等物质的成分	□	□
25. 研究自己选择的特殊问题	□	□
26. 解算式或玩数学游戏	□	□
27. 学物理课	□	□
28. 学化学课	□	□
29. 学几何课	□	□
30. 学生物课	□	□

统计“是”一栏得分计——

S:社会型活动	是	否
31. 学校或单位组织的正式活动	□	□
32. 参加某个社会团体或俱乐部活动	□	□
33. 帮助别人解决困难	□	□
34. 照顾儿童	□	□
35. 出席晚会、联欢会、茶话会	□	□
36. 和大家一起出去郊游	□	□
37. 想获得关于心理方面的知识	□	□
38. 参加讲座会或辩论会	□	□
39. 观看或参加体育比赛和运动会	□	□
40. 结交新朋友	□	□

统计“是”一栏得分计——

E:企业型活动	是	否
41. 说服鼓动他人	□	□
42. 卖东西	□	□
43. 谈论政治	□	□
44. 制定计划、参加会议	□	□
45. 以自己的意志影响别人的行为	□	□
46. 在社会团体中担任职务	□	□
47. 检查与评价别人的工作	□	□
48. 结交名流	□	□
49. 指导有某种目标的团体	□	□
50. 参与政治活动	□	□

统计“是”一栏得分计——

C:常规型活动	是	否
51. 整理好桌面和房间	□	□
52. 抄写文件和信件	□	□
53. 为领导写报告或公务信函	□	□
54. 检查个人收支情况	□	□
55. 参加打字培训班	□	□
56. 参加算盘、文秘等实务培训	□	□
57. 参加商业会计培训班	□	□
58. 参加情报处理培训班	□	□
59. 整理信件、报告、记录等	□	□
60. 写商业贸易信	□	□

统计"是"一栏得分计——

第二部分　您具有擅长或胜任下列活动的能力吗

R:现实型能力	是	否
61. 能使用电锯、电钻和锉刀等木工工具	□	□
62. 知道万用表的使用方法	□	□
63. 能够修理自行车或其他机械	□	□
64. 能够使用电钻床、磨床或缝纫机	□	□
65. 能给家具和木制品刷漆	□	□
66. 能看建筑等设计图	□	□
67. 能够修理简单的电气用品	□	□
68. 能修理家具	□	□
69. 能修理收录机	□	□
70. 能简单地修理水管	□	□

统计"是"一栏得分计——

A:艺术型能力	是	否
71. 能演奏乐器	□	□
72. 能参加二部或四部合唱	□	□
73. 独唱或独奏	□	□
74. 扮演剧中角色	□	□
75. 能创作简单的乐曲	□	□
76. 会跳舞	□	□

	是	否
77. 能绘画、素描或书法	□	□
78. 能雕刻、剪纸或泥塑	□	□
79. 能设计海报、服装或家具	□	□
80. 写得一手好文章	□	□

统计"是"一栏得分计——

I:研究型能力	是	否
81. 懂得真空管或晶体管的作用	□	□
82. 能够列举三种蛋白质多的食品	□	□
83. 理解铀的裂变	□	□
84. 能用计算尺、计算器、对数表	□	□
85. 会使用显微镜	□	□
86. 能找到三个星座	□	□
87. 能独立进行调查研究	□	□
88. 能解释简单的化学式	□	□
89. 理解人造卫星为什么不落地	□	□
90. 经常参加学术会议	□	□

统计"是"一栏得分计——

S:社会型能力	是	否
91. 有向各种人说明解释的能力	□	□
92. 常参加社会福利活动	□	□
93. 能和大家一起友好相处地工作	□	□
94. 善于与年长者相处	□	□
95. 会邀请人、招待人	□	□
96. 能简单易懂地教育儿童	□	□
97. 能安排会议等活动顺序	□	□
98. 善于体察人心和帮助他人	□	□
99. 帮助护理病人或伤员	□	□
100. 安排社团组织的各种事务	□	□

统计"是"一栏得分计——

E:企业型能力	是	否
101. 担任过学生干部并且干得不错	□	□
102. 工作上能指导和监督他人	□	□

	是	否
103. 做事充满活力和热情	□	□
104. 有效利用自身的做法调动他人	□	□
105. 销售能力强	□	□
106. 曾作为俱乐部或社团的负责人	□	□
107. 向领导提出建议或反映意见	□	□
108. 有开创事业的能力	□	□
109. 知道怎样做能成为一个优秀的领导者	□	□
110. 健谈善辩	□	□

统计“是”一栏得分计——

C:常规型能力	是	否
111. 会熟练的打印中文	□	□
112. 会用外文打字机或复印机	□	□
113. 能快速记笔记和抄写文章	□	□
114. 善于整理保管文件和资料	□	□
115. 善于从事事务性的工作	□	□
116. 会用算盘	□	□
117. 能在短时间内分类和处理大量文件	□	□
118. 能使用计算机	□	□
119. 能搜集数据	□	□
120. 善于为自己或集体做财务预算表	□	□

统计“是”一栏得分计——

第三部分　你喜欢下列的职业吗

R:现实型职业	是	否
121. 飞机机械师	□	□
122. 野生动物专家	□	□
123. 汽车维修工	□	□
124. 木匠	□	□
125. 测量工程师	□	□
126. 无线电报务员	□	□
127. 园艺师	□	□
128. 长途公共汽车司机	□	□

	是	否
129. 火车司机	□	□
130. 电工	□	□

统计“是”一栏得分计——

A:艺术型职业	是	否
131. 乐队指挥	□	□
132. 演奏家	□	□
133. 作家	□	□
134. 摄影家	□	□
135. 记者	□	□
136. 画家、书法家	□	□
137. 歌唱家	□	□
138. 作曲家	□	□
139. 电影电视演员	□	□
140. 节目主持人	□	□

统计“是”一栏得分计——

I:研究型职业	是	否
141. 气象学或天文学者	□	□
142. 生物学者	□	□
143. 医学实验室的技术人员	□	□
144. 人类学者	□	□
145. 动物学者	□	□
146. 化学者	□	□
147. 数学者	□	□
148. 科学杂志的编辑或作家	□	□
149. 地质学者	□	□
150. 物理学者	□	□

统计“是”一栏得分计——

S:社会型职业	是	否
151. 街道、工会或妇联干部	□	□
152. 小学、中学教师	□	□
153. 精神病医生	□	□
154. 婚姻介绍所工作人员	□	□

	是	否
155. 体育教练	□	□
156. 福利机构负责人	□	□
157. 心理咨询员	□	□
158. 共青团干部	□	□
159. 导游	□	□
160. 国家机关工作人员	□	□

统计“是”一栏得分计——

E:企业型职业	是	否
161. 厂长	□	□
162. 电视片编制人	□	□
163. 公司经理	□	□
164. 销售员	□	□
165. 不动产推销员	□	□
166. 广告部长	□	□
167. 体育活动主办者	□	□
168. 销售部长	□	□
169. 个体工商业者	□	□
170. 企业管理咨询人员	□	□

统计“是”一栏得分计——

C:常规型职业	是	否
171. 会计师	□	□
172. 银行出纳员	□	□
173. 税收管理员	□	□
174. 计算机操作员	□	□
175. 簿记人员	□	□
176. 成本核算员	□	□
177. 文书档案管理员	□	□
178. 打字员	□	□
179. 法庭书记员	□	□
180. 人口普查登记员	□	□

统计“是”一栏得分计——

第四部分　请评定您在下述各方面的能力等级

请先将自己与同龄人在相应方面的能力进行比较,经斟酌后作出评定,并将评定的等级数填写在答卷上。评定共分7级(1、2、3、4、5、6、7),数字越大表示能力越强(附表A、附表B)。

(注意:请勿全部画同样的数字,因为人的每项能力不可能完全一样。)

附表A

R型	A型	I型	S型	E型	C型
181.机械操作能力	182.艺术创作能力	183.科学研究能力	184.解释表达能力	185.商业洽谈能力	186.事务执行能力
7	7	7	7	7	7
6	6	6	6	6	6
5	5	5	5	5	5
4	4	4	4	4	4
3	3	3	3	3	3
2	2	2	2	2	2
1	1	1	1	1	1

附表B

R型	A型	I型	S型	E型	C型
187.体育技能	188.音乐技能	189.数学技能	190.交际技能	191.领导能力	192.工作技能
7	7	7	7	7	7
6	6	6	6	6	6
5	5	5	5	5	5
4	4	4	4	4	4
3	3	3	3	3	3
2	2	2	2	2	2
1	1	1	1	1	1

四、计分规则

前三部分中,每选中一题计一分,第四部分由被试自己打分,合并计算后即可得出各个类型自己的总分。

五、结果解释(严格按照手册中的评语,逐一进行解释。)

六、统计和确定您的职业倾向

请将四部分的全部测验分数按前面已统计好的6种职业倾向(R型、I型、A型、S型、E型和C型)得分填入附表C,并作纵向累加。

霍兰德职业兴趣测验报告　　附表C

测试	R型	I型	A型	S型	E型	C型
第一部分						
第二部分						
第三部分						
第四部分A						
第四部分B						
总 分						
职业倾向排序						

您的职业倾向性得分:最高分　　最低分

现在,将你测验得分居第一位的职业类型找出来,对照下表,判断一下自己适合的职业类型。

七、职业索引——职业兴趣代号与其相应的职业对照表

R(实际型):木匠、农民、操作X光的技师、工程师、飞机机械师、鱼类和野生动物专家、自动化技师、机械工(车工、钳工等)、电工、无线电报务员、火车司机、长途公共汽车司机、机械制图员、修理机器、电器师。

I(调查型):气象学者、生物学者、天文学家、药剂师、动物学者、化学家、科学报刊编辑、地质学者、植物学者、物理学者、数学家、实验员、科研人员、科技作者。

A(艺术型):室内装饰专家、图书管理专家、摄影师、音乐教师、作家、演员、记者、诗人、作曲家、编剧、雕刻家、漫画家。

S(社会型):社会学者、导游、福利机构工作者、咨询人员、社会工作者、社会科学教师、学校领导、精神病工作者、公共保健护士。

E(事业型):推销员、进货员、商品批发员、旅馆经理、饭店经理、广告宣传员、调度员、律师、政治家、零售商。

C(常规型):记账员、会计、银行出纳、法庭速记员、成本估算员、税务员、核算员、打字员、办公室职员、统计员、计算机操作员、秘书。

下面介绍与你3个代号的职业兴趣类型一致的职业表,对照的方法如下:首先

根据你的职业兴趣代号，在下表中找出相应的职业，例如你的职业兴趣代号是RIA，那么牙科技术人员、陶工等是适合你兴趣的职业。然后寻找与你职业兴趣代号相近的职业，如你的职业兴趣代号是RIA，那么，其他由这三个字母组合成的编号（如IRA、IAR、ARI等）对应的职业，也较适合你的兴趣。

RIA：牙科技术员、陶工、建筑设计员、模型工、细木工、制作链条人员。

RIS：厨师、林务员、跳水员、潜水员、染色员、电器修理、眼镜制作、电工、纺织机器装配工、服务员、装玻璃工人、发电厂工人、焊接工。

RIE：建筑和桥梁工程、环境工程、航空工程、公路工程、电力工程、信号工程、电话工程、一般机械工程、自动工程、矿业工程、海洋工程、交通工程技术人员、制图员、家政经济人员、计量员、农民、农场工人、农业机械操作、清洁工、无线电修理、汽车修理、手表修理、管工、线路装配工、工具仓库管理员。

RIC：船上工作人员、接待员、杂志保管员、牙医助手、制帽工、磨坊工、石匠、机器制造、机车（火车头）制造、农业机器装配、汽车装配工、缝纫机装配工、钟表装配和检验、电动器具装配、鞋匠、锁匠、货物检验员、电梯机修工、托儿所所长、钢琴调音员、装配工、印刷工、建筑钢铁工作、卡车司机。

RAI：手工雕刻、玻璃雕刻、制作模型人员、家具木工、制作皮革品、手工绣花、手工钩针纺织、排字工作、印刷工作、图画雕刻、装订工。

RSE：消防员、交通巡警、警察、门卫、理发师、房间清洁工、屠夫、锻工、开凿工人、管道安装工、出租汽车驾驶员、货物搬运工、送报员、勘探员、娱乐场所的服务员、起卸机操作工、灭害虫者、电梯操作工、厨房助手。

RSI：纺织工、编织工、农业学校教师、某些职业课程教师（诸如艺术、商业、技术、工艺课程）、雨衣上胶工。

REC：抄水表员、保姆、实验室动物饲养员、动物管理员。

REI：轮船船长、航海领航员、大副、试管实验员。

RES：旅馆服务员、家畜饲养员、渔民、渔网修补工、水手长、收割机操作工、搬运行李工人、公园服务员、救生员、登山导游、火车工程技术员、建筑工作、铺轨工人。

RCI：测量员、勘测员、仪表操作者、农业工程技术、化学工程技师、民用工程技师、石油工程技师、资料室管理员、探矿工、煅烧工、烧窖工、矿工、保养工、磨床工、取样工、样品检验员、纺纱工、炮手、漂洗工、电焊工、锯木工、刨床工、制帽工、手工缝纫工、油漆工、染色工、按摩工、木匠、农民建筑工作、电影放映员、勘测员助手。

RCS：公共汽车驾驶员、一等水手、游泳池服务员、裁缝、建筑工作、石匠、烟囱修建工、混凝土工、电话修理工、爆炸手、邮递员、矿工、裱糊工人、纺纱工。

RCE：打井工、吊车驾驶员、农场工人、邮件分类员、铲车司机、拖拉机司机。

IAS：普通经济学家、农场经济学家、财政经济学家、国际贸易经济学家、实验心理学家、工程心理学家、心理学家、哲学家、内科医生、数学家。

IAR：人类学家、天文学家、化学家、物理学家、医学病理、动物标本剥制者、化石修复者、艺术品管理者。

ISE：营养学家、饮食顾问、火灾检查员、邮政服务检查员。

ISC：侦察员、电视播音室修理员、电视修理服务员、验尸室人员、编目录者、医学实验技师、调查研究者。

ISR：水生生物学者，昆虫学者、微生物学家、配镜师、矫正视力者、细菌学家、牙科医生、骨科医生。

ISA：实验心理学家、普通心理学家、发展心理学家、教育心理学家、社会心理学家、临床心理学家、目标学家、皮肤病学家、精神病学家、妇产科医师、眼科医生、五官科医生、医学实验室技术专家、民航医务人员、护士。

IES：细菌学家、生理学家、化学专家、地质专家、地理物理学专家、纺织技术专家、医院药剂师、工业药剂师、药房营业员。

IEC：档案保管员、保险统计员。

ICR：质量检验技术员、地质学技师、工程师、法官、图书馆技术辅导员、计算机操作员、医院听诊员、家禽检查员。

IRA：地理学家、地质学家、声学物理学家、矿物学家、古生物学家、石油学家、地震学家、声学物理学家、原子和分子物理学家、电学和磁学物理学家、气象学家、设计审核员、人口统计学家、数学统计学家、外科医生、城市规划家、气象员。

IRS：流体物理学家、物理海洋学家、等离子体物理学家、农业科学家、动物学家、食品科学家、园艺学家、植物学家、细菌学家、解剖学家、动物病理学家、作物病理学家、药物学家、生物化学家、生物物理学家、细胞生物学家、临床化学家、遗传学家、分子生物学家、质量控制工程师、地理学家、兽医、放射性治疗技师。

IRE：化验员、化学工程师、纺织工程师、食品技师、渔业技术专家、材料和测试工程师、电气工程师、土木工程师、航空工程师、行政官员、冶金专家、原子核工程师、陶瓷工程师、地质工程师、电力工程量、口腔科医生、牙科医生。

IRC：飞机领航员、飞行员、物理实验室技师、文献检查员、农业技术专家、动植物技术专家、生物技师、油管检查员、工商业规划者、矿藏安全检查员、纺织品检验员、照相机修理者、工程技术员、编计算程序者、工具设计者、仪器维修工。

CRI：簿记员、会计、记时员、铸造机操作工、打字员、按键操作工、复印机操作工。

CRS:仓库保管员、档案管理员、缝纫工、讲述员、收款人。

CRE:标价员、实验室工作者、广告管理员、自动打字机操作员、电动机装配工、缝纫机操作工。

CIS:记账员、顾客服务员、报刊发行员、土地测量员、保险公司职员、会计师、估价员、邮政检查员、外贸检查员。

CIE:打字员、统计员、支票记录员、订货员、校对员、办公室工作人员。

CIR:校对员、工程职员、海底电报员、检修计划员、发扳员。

CSE:接待员、通讯员、电话接线员、卖票员、旅馆服务员、私人职员、商学教师、旅游办事员。

CSR:运货代理商、铁路职员、交通检查员、办公室通信员、簿记员、出纳员、银行财务职员。

CSA:秘书、图书管理员、办公室办事员。

CER:邮递员、数据处理员、办公室办事员。

CEI:推销员、经济分析家。

CES:银行会计、记账员、法人秘书、速记员、法院报告人。

ECI:银行行长、审计员、信用管理员、地产管理员、商业管理员。

ECS:信用办事员、保险人员、各类进货员、海关服务经理、售货员,购买员、会计。

ERI:建筑物管理员、工业工程师、农场管理员、护士长、农业经营管理人员。

ERS:仓库管理员、房屋管理员、货栈监督管理员。

ERC:邮政局长、渔船船长、机械操作领班、木工领班、瓦工领班、驾驶员领班。

EIR:科学、技术和有关周期出版物的管理员。

EIC:专利代理人、鉴定人、运输服务检查员、安全检查员、废品收购人员。

EIS:警官、侦察员、交通检验员、安全咨询员、合同管理者、商人。

EAS:法官、律师、公证人。

EAR:展览室管理员、舞台管理员、播音员、驯兽员。

ESC:理发师、裁判员、政府行政管理员、财政管理员、工程管理员、职业病防治、售货员、商业经理、办公室主任、人事负责人、调度员。

ESR:家具售货员、书店售货员、公共汽车的驾驶员、日用品售货员、护士长、自然科学和工程的行政领导。

ESI:博物馆管理员、图书馆管理员、古迹管理员、饮食业经理、地区安全服务管理员、技术服务咨询者、超级市场管理员、零售商品店店员、批发商、出租汽车服务站调度。

ESA:博物馆馆长、报刊管理员、音乐器材售货员、广告商售画营业员、导游、(轮船或班机上的)事务长、飞机上的服务员、船员、法官、律师。

ASE:戏剧导演、舞蹈教师、广告撰稿人,报刊、专栏作者、记者、演员、英语翻译。

ASI:音乐教师、乐器教师、美术教师、管弦乐指挥,合唱队指挥、歌星、演奏家、哲学家、作家、广告经理、时装模特。

AER:新闻摄影师、电视摄影师、艺术指导、录音指导、丑角演员、魔术师、木偶戏演员、骑士、跳水员。

AEI:音乐指挥、舞台指导、电影导演。

AES:流行歌手、舞蹈演员、电影导演、广播节目主持人、舞蹈教师、口技表演者、喜剧演员、模特。

AIS:画家、剧作家、编辑、评论家、时装艺术大师、新闻摄影师、男演员、文学作者。

AIE:花匠、皮衣设计师、工业产品设计师、剪影艺术家、复制雕刻品大师。

AIR:建筑师、画家、摄影师、绘图员、环境美化工、雕刻家、包装设计师、陶器设计师、绣花工、漫画工。

SEC:社会活动家、退伍军人服务官员、工商会事务代表、教育咨询者、宿舍管理员、旅馆经理、饮食服务管理员。

SER:体育教练、游泳指导。

SEI:大学校长、学院院长、医院行政管理员、历史学家、家政经济学家、职业学校教师、资料员。

SEA:娱乐活动管理员、国外服务办事员、社会服务助理、一般咨询者、宗教教育工作者。

SCE:部长助理、福利机构职员、生产协调人、环境卫生管理人员、戏院经理、餐馆经理、售票员。

SRI:外科医师助手、医院服务员。

SRE:体育教师、职业病治疗者、体育教练、专业运动员、房管员、儿童家庭教师、警察、引座员、传达员、保姆。

SRC:护理员、护理助理、医院勤杂工、理发师、学校儿童服务人员。

SIA:社会学家、心理咨询者、学校心理学家、政治科学家、大学或学院的系主任、大学或学院的教育学教师、大学农业教师、大学工程和建筑课程的教师、大学法律教师、大学数学、医学、物理、社会科学和生命科学的教师、研究生助教、成人教育教师。

SIE:营养学家、饮食学家、海关检查员、安全检查员、税务稽查员、校长。

SIC:描图员、兽医助手、诊所助理、体检检查员、监督缓刑犯的工作者、娱乐指导者、咨询人员、社会科学教师。

SIR:理疗员、救护队工作人员、手足病医生、职业病治疗助手。

八、类型解释

社会型:(S)

共同特征:喜欢与人交往、不断结交新的朋友、善言谈、愿意教导别人。关心社会问题、渴望发挥自己的社会作用。寻求广泛的人际关系,比较看重社会义务和社会道德。

性格特点:为人友好、热情、善解人意、乐于助人。

典型职业:喜欢要求与人打交道的工作,能够不断结交新朋友,从事提供信息、启迪、帮助、培训、开发或治疗等事务,并具备相应能力。如教育工作者(教师、教育行政人员)、社会工作者(咨询人员、公关人员等)。

艺术型:(A)

共同特点:有创造力,乐于创造新颖、与众不同的成果,渴望表现自己的个性,实现自身的价值。做事理想化,追求完美,不重实际。具有一定的艺术才能和个性。善于表达、怀旧、心态较为复杂。

性格特点:有创造性、非传统的、敏感、容易情绪化、较冲动、不服从指挥。

典型职业:喜欢从事要求具备艺术修养、创造力、表达能力和直觉等的工作,并将其用于语言、行为、声音、颜色和形式的审美、思索和感受,具备相应的能力。如:艺术方面(演员、导演、艺术设计师、雕刻家、建筑师、摄影家、广告制作人)、音乐方面(歌唱家、作曲家、乐队指挥)、文学方面(小说家、诗人、剧作家)等。

注:通常在企业中艺术兴趣高的人倾向于理想化,做事追求完美。在企业中,对"艺术"的测试不是指人们做艺术工作,而是工作中的艺术,即倾向于将事件做得漂亮、有美感、有情调、锦上添花。

企业型:(E)

共同特征:追求权力、权威和物质财富,具有领导才能。喜欢竞争、敢冒风险、有野心或抱负。为人务实,习惯以利益得失,权利、地位、金钱等来衡量做事的价值,做事有较强的目的性。

性格特点:善辩、精力旺盛、独断、乐观、自信、好交际、机敏、有支配愿望。

典型职业:喜欢要求具备经营、管理、劝服、监督和领导才能,以实现机构、政治或社会及经济目标的工作,并具备相应的能力。如:项目经理、销售人营销管理人

员、政府官员、企业领导、法官、律师等。

注:工作中通常要求管理人员和销售人员要有较强的企业兴趣,企业兴趣强,则做事目的性强,务实,推动性也较强;若企业兴趣弱,则做事的推动性较弱,速度较慢。

调研型:(I)

共同特点:思想家而非实干家,抽象思维能力强,求知欲强,肯动脑,善思考,不愿动手,喜欢独立的和富有创造性的工作。知识渊博,有学识才能,不善于领导他人。考虑问题理性,做事喜欢精确,喜欢逻辑分析和推理,不断探讨未知的领域。

性格特点:坚持性强,有韧性,喜欢钻研,为人好奇,独立性强。

典型职业:喜欢智力的、抽象的、分析的、独立的定向任务,要求具备智力或分析才能,并将其用于观察、估测、衡量、形成理论、最终解决问题的工作,并具备相应的能力。如:科学研究人员、教师、工程师、电脑编辑人员、医生、系统分析员等。

注:工作中调研兴趣强的人做事能坚持不懈,有韧性,善始善终;调研兴趣弱的通常做事容易浅尝辄止。

常规型:(C)

共同特点:尊重权威和规章制度,喜欢按计划办事,细心、有条理,习惯接受他人的指挥和领导,自己不谋求领导职务。喜欢关注实际和细节情况,通常较为谨慎和保守,缺乏创造性,不喜欢冒险和竞争,富有自我牺牲精神。

性格特点:有责任心、依赖性强、高效率、稳重踏实、细致、有耐心。

典型职业:喜欢要求注意细节、精确度、有系统有条理,具有记录、归档、依据特定要求或程序组织数据和文字信息的职业,并具备相应能力。如:秘书、办公人员、记事员、会计、行政助理、图书馆管理员、出纳员、打字员、投资分析员等。

注:常规型的人做事有耐心、细致。如果人的常规兴趣弱,则通常表现为做事较为粗心,容易丢三落四,不够踏实。

实际型:(R)

共同特点:愿意使用工具从事操作性工作,动手能力强,做事手脚灵活,动作协调。偏好于具体任务,不善言辞,做事保守,较为谦虚。缺乏社交能力,通常喜欢独立做事。

性格特点:感觉迟钝、不讲究、谦逊的。踏实稳重、诚实可靠。

典型职业:喜欢使用工具、机器,需要基本操作技能的工作。要求具备机械方面的才能、体力或从事与物件、机器、工具、运动器材、植物、动物等相关职业的兴趣,并具备相应能力。如:技术性职业(计算机硬件人员、摄影师、制图员、机械装配工)、技能性职业(木匠、厨师、技工、修理工、农民、一般劳动)等。

附录二

职业价值观评定表

一、简介

中国科学院心理所研究者认为大学生的职业价值观包括三种成分，即声望地位、保健和发展。

1. 声望地位因素方面包括：容易成名成家、晋升机会多、工作单位知名度高、级别高、规模大、在大城市，有较高的社会地位，有出国机会等。

2. 保健因素方面包括：有医疗保险和退休金、福利好、职业环境幽雅、收入高、工作稳定、无下岗危险等。

3. 发展因素方面包括：符合自己的兴趣爱好，专业对口、能充分发挥自己的才能，公平竞争、机会均等、自主性大、不受拘束，能提供继续学习机会等。

二、量表

评分 / 因素	得　分					合　计
	1	2	3	4	5	
级别高						
规模大						
在大城市						
有较高的社会地位						
有出差、出国机会						
有退休金						
有医疗保险						
福利好						
收入高						
工作稳定、下岗风险小						

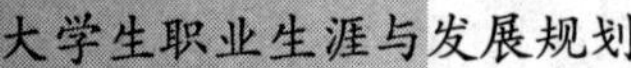

续上表

评分 / 因素	得分					合计
	1	2	3	4	5	
工作环境幽雅						
专业对口						
自主性大、不受拘束						
能提供继续学习机会						
符合自己兴趣						
能发挥自己的才能						
公平竞争、机会均等						
能体现自我价值						

附录三

职业个性测验

一、简介

性格是个性的核心部分,职业性格表现为一个人对职业的比较稳定的态度和从业过程中认知特征、情感特征和意志特征。职业个性测验也称职业性格测验,其任务是区别出不同类型人的不同性格特征,这些性格特征对从事某种类职业能产生积极影响,对另一类职业可能产生消极影响。国际高智商协会有关专家开展了职业个性研究,根据个性维度和工作方式维度,作了8种基本性格类型和16种组合性格类型,研究了与其对应的职业类型。该量表包括《测验题目》、《测验分数登记表》及《8种基本类型特点与职业表》、《16种组合类型的个性特征及其合适的职业表》。

二、职业个性测验实施的步骤

1. 作好测验准备

(1)认真阅读测验手册:了解本测验的测验任务、测验对象、主试须知、测验方法、步骤与指导语。

(2)如果用纸笔测验,按人数准备足够的题本、答题纸、笔。题本的制作有两种,一种是题本与答题纸合二为一,另一种是题本与答题纸分别制作。前者在使用时比较方便,如果将指导语也印上,有阅读能力的被试均可以自行测评,但是成本较高。后者成本较低,题本可以反复使用,消耗的仅是答题纸。但是,主试必须认真交代指导语,特别是提示保护题本的问题;而且被试在答题时也会感到不方便。

(3)检查测验环境,环境要舒适、安静、光线适度。

2. 实施测验

(1)先发答卷纸,让被试填写好个人资料(姓名、性别、出生年月日、单位、通信地址、电话、电子信箱等);

(2)再发题本,向被试说明,题本上不能写任何字或做任何记号;

(3)提示被试,本测验共有8个部分,每部分5道题,共40道题。题目没有正

确与错误、好与坏之分，为了正确地测出自己的职业个性，必须对每个陈述句按自己的真实情况进行评估，在1－10分之间给自己选个分。10分表明这个陈述完全适合自己；5、6分表明这个陈述有时适合自己；1分表明这个陈述完全不适合自己。

(4)提示被试不要填错题号格；

(5)本测验一般不限时间，但可以告知通常完成测验的时间；

(6)告诉被试了解测验结果的时间与办法；

(7)在收齐题本、题纸，审查题纸，评分，填写好每位被试的测验结果与分析报告，并反馈给被试。

3. 测验资料收集

对以纸笔方式的测验，在测验结束后必须收回题本与答题纸，并一一清点，数量应与发出数量一致，尤其注意防止题本的流失；检查个人资料填写是否完整，以免统计分析时出现困难。

4. 注意事项

(1)主试态度亲切、和蔼、稳重；

(2)讲清测验的目的，使被试消除顾虑，认真对待测验；

(3)讲清测验方法、步骤，使被试不走弯路，少犯错误，增加测验的信度；

(4)对被试提出测验题目中的问题，只解释题目的含义，不说答案；

(5)注意测验材料的如数收集，不遗漏、丢失；

(6)及时正确地将测验结果反馈给被试，必要时进行辅导、咨询。

三、量表

喜欢独处(So)

1. 我喜欢独自完成工作
2. 我不盼望与人相处
3. 我自己可以轻易地作出决定
4. 朋友对我来说并不十分重要
5. 我不喜欢别人入侵我的空间

合群(G)

6. 我不喜欢做和我朋友迥然不同的事情
7. 和别人一起工作的时候，我总是处于最佳状态
8. 我喜欢的活动之一就是让朋友高兴
9. 我并不认为把自信传递给朋友是一件不好的事
10. 喜欢别人在任何时候给我打电话

果断(A)

11. 我想让每个人知道我
12. 如果我有话要讲,没有人能阻止我
13. 我总是直言不讳
14. 当人们聚到一起的时候,我常常能让他们都投入到当前的活动。
15. 在辩论中我常常取胜

消极被动(P)

16. 我喜欢让人家领导我
17. 我不大喜欢经常出去
18. 我会控制自己的烦躁感
19. 我不喜欢说服别人改变他们的想法
20. 如果其他人对某事感觉强烈的话,我往往会同意他们

富有想像力(I)

21. 我对自己面临的困难无法忘却
22. 我容易受别人的情绪影响
23. 我能很快地感觉到别人的困难
24. 当我想过去的事情时,我可能会失眠
25. 人们认为我很有洞察力

尊重事实(F)

26. 我总是相信自己的答案是正确的
27. 如果可能的话,我会尽量回避感情
28. 我不注意别人的感受方式
29. 我没有其他人敏感
30. 打消我的自信需要很长时间

跟着感觉走(Sp)

31. 我常常没有经过充分思考就讲话或行动
32. 在空闲时间找点乐趣和娱乐对我来说非常重要
33. 我很容易就感到厌倦
34. 我喜欢经常做一些新鲜和不同的事情
35. 我可能会在片刻之间因为注意到某件事情而改变想法

深思熟虑(D)

36. 我会花适当的时间来准备可能会有困难的事情
37. 我确信自己所做的尽善尽美

38. 我不会匆匆地做出反应
39. 我是一个容易满足的人
40. 我并不觉得坚持一件事情很困难

四、职业个性测验答题纸

姓名______ 性别______ 年龄______ 所学专业______ 所在班级______

通信地址____________ 电子邮箱________ 电话________

	题号	评分	题号	评分	题号	评分	题号	评分	题号	评分	总分
喜欢独处(So)	1		2		3		4		5		
合群(G)	6		7		8		9		10		
果断(A)	11		12		13		14		15		
消极被动(P)	16		17		18		19		20		
富有想像力(I)	21		22		23		24		25		
尊重事实(F)	26		27		28		29		30		
跟着感觉走(Sp)	31		32		33		34		35		
深思熟虑(D)	36		37		38		39		40		

五、职业个性测评成绩登记表

单项得分	单项得分	两者比较	高分与低分之差
So =	G =	So – G	
A =	P =	A – P	
I =	F =	I – F	
Sp =	D =	Sp – D	

六、职业个性 8 种基本类型特点与职业匹配表

特点与职业 / 基本类型	主 要 特 点	适 合 职 业
喜欢独处(So)	自立、主动;超然,自行其是,有目的性;可以与人相处,但会害羞、不自在,被看成安静或傲慢,甚至是局外人;机智,不会传播“小道消息”	考古学家、农场工人、手足病医生、翻译、邮递员、火车司机、作家、银匠、技工、摄影师、出租车司机、程序员

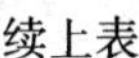

续上表

特点与职业 基本类型	主 要 特 点	适 合 职 业
合群 (G)	合群,能解决人与人之间的分歧,喜欢与别人一起作决定、但不一定是领导人物;喜欢呼朋唤友,讨厌孤独;忠诚,会给他人提供帮助;为了被接纳,易被说服,或改变自己的行为	飞机机组人员、拍卖人员、俱乐部秘书、娱乐官员、物业管理人员、公共人员、水手、士兵、青年工作者、教练
果断 (A)	富有攻击性,可能会有主宰倾向、对别人的感受视而不见,比较固执;被看成"急于求成"、爱出风头,有批判性、咄咄逼人;大声讲话,直接切中要点;有决断力,有冒险性,能"刨根问底";勇于承担责任,会赢得别人尊重	经纪人、俱乐部经理、演员、邮递员、新闻编辑、记者、销售代理、酒店管理员、时装采购员、谈判人员、戏剧老师、运输经理
消极被动 (P)	把问题留给自己,宁愿放弃也不愿意与别人争论;容易与人相处,通常是最好的合作伙伴;乐于与人交往,不会轻易烦躁;可能不会直接说出自己的想法;避免对抗,努力去取悦别人	书本装订商、计算机操作人员制衣商、篆刻商、猎场看守、园丁淘工、店主、科技读物作者、专利审查人员
富有想像力 (I)	对别人的感受比较敏感;情绪化,善于表达自己;思考后再作决定,不靠一时冲动;容易被别人影响,受别人伤害;在小事上费时太多;常感到沮丧与挫折;富有创造性,对感受和想法反应敏锐	艺术家、作家(非科技读物)、音乐家、舞蹈家、植物学家、音乐医师、演讲和戏剧教师、橱窗装饰师
尊重事实 (F)	逻辑地看待事情;比较冷静,"脚踏实地";喜欢有秩序,有组织的行为方式;不容易被别的事情分散精力,能避开烦扰别人的细节;以一种克制的方式做事;客观、善于分析,能看出问题的关键;喜欢信息和事实	律师、摄影师、海关官员、潜水员、房地产代理商、技工、狱警、技术人员、交通警察
跟着感觉走 (Sp)	活泼、冲动;喜欢变化、快速移动和不同的环境;坚持性差;为人风趣,充满热情,富有感染力;经常变化自己追逐对象,容易被看成缺乏深度;工作有成效,却容易忘记组织纪律	舞蹈演员、展示人员、服装师、广告助理、按摩师、模特、公关助理、零售助理、酒吧招待
深思熟虑 (D)	冷静、耐心、平稳、可靠;沉着、不易为外界干扰;能根据变化的情况处理问题;做事慢,深思熟虑,井井有条;被看成缺乏生气或反应迟钝;平淡无奇;自鸣得意、自以为是;面对压力应付自如	救护人员、行政官员、临床医学家、国际跳棋队员、生物工程学者、救火队员、安全官员、正骨疗法专家、修补人员、外科医生、工作指导专家

七、16种组合类型的个性特征及其适合的职业表

(1)FDAG——指导型

个性特点:尊重事实,深思熟虑,合群而果断

适合职业:军官,银行经理,总经理,酒店经理,生产部经理,零售主管,运输部经理

(2)FSpAG——投机型

个性特点:尊重事实,有主创意识,果断而合理

适合职业:广告执行总监,拍卖主持,俱乐部秘书,财产代理,公共关系指导,政治家,运动裁判或组织者,高级管理者,资金筹集者

(3)IDAG——裁判型

个性特点:富有想像力,深思熟虑,合群而果断

适合职业:医生,食道学家,心理医生,护士长,高中教师,社会工作者,青少年工作者

(4)ISpAG——卫道型

个性特点:独立,有主创意识,果断而合群

适合职业:公民权维护者,美容师,展示艺术家,记者,公关人员,戏剧教师,社团代表

(5)FDPG——扫尾型

个性特点:尊重事实,深思熟虑,消极而合群

适合职业:救护人员,武装部队,出纳员,护士,警察,狱警,消防员,警卫

(6)FSpPG——联络型

个性特点:尊重事实,有主创意识,消极而合群

适合职业:广播主持,邮递员,酒吧招待,牙医助理,美发师,主角,中学教师,秘书,运动协助,团队领导

(7)IDPG——知心型

个性特点:独立,深思熟虑,消极而合群

适合职业:医院搬运工,物业管理人员,精神病护士,幼儿园教师,社工,治疗专家

(8)ISpPG——共事型

个性特点:独立,有主创意识,消极被动,合群

适合职业:顾问,市场助理,幼儿教师,接待员,零售助理,剧务,侍应生

(9)FDASo——统筹型

个性特点:注重事实,深思熟虑,果断,爱独处

适合职业:法律顾问,督察,公诉人,工作研究官员,海关官员,税务员

(10)FSpASo——顾问型

个性特点:注重事实,有主创意识,果断,爱独处

适合职业:进出口商,采购人员,企业家,现货或期货交易商,销售指导,市场交易员,不动产投机商,道路管理员,俱乐部经理

(11)IDASo——设计师

个性特点:富有想像力,深思熟虑,果断,爱独处

适合职业:分析家,建筑师,商业顾问,监察员,记者,图书馆员,社会学家,医学家

(12)ISpASo——理想型

个性特点:独立,有主创意识,果断,爱独处

适合职业:建筑师,艺术家,作家,厨师长,舞蹈家,室内设计师,音乐家,雕塑家

(13)FDPSo——查阅资料型

个性特点:注重事实,深思熟虑,消极,爱独处

适合职业:会计技师,档案员,拍卖商,司机,工程师,行动调查员

(14)FSpPSo——协助型

个性特点:注重事实,有主创意识,消极,爱独处

适合职业:会计技师、导游、厨师,神职人员,翻译,计算机技师,道路警,医师

(15)IDPSo——专业型

个性特点:独立,深思熟虑,消极,爱独处

适合职业:植物学家,农场工人,旅游景点工作者,园艺师,历史学家,专递员,陶工,牧人,房屋修理工,马夫,枪械制造者,规划者

(16)ISpPSo——漫游行

个性特点:独立,有主创意识,消极,爱独处

适合职业:酒吧招待,舞蹈家,娱乐艺人,模特,搬运工,生产线工人,售货员,侍应生

附录四

职业能力倾向自我评定量表

一、简介

能力倾向是一种潜在的素质,是指一个人能够获得新知识、新技能的潜力,经过适当的训练或处于适当的环境下完成某项任务的可能性。它相对稳定地影响一个人在职业上的选择,却尚不能直接影响职业成就。普通能力倾向测验(GATB)由美国劳工部花费了10多年时间研制的,对9种必需的能力倾向进行测验。

二、量表

测评项目	自我评定等级				
(一)一般学习能力倾向(G)	强(1)	较强(2)	一般(3)	较弱(4)	弱(5)
1. 快而容易地学习新内容					
2. 快而正确地解决数学题目					
3. 你的学习成绩总的来说处于					
4. 对文章的字、词、段落、篇章的理解、分析和综合能力					
5. 对学习过的材料的记忆能力					
(二)语言能力倾向(V)	强(1)	较强(2)	一般(3)	较弱(4)	弱(5)
1. 善于表达自己的观点					
2. 阅读速度和理解能力					
3. 掌握词汇的程度					
4. 你的语文成绩					
5. 你的写作能力					

续上表

测 评 项 目	自我评定等级				
(三)算术能力倾向(N)	强(1)	较强(2)	一般(3)	较弱(4)	弱(5)
1. 做出精确测量					
2. 笔算能力					
3. 口算能力					
4. 做算术应用题的能力					
5. 你的数学成绩					
(四)空间判断能力倾向(S)	强(1)	较强(2)	一般(3)	较弱(4)	弱(5)
1. 解答立体几何方面的习题					
2. 画三维的立体图形					
3. 看几何图形的立体感					
4. 想象盒子展开后的平面形状					
5. 想象三维的物体					
(五)形态知觉能力倾向(P)	强(1)	较强(2)	一般(3)	较弱(4)	弱(5)
1. 发现相似图形中的细微差别					
2. 识别物体的形状差异					
3. 注意物体的细节部分					
4. 观察物体的图案是否正确					
5. 对物体的细微描述					
(六)书写知觉(Q)	强(1)	较强(2)	一般(3)	较弱(4)	弱(5)
1. 快而准确地抄写资料(如性别、日期、电话号码)					
2. 发现错别字					
3. 发现计算错误					
4. 能很快查找编码卡片					
5. 自我控制能力(如长时间抄写资料)					
(七)眼手运动协调能力(K)	强(1)	较强(2)	一般(3)	较弱(4)	弱(5)
1. 玩电子游戏					
2. 篮球、排球、足球一类运动					
3. 乒乓球、羽毛球运动					
4. 打算盘					
5. 打字能力					

续上表

测 评 项 目	自我评定等级				
(八)手指灵巧度(F)	强(1)	较强(2)	一般(3)	较弱(4)	弱(5)
1. 灵活地使用很小的工具					
2. 穿针眼、编织等使用手指的活动					
3. 用手指做一件小工艺品					
4. 使用计算器的灵巧程度					
5. 弹琴					
(九)手腕灵巧度(M)	强(1)	较强(2)	一般(3)	较弱(4)	弱(5)
1. 用手把东西分类					
2. 在推拉东西时手的灵活度					
3. 很快地削水果					
4. 灵活地使用手工工具					
5. 在绘画、雕刻等手工活动中的手的灵活性					

三、统计分数方法

(1)对每一类能力倾向计算总计次数:每一道题目“强 -1 分”、“较强 -2 分”、“一般 -3 分”、“较弱 -4 分”和“弱 -5 分”五个等级,供自评。

(2)各项等级计分 = [(“强”次数 ×1) + (“较强”次数 ×2) + (“一般”次数 ×3) + (“较弱”次数 ×4) + (“弱”次数 ×5)]/5。

(3)将自评登记填入职业能力倾向自我测评成绩表。

四、职业能力倾向自我测评成绩表

职业能力倾向	平均等级分	职业能力倾向	平均等级分
G		Q	
V		K	
N		F	
S		M	
P			

根据结果对照下表,可发现自己适合的职业。注意:下表中的数字表示该项能力倾向的最低水平,表示数字为等级,1-强,2-较强,3-一般,4-较弱,5-弱。

五、职业对人的职业能力倾向的要求

职业类型	职业能力倾向								
	G	V	N	S	P	Q	K	F	M
生物学家	1	1	1	2	2	3	3	2	3
建筑师	1	1	1	1	2	3	3	3	3
测量员	2	2	2	2	2	3	3	3	3
测量辅导员	4	4	4	4	4	4	3	4	3
制图员	2	3	2	2	2	3	2	2	3
建筑和工程技术专家	2	2	2	2	2	3	3	3	3
建筑和工程技术员	2	3	3	3	3	3	3	3	3
物理科学技术家	2	2	2	2	3	3	3	3	3
物理科学技术员	2	3	3	3	2	3	3	3	3
农业、生物、动物、植物学的技术专家	2	2	2	4	2	3	3	2	3
农业、生物、动物、植物学的技术员	2	3	3	4	2	3	3	3	3
数学家和统计学家	1	1	1	3	3	2	4	4	4
系统分析和计算机程序编制者	2	2	2	2	3	3	4	4	4
经济学家	1	1	1	4	4	2	4	4	4
社会学家、人类学家	1	1	3	2	2	3	4	4	4
心理学家	1	1	2	2	2	3	4	4	4
历史学家	1	1	3	4	4	3	4	4	4
哲学家	1	1	4	3	3	3	4	4	4
政治学家	1	1	3	4	4	3	4	4	4
政治经济学家	2	2	2	3	3	3	3	3	5
社会工作者	2	2	3	4	4	3	4	4	4
社会服务助理人员	3	3	3	4	4	3	4	4	4
法官	1	1	3	4	3	3	4	4	4
律师	1	1	3	4	4	3	4	4	4
公证人	2	2	3	4	4	3	4	4	4
图书管理学专家	2	2	3	3	4	2	3	4	4
图书馆、博物馆和档案管理员	3	3	3	2	2	4	3	2	3

职业类型	G	V	N	S	P	Q	K	F	M
	职业能力倾向								
职业指导者	2	2	3	4	4	3	4	4	4
大学教师	1	1	3	3	2	3	4	4	4
中学教师	2	2	3	4	3	3	4	4	4
小学和幼儿园教师	2	2	3	3	3	3	3	3	3
职业学校教师(职业课)	2	2	2	3	3	3	3	3	3
职业学校教师(普通课)	2	2	3	4	3	3	4	4	4
内、外、牙科医生	1	1	2	1	2	3	2	2	2
兽医学家	1	1	2	1	2	3	2	2	2
护士	2	2	3	3	3	3	3	3	3
护士助手	2	4	4	4	4	2	2	3	2
工业药剂师	2	1	2	3	2	2	3	2	3
医院药剂师	2	2	2	4	3	2	3	2	3
营养学家	2	2	2	3	3	3	4	4	4
配镜师(医)	2	2	2	2	2	3	3	3	3
配眼镜商	3	3	3	3	3	4	3	2	3
放射科技术人员	3	3	3	3	3	3	3	3	3
药物实验室技术专家	2	2	2	3	2	3	3	2	3
药物实验室技术员	2	3	3	3	3	3	3	3	3
画家、雕刻家	2	3	4	2	2	5	2	1	2
产品设计和内部装饰者	2	2	3	2	2	4	2	2	3
舞蹈家	2	3	3	2	3	4	2	2	3
演员	2	2	4	3	4	4	4	4	4
电台播音员	2	2	3	4	4	3	4	4	4
作家和编辑	2	1	3	3	3	3	4	4	4
翻译人员	2	1	4	4	4	3	4	4	4
体育教练	2	2	2	4	4	3	4	4	4
运动员	3	3	4	2	3	4	2	2	2
秘书	3	3	3	4	3	2	3	3	3
打字员	3	3	4	4	4	3	3	3	3
记账员	3	3	3	4	4	2	3	3	4
出纳员	3	3	3	4	4	2	3	3	4

职业类型	G	V	N	S	P	Q	K	F	M
统计员	3	3	3	4	3	2	3	3	4
电话接线员	3	3	4	4	4	3	3	3	3
一般办公室职员	3	4	3	4	4	3	3	4	4
商业经营管理	2	2	3	4	4	3	4	4	4
售货员	3	3	3	4	4	3	4	4	4
警察	3	3	3	4	3	3	3	4	3
门卫	4	4	5	4	4	4	4	4	4
厨师	4	4	4	4	3	4	3	3	3
招待员	3	3	4	4	4	4	3	4	3
理发员	3	3	4	4	3	4	2	2	2
导游	3	3	4	3	3	5	3	3	3
驾驶员	3	3	3	3	3	3	3	4	3
农民	3	4	4	4	4	4	4	4	4
动物饲养员	3	4	4	4	4	4	4	4	4
渔民	4	4	4	4	4	5	3	4	3
矿工	3	4	4	3	4	5	3	4	3
纺织工人	4	4	4	4	3	5	3	3	3
机床操作工	3	4	4	3	3	4	3	4	3
锻工	3	4	4	4	3	4	3	4	3
无线电修理工	3	3	3	3	2	4	3	3	3
细木工	3	3	3	3	3	4	3	4	4
家具木工	3	3	3	3	3	4	3	4	3
一般木工	3	4	4	3	4	4	3	4	3
电工	3	3	3	3	3	4	3	3	3
裁缝	3	3	4	3	3	4	3	2	3

（表头“职业能力倾向”横跨 G 至 M 各列）

以上四个量表均来源：大学生就业指导实务技术. 高校就业指导专业化培训教程. 中国财经经济出版社,2005.1

附录五

MBTI 性格测试表

请根据以下描述对照自己，自我评价，在每题 a，b 的选择方格中评分，a + b 评分的总和必须为 5。提示：0 - 从不，1 - 很少，2 - 中间，3 - 很多，4 - 极多，5 - 总是。

1. □a 先了解别人的想法，再下决定。
   □b 不和别人商量，就下决定。
2. □a 富于想像或凭直觉的人。
   □b 讲求精确，讲求事实的人。
3. □a 根据现有资料及情境的分析来对他人做评判。
   □b 运用同情心与感觉来了解他人需要及价值观，并以此来对他人做评判。
4. □a 顺着他人的意思做出承诺。
   □b 做明确的承诺，并确实加以实践。
5. □a 有安静、独自思考的时间。
   □b 与他人打成一片。
6. □a 运用所熟悉的好方法来完成工作。
   □b 尝试运用新的方法来完成工作。
7. □a 以合乎逻辑的思考及严格的程序分析得到结论。
   □b 根据过去生活的体验及信息来得到结论。
8. □a 订下完成工作的最后期限。
   □b 拟订时间表，并严格遵行。
9. □a 和他人讨论后，再自我分析思考。
   □b 和他人尽兴畅谈后，再自我分析思考。
10. □a 做事前会设想各种可能发生的情况。
    □b 到时候按实际的情况处理问题。
11. □a 被认为是一个擅长于思考的人。
    □b 被认为是一个敏于感觉的人。
12. □a 事前详细考虑各种可能性，事后反复思考。

□b 搜集需要的数据,稍后作考虑后,做出明确决定。

13. □a 拥有内在的思想和情感,而不为他人所知。
□b 与他人共同做某些活动或事情。

14. □a 思维偏向于抽象与理论。
□b 思维偏向具体与实际。

15. □a 协助别人探索他们自己的感受。
□b 协助别人做出合理的决定。

16. □a 习惯使问题的答案保持弹性,且可修改。
□b 习惯使问题的答案是明确的、可预知或可预测。

17. □a 很少表达自我内在的想法及感受。
□b 自在地表达自我内在的想法及感受。

18. □a 从大处着眼。
□b 从小处着眼。

19. □a 运用常识,凭着信念来作决定。
□b 运用资料,通过分析事实来作决定。

20. □a 事先详细计划。
□b 临时视需要而做计划。

21. □a 结交新朋友。
□b 独处或只与熟识者交往。

22. □a 重视概念。
□b 重视事实。

23. □a 相信自己的想法。
□b 相信经证实的结语。

24. □a 尽可能在记事簿记下事情。
□b 尽可能少用记事簿记载事情。

25. □a 在团体中详细地讨论新奇而又未作决定的问题。
□b 自己先想出结论然后再和他人讨论。

26. □a 拟订详密的计划,然后确实的去执行。
□b 拟订计划,但不一定执行。

27. □a 思维是理性的。
□b 思维是感性的。

28. □a 随心所欲做自己喜欢的事。
□b 尽量事先了解别人期望我做什么。

29. □a 想成为众人的焦点。
    □b 想退居幕后。
30. □a 自由想象。
    □b 检视实情。
31. □a 喜欢体验感人的情境或事物。
    □b 习惯运用自己的能力,去分析情境。
32. □a 在预定的时间内准时开会。
    □b 在一切妥当或安适的情况下,宣布开会。

测试结果总分卡

内向型	外向型	直觉型	感觉型	思考型	情感型	知觉型	判断型
(I)	(E)	(N)	(S)	(T)	(F)	(P)	(J)
1. b ____	1. a ____	2. a ____	2. b ____	3. a ____	3. b ____	4. a ____	4. b ____
5. a ____	5. b ____	6. b ____	6. a ____	7. a ____	7. b ____	8. a ____	8. b ____
9. a ____	9. b ____	10. a ____	10. b ____	11. a ____	11. b ____	12. a ____	12. b ____
13. a ____	13. b ____	14. a ____	14. b ____	15. b ____	15. a ____	16. a ____	16. b ____
17. a ____	17. b ____	18. a ____	18. b ____	19. b ____	19. a ____	20. b ____	20. a ____
21. b ____	21. a ____	22. a ____	22. b ____	23. b ____	23. a ____	24. b ____	24. a ____
25. b ____	25. a ____	26. b ____	26. a ____	27. a ____	27. b ____	28. a ____	28. b ____
29. b ____	29. a ____	30. a ____	30. b ____	31. b ____	31. a ____	32. b ____	32. a ____
合计:	合计:	合计:	合计:	合计:	合计:	合计:	合计:

记分

分别找出每一对分数中,数字较大者,即为你个人的风格,每人均可有四个风格。例如:内向型 18 分,外向型 22 分,则取外向型为个人风格,其他依此类推。

每个风格都有程度上的差别,如果在相对应的两个风格中(如外向型对应内向型),有一方的程度较强,即表示另一方程度较弱,其比照分数如下:

30 ~40 分:表示这风格非常强,几乎没有另一对应风格。

25 ~29 分:表示这风格比另一风格强。

22 ~24 分:表示这风格比另一风格稍强一些。

20 ~21:表示兼具两个风格的特质。

量表来源:重庆市高校毕业生职业发展与职业化训练教程. 重庆出版社, 2010. 9

参 考 文 献

[1] 全国高等学校学生信息咨询与就业指导中心组编. 大学生就业指导[D]. 北京:高等教育出版社,2001.

[2] 杨河清. 职业生涯规划[M]. 北京:中国劳动社会保障出版社,2003.

[3] 王卫一. 大学生职业自我概念与父母养育方式的相关研究[D]. 江苏:苏州大学,2004.

[4] (英)耶胡迪·巴鲁著,陈涛 孙涛译. 职业生涯管理教程[M]. 北京:经济管理出版社,2004.

[5] 顾雪英. 大学生职业指导[M]. 北京:人民教育出版社,2005.

[6] 蒋建荣,詹启生. 大学生生涯规划导论[M]. 天津:南开大学出版社,2005.

[7] 章达友. 职业生涯规划与管理[M]. 厦门:厦门大学出版社,2005.

[8] 张小林. 人力资源管理[M]. 杭州:浙江大学出版社,2005.

[9] 冯建力. 就业基础教育[D]. 北京:科学出版社,2005.

[10] 赵北平,雷五明. 大学生涯规划与职业发展[M]. 武汉:武汉大学出版社,2006.

[11] 赵北平,雷五明. 大学生职业规划与发展[M]. 武汉:武汉大学出版社,2006:110-127.

[12] 宣仲良. 专业学习与职业生涯[M]. 北京:中国林业出版社,2006.

[13] (美)乔治·伯兰德 斯科特·斯内尔,魏海燕主译. 人力资源管理(第十三版)[M]. 大连:东北财经大学出版社,2006.12.

[14] 李开复. 做最好的自己[M]. 北京:人民出版社,2006.

[15] 周矩,彭通武. 大学生职场核心能力训练(经典)教程[M]. 重庆:重庆出版社,2006:197-207.

[16] 理清. 大学生职业化能力[M]. 北京:中国物资出版社,2006:84-88.

[17] 刘倩. 基于"新学力观"下的大学生学习能力测评模型研究[D]. 北京:中国石油大学,2006.

[18] 张秋山,王宪明. 大学生职业生涯规划实用教程[M]. 北京:人民出版

社,2007.

[19] 陆士桢,徐莉.青年职业生涯管理辅导[M].北京:中国青年出版社,2007.

[20] 姚裕群.职业生涯规划与发展[M].北京:首都经济贸易大学出版社,2007.

[21] 黄蓉生.大学生就业指导[D].北京:人民出版社,2007.

[22] 钟原.大学生职业规划与创业指导[M].武汉:武汉理工大学出版社,2008.

[23] 孙玉贤.大学生职业生涯发展规划[M].甘肃:甘肃人民出版社,2008.

[24] 钟谷兰,杨开著.大学生职业生涯发展与规划[M].上海:华东师范大学出版社,2008.

[25] 曲振国.大学生就业指导与职业生涯规划[D].北京:清华大学出版社,2008.

[26] 张星河.求职与就业指导[D].北京:北京大学出版社,2008.

[27] 汪莉.大学生职业生涯规划与管理[M].北京:中国华夏出版社,2009.

[28] 宁佳英.大学生职业生涯规划[M].广州:华南理工大学出版社,2009:165 –169.

[29] 陈秀梅,合格员工的标准[D].北京:地震出版社,2004:193.

后　记

当代大学生是民族的希望、国家的未来和宝贵的人才资源，党中央、国务院高度重视大学生的培养教育及其就业工作，教育部也要求高校将大学生职业发展与就业指导课列为公共课，通过激发大学生职业生涯发展的自主意识，树立正确的就业观，促使大学生理性地规划自身未来的发展，并努力在学习过程中自觉地提高就业能力和生涯管理能力，促进大学生的全面成长和终身发展。为此，职业生涯与发展规划成了当前大学生关注的热点之一。但不少大学生还没有真正理解职业生涯与发展规划的确切含义，对职业生涯与发展规划的重要意义认识不足，不了解职业生涯与发展规划的程序，缺乏进行规划的具体技巧。所以不少大学生对职业生涯与发展规划或冷眼相对，或茫然无所适从，或使规划流于形式，或不顾主客观条件任意随自己的兴致来"规划"，这将导致职业生涯与发展规划的应有作用不能充分发挥。因此，重庆交通大学大力加强大学生职业生涯与发展规划课程建设，积极开发大学生职业生涯与发展规划教材，将《大学生职业生涯与发展规划》列入学校"十二五"教材规划，并组织长期从事高校毕业生就业工作和学生教育管理工作的同志，结合当前我国大学生特点和职业生涯与发展规划本土化进行编写。具体分工是：姜尔岚、吴成国，第一章；谢华，第二章；朱辉荣，第三章；王辉，第四章；张波，第五章；罗永梅，第六章；陆志荣，第七章；谢华、朱辉荣，附录。初稿完成后，王辉、谢华、朱辉荣等同志多次参加讨论、修改，姜尔岚、吴成国负责统稿。在本书编写过程中，我们参考、借鉴、引用了公开出版的有关论著、论文，并力求注明出处，但难免挂一漏万，敬请谅解。在本书的编写、出版过程中，重庆交通大学教务处的领导和教材科的同志给予了大力支持和帮助，在此一并向他们表示衷心感谢。

鉴于编者水平有限及时间仓促，书中的不足或错误之处在所难免，我们诚恳欢迎读者和同行及专家给予批评和指正，以便我们进一步修订和完善。

编　者

2011 年 5 月